本书为2012年国家社会科学基金项目（西部项目）
"海南国际旅游岛建设道德支持研究"的最终成果

海南国际旅游岛建设道德支持研究

张旭新/著

HAINAN GUOJI LÜYOUDAO JIANSHE
DAODE ZHICHI YANJIU

人民出版社

目 录

序

　　海南国际旅游岛建设上升为国家战略以来,发生了一系列不道德现象,这些不道德行为严重损害了海南国际旅游岛的形象,也直接影响了海南国际旅游岛建设的进程。道德环境较差已成为海南国际旅游岛建设的短板。海南国际旅游岛建设的现实和未来发展,都需要从理论和实践的结合上,深入开展《海南国际旅游岛建设道德支持研究》,以引导和推动海南国际旅游岛建设和谐发展。

　　本书研究的理论意义在于:一是拓展了海南国际旅游岛建设的研究领域,弥补了海南国际旅游岛建设在这方面的欠缺。二是构建了海南国际旅游岛建设道德支持系统,为海南国际旅游岛建设提供了坚强的道德支持。三是提出了海南国际旅游岛建设道德支持的实施途径,为促进海南国际旅游岛建设持续健康发展指明了方向。

　　本书研究的现实意义在于:一是为有效解决海南国际旅游岛建设以来存在的道德困惑提供了现实解决方案。二是为改进海南国际旅游岛建设的道德环境,提供了具有可操作性的建议。

　　本书成果主要由两部分组成。第一部分:主要概述了海南国际旅游岛建设的背景,阐明了海南国际旅游岛建设道德支持的内涵、结构、功能和特征,阐述了海南国际旅游岛建设需要道德支持,分析了海南国际旅游岛建设道德支持的状况,简单介绍了作者考察新加坡的感受、启示和借鉴。第二部分:构建海南国际旅游岛建设道德支持系统。作者对海南国际旅游岛建设道德支持的核心价值、规范体系、制度体系、运行机制和实施途径分别进行了专题研究。主要观点如下。

（一）道德力量是促使道德规范转化为道德行为的一种外在力量。目前，国内学术界对道德力量的概念尚不清晰。学术界普遍认为：道德是行为规范，道德是由社会舆论、内心信念和风俗习惯维系的。对于道德规范是如何转化为社会舆论、内心信念和风俗习惯的，这方面的研究并不多。《辞海》指出："通过各种形式的教育和社会舆论的力量，使人们逐渐形成一定的观念、习惯、传统而发生作用。"作者研究认为："通过各种形式的教育和社会舆论的力量"就是道德力量，道德力量是促使道德规范转化为道德行为的一种外在力量，道德规范正是通过道德力量而转化为道德行为的。

《辞海》指出：教育和社会舆论是道德力量。作者研究认为：在传统社会，道德力量主要是教育和社会舆论，而在现代社会，道德法律、道德制度、道德机制、道德教育和社会舆论等共同构成了道德力量。道德法律、道德制度、道德机制已经成为现代社会的主要道德力量。

（二）道德支持是海南国际旅游岛建设成功的重要保证。道德支持是道德规范、道德力量和道德行为构成的一个有机系统。海南国际旅游岛建设以来的事实表明，离开了强有力的道德支持，海南国际旅游岛建设也难以真正建成。从海南发展的历史经验、海南发展的现状以及海南发展的未来来看，道德支持对海南的发展都是必不可少的，道德支持是确保海南发展沿着科学发展的轨道前进的重要保证。道德支持是海南国际旅游岛建设的重要组成部分，是海南国际旅游岛建设成功的重要支柱之一，道德支持与物质基础、法律保障、政策支持等共同支撑着海南国际旅游岛建设。道德环境较差是海南国际旅游岛建设的一个短板，构建海南国际旅游岛建设道德支持系统，提升海南国际旅游岛建设的道德形象，是海南国际旅游岛建设的重要目标之一。海南国际旅游岛建设以来的实践证明，道德建设的重点应是构建道德支持系统，道德支持系统的构建是海南国际旅游岛建设的重要内容,道德建设只有常态化、长期化、制度化、机制化,海南的道德环境才能有根本性的好转。

(三)构建海南国际旅游岛建设道德支持系统是海南国际旅游岛建设的重要内容。海南国际旅游岛建设道德支持系统由核心价值、道德规范、制度体系、道德运行机制和实施途径构成。核心价值由道德理念、道德品质和道德特征组成。道德规范由社会道德规范和相关参与者的道德规范组成。制度体系由道德立法、道德制度、道德教育、道德评价构成。道德运行机制由道德调节机制、社会引导机制、社会监督机制和社会赏罚机制组成。实施途径由提升个人的道德素质与培育社会良好的道德风尚组成。

(四)海南国际旅游岛建设道德支持的核心价值是海南国际旅游岛建设共同的思想道德基础。海南国际旅游岛建设的核心价值由道德理念、道德品质和道德特征组成。海南国际旅游岛建设的道德理念是科学发展、富民兴琼,道德品质是求真务实、开拓创新,道德特征是公平正义、文明诚信、和谐生态。

(五)建立海南国际旅游岛建设道德支持的规范体系是海南国际旅游岛建设的内在要求。海南国际旅游岛建设道德支持的规范体系包括社会道德规范和相关参与者的道德规范。海南国际旅游岛建设社会道德规范是公平正义、安定有序、诚信友善、环境优美。相关参与者的道德规范分别有领导者、管理者、经营者、从业人员和当地居民的道德规范。社会和个人不同层面的道德规范是社会和个人的行为准则,是对社会不同道德主体的基本要求。

(六)健全制度体系是海南国际旅游岛建设道德支持的根本保障。海南国际旅游岛建设道德支持需要建立和完善多层次的道德制度体系,强化道德立法,加强道德制度建设,完善道德评价体系,深化道德教育。道德立法就是将一些道德规范上升为法律规范,从法律层面规范道德行为,以提高道德规范的强制力。道德制度就是要建立一些有效的道德制度,将一些道德规范上升为制度规范,从制度层面规范道德行为,以强化道德的约束力。道德评价是对人们的道德行为进行道德评价,形成强大的社会舆论,以提高道德的影响力。道德教育主要通过教育的手段,提高人们践行道德规范的自觉性,以提高道德的自制力。制度体系建设是海南国际旅游岛建设道德支持系统中的一个短板,而道德制度又是制度体系中的短板。因此,必须大力加强道德制度建设。海南国际旅游岛建设以来发生的各种道德困惑必须通过健全制度体系来解决,特别是要加强道德制度建设。一些禁止性的道德规范应当上升为制度规范,大多数道德问题是可以通过道德制度建设来逐步解决的。制度具有长期性、全局性,道德制度建设是加强社会治理的必然要求。

(七)完善道德运行机制是海南国际旅游岛建设道德支持的保证。海南国际旅游岛建设道德支持的运行机制有道德调节机制、社会引导机制、社会监督机制和社会赏罚机制。道德调节机制主要是通过道德规范和道德自律来调节人们的道德行为,社会引导机制主要是通过社会舆论来引导人们的道德行为,社会监督机制主要通过社会监督来影响人们的道德行为,社会赏罚机制主要通过赏罚手段来改善人们的道德行为。各个机制协同作用,将会形成系统合力,以保证道德制度的有效实施。

(八)着力提升人的道德素质是海南国际旅游岛建设道德支持实施的有效途径之一。提升人的道德素质重点是培养人的良好道德行为习惯,着力点在于人的良好道德行为习惯的养成。一是要认清人的道德品质的内涵和结构。二是要准确把握人的道德行为习惯的养成机理。三是要认清人的道德行为习惯的养成过程。要按照个人行为习惯的形成、巩固和发展规律,逐步提升人的道德素质。四是要提高相关参与者的道德素质。海南国际旅游岛建设领导者要做好道德示范,引领社会。海南国际旅游岛建设管理者要努力承担起道德责任,服务群众。海南国际旅游岛建设经营者要做好道德自律,为社会提供优质产品和服务。海南国际旅游岛建设从业人员要不断提高道德觉悟,积极参加道德实践。海南国际旅游岛建设当地居民要提升道德水平。

（九）大力培育良好的社会道德风尚是海南国际旅游岛建设道德支持实施的有效途径之二。海南国际旅游岛建设道德支持的实施途径主要有两个，一个是个人，另一个是社会。在海南国际旅游岛建设中，要培育良好的社会道德风尚，一是要弘扬海南精神。海南精神是开拓进取、求实创新、和谐发展。海南精神是在海南发展中逐渐形成的，它具有鲜明的海南特色，是海南人民的精神支柱，是海南国际旅游岛建设健康发展的动力源泉。二是要塑造海南形象。海南形象是生态、绿色和健康。海南形象是海南精神的外在表现，是海南社会的财富，是海南的资本。三是要培育良好的社会道德风尚。在海南国际旅游岛建设中，要形成良好的社会道德风尚，就要构建海南国际旅游岛建设道德支持系统，凝聚海南国际旅游岛建设道德支持的核心价值，建立海南国际旅游岛建设道德支持的道德规范体系，建立和健全海南国际旅游岛建设道德支持的道德制度体系，建立和健全海南国际旅游岛建设道德支持的运行机制，着力提高人的道德素质，大力培育良好的社会道德风尚。

良好的社会道德风尚不是短期内形成的，需要经过全社会的长期培育。培育良好的社会道德风尚，主要途径有两个方面：一方面是扬善，另一方面是惩恶，只有两个方面共同发力并形成合力，良好社会道德风尚才能形成。良好的社会道德风尚的形成必须有领导重视。良好的社会道德风尚的形成必须要尊重科学，依照科学规律。木桶原理是社会治理的基本规律之一，破窗效应是社会治理的基本规律之二，反馈原理是社会治理的基本规律之三。良好社会道德风尚的形成必须全面落实责任制。良好社会道德风尚的形成需要全社会的共同参与。我们需要建立党委领导、政府主导、社会协同、全员参与的道德建设管理体制，充分动员全社会的力量，形成道德建设人人有责、人人参与的社会氛围。良好社会道德风尚的形成需要强化问责制。第一，要加强党风建设，带动社会风气根本好转。第二，要城乡协调发展，促进社会公平正义。第三，要加强社会建设，促进社会安定有序。

本书成果以海南国际旅游岛建设为研究对象,构建了海南国际旅游岛建设道德支持系统。实际上,道德支持是社会发展的普遍现象,因此,本书成果对于学术界深入探讨道德支持具有一定的参考价值。

本书研究成果将提供给海南相关部门参考,对于海南各地的道德建设、提升海南国际旅游岛建设的形象,也有着现实应用价值。

作 者

2016 年 11 月

导　论

本书是 2012 年国家社会科学基金项目(西部项目)"海南国际旅游岛建设道德支持研究"的最终成果。

一、问题的提出

2009 年 12 月 31 日,国务院办公厅正式颁发《国务院关于推进海南国际旅游岛建设发展的若干意见》(国发〔2009〕44 号)。① 海南国际旅游岛建设正式上升为国家战略。

海南国际旅游岛的发展目标是:到 2020 年,旅游服务设施、经营管理和服务水平与国际通行的旅游服务标准全面接轨,初步建成世界一流的海岛休闲度假旅游胜地。旅游业增加值占地区生产总值比重达 12% 以上,第三产业增加值占地区生产总值比重达 60%,第三产业从业人数比重达 60%,力争全省人均生产总值、城乡居民收入和生活质量达国内先进水平,综合生态环境质量继续保持全国领先水平,可持续发展能力进一步增强。

海南国际旅游岛的战略定位是:我国旅游业改革创新的试验区、世界

---

① 中央政府门户网站,www.gov.cn,2010 年 1 月 4 日。

一流的海岛休闲度假旅游目的地、全国生态文明建设示范区、国际经济合作和文化交流的重要平台、南海资源开发和服务基地、国家热带现代农业基地。

海南国际旅游岛建设是党中央、国务院从我国改革开放和现代化建设全局出发作出的一项重大战略决策，是全面落实科学发展观的一个新实践，是加快发展现代服务业的新举措。

海南建省办经济特区是海南发展的第一次重大历史机遇。经过20多年的建设，海南的社会经济发展取得了明显进步。但是，由于基础差，发展起步晚，发展过程中起伏大、波折多，海南的发展并不令人满意，海南仍是欠发达地区，海南较全国平均水平仍存在相当差距，海南经济特区较全国其他经济特区的发展都明显滞后。

海南国际旅游岛建设战略的实施和推进，为海南的发展提供了一个新的机遇。旅游业是海南的新兴优势支柱产业，海南建省办经济特区20多年来，海南旅游业得到了快速发展，旅游业已经成为海南经济的支柱之一。服务业是海南经济的第一大产业，但是现代服务业发展落后。海南国际旅游岛建设将形成以旅游业为龙头、现代服务业为主导、服务业为主体的经济结构。海南国际旅游岛建设明确了海南未来的发展方向，为海南长期持续健康发展提供了新的动力。

海南具有优良的自然生态环境、得天独厚的旅游资源，为海南国际旅游岛建设提供了坚实的物质基础。但是，海南的道德环境却是一个短板。就在海南国际旅游岛建设的起步之年，海南发生了一系列重要事件。

一是房地产市场异常。2009年12月31日，国务院正式发布《国务院关于海南国际旅游岛建设发展的若干意见》，海南国际旅游岛建设正式上升为国家战略。2010年1月，海南房地产出现爆炒，全国各路投机资金蜂拥而入，海南楼价暴涨，部分楼盘甚至日涨五千，引起海南市民的恐慌。1992年海南楼市曾经出现过暴涨，经过10多年的消化，海南楼市才趋于正常。而面对突如其来的房地产市场异常，海南省委、省政府及时出台临时措施,使海南房地产市场很快恢复正常。

二是天价客房。2010年春节期间,海南三亚酒店客房价格普遍大幅上涨,经济型酒店上涨幅度都超100%,四星、五星级酒店上涨幅度超300%,高级品牌酒店上涨幅度在400%至500%。亚龙湾、三亚湾的高档酒店,绝大多数客房每晚价格都超万元,有的甚至高达10多万元。在三亚住一晚,相当于马尔代夫7日游。如此虚高的房价吓退了游客,不少游客转而去"新马泰"旅游。① 而当年春节,三亚旅游市场的表现却大大令人失望,酒店入住率在60—70%之间,大大低于往年80—90%的水平。②

三是中毒豇豆。2010年2月25日,央视《新闻1+1》播出《中毒的豇豆》。根据武汉市农检中心的检测结果,2010年以来,他们对集贸市场销售的海南产豇豆进行了多次检测,均发现含有高毒农药——水胺硫磷。水胺硫磷是一种高毒农药,是明令禁止,不准在蔬菜上使用的。作为高毒性农药,水胺硫磷能通过食道、皮肤和呼吸道引起中毒,禁止用于蔬菜、水果。为此,武汉市农业局规定,从2010年2月7日起,三个月内暂时禁止任何地区生产的豇豆流入武汉市场。截至2月底,武汉共销毁有毒豇豆3.6吨,阻止近25吨海南豇豆进入武汉市场。继武汉以后,在广州、深圳、杭州、合肥再现有毒豇豆。为此,农业部下发紧急通知,要求加强农产品生产环节监管,全国各地继续严查有毒豇豆,食品安全问题再度引人关注。事实上,豇豆是海南省农民冬季主要种植的瓜果,豇豆在海南产销量巨大,种植面积达20余万亩,其中80%到90%的豇豆销往外地,作为国家热带现代农业基地,海南也被称作"全国的菜篮子"。③

四是欺客宰客。2012年1月28日,微博实名认证用户罗迪发布微博称:"3个普通菜被宰近4000元",该微博在网络上引起了热议。在新

---

① 《海南勒住"天价客房"缰绳》,《海南日报》,2013年9月4日。
② 海南天价酒店调查,《21世纪经济报道》,2010年2月22日。
③ 《海南豇豆在多个城市被检出禁用农药》,http://www.sina.com.cn,2010年2月26日。

浪一份题为《您在三亚旅游时是否曾遭遇宰客行为》的网络调查中,截至2012 年 1 月 30 日,共有 2881 人参与,73%的网友表示曾经遭遇过宰客行为。①

上述负面新闻,对海南国际旅游岛的形象造成了不利影响,也对海南国际旅游岛建设产生了实质性的不利影响。

2012 年 1 月 29 日,国家旅游局公布了 2011 年游客满意度调查报告。在被调查的 50 个国内主要旅游城市中,三亚的满意率倒数第六。其中,价格昂贵是游客不满的主要因素之一。②

据海南省统计局的数据,2012 年海南入境旅游者 81.57 万人次,入境旅游者占全部旅游者的比重约为 2.5%,2013 年海南入境旅游者 75.64 万人次,占比约为 2.1%,2013 年与 2012 年相比,入境旅游者出现了不增反降的状况,海南旅游环境状况不佳在入境旅游者人数下降也得到了初步反映。

海南国际旅游岛建设以来的事实表明,海南国际旅游岛建设不仅需要物质基础、法律保障和政策支持,也需要道德支持。没有道德支持,海南国际旅游岛也难以真正建成。

海南国际旅游岛建设是一项全新的事业,海南国际旅游岛建设对海南民众生活水平会带来什么样的转变?海南民众如何分享到海南国际旅游岛建设的成果?只有清楚回答以上问题,才有可能真正调动海南民众参与建设的热情。

海南 850 万人口中有 600 万是农民,在建设国际旅游岛中,农村的土地、人力、资金等生产三要素能否在本土发挥作用,保持"三农"的稳定和发展?随着旅游资源的开发,不可避免与当地百姓在土地、环境资源等利益上再调整,百姓的生存权、发展权能否得到重视和保障?

---

① http://www.sina.com.cn,南海网,2012 年 1 月 30 日。
② 《2011 年全国游客满意度调查报告揭晓》,新华网,2012 年 1 月 6 日。

近年来,海南房地产受益于全国市场和国际旅游岛的利好,风生水起,在房地产快速及大规模开发背后,本地居民生活成本持续走高,高物价、低收入困扰着海南当地民众。海南国际旅游岛建设中如何保障海南本地居民生活水准?

有关学者在接受记者采访时坦言,国际旅游岛文章做大了,海南将走上更加开放、更加绿色的快速可持续发展之路;文章做小了,仅限于旅游业,结果旅游业没能真正发展起来,民众失去信心;文章做砸了,以房地产热为开头,以房地产泡沫为结束。当以为戒![①]

海南国际旅游岛建设以来的事实表明,深刻认识海南国际旅游岛建设的内涵,准确把握海南国际旅游岛建设的特征,明晰海南国际旅游岛建设的方向,构建海南国际旅游岛建设道德支持系统,是保证海南国际旅游岛建设始终沿着正确方向前进的必然选择。

二、相关概念界定

1. 国际旅游岛

国家旅游局局长邵琪伟认为:国际旅游岛是依据其特定的资源建设的,旅游国际化程度高,对外开放程度高,环境质量高,服务标准高,综合配套设施齐全,具有独特文化魅力,对国内外游客有很强吸引力,以旅游业为支柱产业的海岛。[②]

海南省省长助理、海南省旅游发展委员会主任陆志远认为:国际旅游岛是岛屿旅游目的地在参与世界经济发展分工合作中形成的特殊经济体。根据其发展条件和比较优势,选择旅游产业作为其主要的产业,并依托此产业功能体系产生强大的国际聚集能力而形成的岛屿经济文化发展

---

① 《述评:海南建设国际旅游岛需民众参与并分享成果》,中国新闻网,2010 年 1 月 8 日。

② 《海南引领中国度假产业 邵琪伟推荐国际旅游岛》,南海网,2013 年 6 月 26 日。

形态。国际旅游岛包含两个基本要素：一是旅游业主导，即旅游业成本岛的支柱产业或主导产业；二是国际化，即在旅游产业及相关产业领域内，实现服务自由化和国际化，产生超国界吸引力。①

国内研究者徐海军在对国际主要旅游岛进行比较分析的基础上，结合国际主要旅游岛发展的共性，将国际旅游岛定义为：国际旅游岛是在国际化旅游发展背景下，具备较强国际竞争力和影响力，按照国际入境旅游普遍需求标准进行建设和提供服务，以旅游业为支柱或主导产业的国际化水平较高的海岛旅游目的地。国际旅游岛的基本特征是较高的国际旅游业发展水平、较好的国际旅游客源市场条件、较为丰富的国际旅游产品项目、较高的国际旅游服务水平、较好的国际旅游发展环境、较为完善的国际旅游保障体系和国际旅游安全体系。②

上述定义基本上概括了国际旅游岛的内涵要素，但是，仍有些不足。作为国际旅游岛必须要明确旅游者是国际旅客为主还是国内旅客为主，必须要明确旅客旅游的目的是什么。笔者认为：国际旅游岛应当是以国际游客为主，如果是以国内旅客为主，就难以称之为国际"旅游"岛。国际旅客应当是以休闲度假为主，如果是以观光购物为目的，也难以称之为国际"旅游"岛。

笔者认为：国际旅游岛是以旅游业为主导，以国际旅客为主体，提供国际水准服务的海岛休闲度假胜地。

国际旅游岛的概念内涵中应当包括四个基本要素特征：一是国际旅游岛的经济是以旅游业为主导，这是国际旅游岛的经济属性；二是国际旅游岛的游客应当是国际游客，这是国际旅游岛的客源属性；三是国际旅游岛必须提供国际水准的旅游服务，这是国际旅游岛的服务属性；四是国际旅游岛的产品完全是针对国际游客休闲度假的需求而设计制造的，国际

① 陆志远：《建设海南国际旅游岛》，《新东方》2009年第5期。
② 徐海军：《国际旅游岛建设标准与评价体系研究》，中国旅游出版社2012年版，第79页。

旅游岛提供的旅游产品就是海岛休闲度假胜地,这是国际旅游岛的产品属性。

一个清晰明确的概念应当有主体、客体和介体。国际旅游岛的主体是国际旅客,客体是海岛休闲度假胜地,介体是国际水准的旅游服务。国际旅游岛通俗地讲就是以旅游业为主导产业,国际游客在海岛休闲度假胜地享受国际水准的旅游服务。

2. 海南国际旅游岛

海南国际旅游岛的概念自提出以来,其概念的内涵和外延都在不断发生变化。

2000 年,中国(海南)改革发展研究院迟福林教授正式提出建设海南国际旅游岛的概念。

2006 年以前,海南国际旅游岛只是学术界研究的课题,当时海南国际旅游岛的基本内涵是实行以"免签证、零关税、放航权"为主要特点的旅游开放政策,推进旅游业与国际全面接轨。

2007 年,建设海南国际旅游岛上升为海南省的发展战略。2007 年 4 月 26 日召开的中共海南省第五次党代会提出:"要以建立国际旅游岛为载体,全面提升旅游开发开放水平"。这时海南国际旅游岛的基本内涵是以国际化为目标,推进以旅游业为龙头的现代服务业全面开放,构建海南特色经济结构和更具活力的体制机制。

2008 年 9 月,《中共海南省委、海南省人民政府关于加快推进国际旅游岛建设的意见》提出:建设国际旅游岛,就是要把海南建成旅游国际化程度高、生态环境优美、文化魅力独特、社会文明祥和的世界一流的海岛型国际旅游目的地。这就是建设国际旅游岛的基本内涵。①

2008 年 5 月,海南省人民政府发布的《海南国际旅游岛建设行动计

---

① 陆志远:《建设海南国际旅游岛》,《新东方》2009 年第 5 期。

划》中明确指出:建设国际旅游岛,是海南旅游发展的基本目标。旅游业全面与国际接轨,把海南建设成为世界一流的热带海岛度假休闲胜地。[①]

时任海南省省长罗保铭指出:建设国际旅游岛,把海南建设成为世界一流的海岛型国际旅游目的地,让更多的外国游客来海南休闲度假,让更多的国内游客不出国门就能享受到具有国际水准的旅游产品和优质服务。[②]

海南版的海南国际旅游岛内涵主要突出和强调海南旅游业的国际化与全面开放,海岛型国际旅游目的地和热带海岛度假休闲胜地。其主要特征是旅游业为主导、国际游客为主、海岛度假休闲胜地。

3. 海南国际旅游岛建设

2009年12月,海南国际旅游岛建设正式上升为国家战略。《国务院关于推进海南国际旅游岛建设发展的若干意见》指出:高举中国特色社会主义伟大旗帜,坚持以邓小平理论和"三个代表"重要思想为指导,深入贯彻落实科学发展观,进一步解放思想,深化改革,扩大开放,构建更具活力的体制机制,走生产发展、生活富裕、生态良好的科学发展之路;积极发展服务型经济、开放型经济、生态型经济,形成以旅游业为龙头、现代服务业为主导的特色经济结构;着力提高旅游业发展质量,打造具有海南特色、达到国际先进水平的旅游产业体系;注重保障和改善民生,大力发展社会事业,加快推进城乡和区域协调发展,逐步将海南建设成为生态环境优美、文化魅力独特、社会文明祥和的开放之岛、绿色之岛、文明之岛、和谐之岛。[③]

国务院文件重新界定了海南国际旅游岛的概念,并对海南国际旅游

---

① 海南省人民政府关于印发《海南国际旅游岛建设行动计划》的通知,法律教育网,2008年5月26日。
② 罗保铭:《全力推进海南国际旅游岛建设》,新华网,2009年3月15日。
③ 中央政府门户网站,2010年1月4日。

岛的内涵和外延都做了明确的规定。根据国务院的定义,海南国际旅游岛是以旅游业为龙头、现代服务业为主导的特色经济结构。

国家版的海南国际旅游岛内涵与海南版的海南国际旅游岛内涵之间存在着明显的差异。一是主导产业的差异。国家版的海南国际旅游岛内涵强调的是现代服务业为主导,而海南版的海南国际旅游岛内涵则强调旅游业为主导。现代服务业包含旅游业,旅游业只是海南国际旅游岛建设的龙头,而不是主导。海南国际旅游岛建设要建成以旅游业为龙头、以现代服务业为主导的服务型经济结构,国家对海南国际旅游岛建设的要求是完全符合我国经济结构转型要求的,经济结构要由以工业为主导转向以服务业为主导。二是主要客源的差异。国家版的海南国际旅游岛内涵没有明确强调是国际旅客,也就是说国内外游客兼顾,以国内游客为主,国家版的海南国际旅游岛内涵切合中国旅游业发展和转型升级的国家战略目标。

总之,国家版的海南国际旅游岛概念弱化了旅游业的色彩,突出了现代服务业,强调了特色经济结构。本课题以国务院海南国际旅游岛概念为根据展开研究。

国务院文件对海南国际旅游岛建设的内涵和要求从四个方面做了规定:一是如何建设,海南国际旅游岛建设要构建更具活力的体制机制,走科学发展之路,这主要规定了海南国际旅游岛如何建设;二是建设什么,也就是海南国际旅游岛的内涵,海南国际旅游岛建设要形成以旅游业为龙头、现代服务业为主导的特色经济结构,这就规定了海南国际旅游岛的经济属性,是以旅游业为龙头、现代服务业为主导的服务型经济结构,而不是旅游业为主导的旅游型经济结构;三是龙头建设,着力提高旅游业发展质量,打造具有海南特色、达到国际先进水平的旅游产业体系,这是对海南经济发展的龙头——旅游业的发展方向做了规定,提升质量、打造海南特色、建设国际先进水平的旅游产业体系;四是建设目标,海南国际旅游岛建设要保障和改善民生,加快推进城乡协调发展,逐步将海南建设成为生态环境优美、文化魅力独特、社会文明祥和的开放之岛、绿色之岛、文明之岛、和谐之岛。

国务院对海南国际旅游岛建设的要求,全面体现了科学发展观的要求,全面体现了我国发展战略的要求和我国发展阶段的要求,完全符合海南实际,为海南未来的发展指明了方向。

4. 道德支持

道德是由经济关系决定的,依靠社会舆论、风俗习惯和内心信念来维系,并以善恶为评价标准,调整个人与他人以及社会的相互关系的心理意识和行为规范的总和。[①] 道德主要揭示的是人与社会、人与自然的思想观念和行为规范。

英国哲学家大卫·休谟曾说:"人类幸福和繁荣的大厦是依赖许多双手建设的,通过添砖加瓦使它仍然在升高;社会就是一个幸福的大厦,是依赖社会正义美德建设的;在这一座大厦的建设过程中,如果没有彼此的支持与结合,任何一块砖头都不能发挥作用。"[②]在休谟看来,社会是座幸福大厦,是依赖于社会正义美德建设的,道德在社会大厦建设中起着重要的支持作用。

目前,我国学术界对道德支持尚没有清晰明确的定义。笔者认为:道德支持是由道德规范、道德力量和道德行为共同构成的一个完整的有机系统。道德力量由道德制度体系和道德运行机制组成。道德支持在社会经济发展中起着基础、导向、助推和规范作用。道德支持是社会经济发展的基石和支柱之一,它和物质基础、法律保障、政策支持等共同支持着社会经济健康发展。

---

① 陈万柏、张耀灿主编:《思想政治教育学原理(第二版)》,高等教育出版社 2007 年版,第 196 页。
② 蒲坚:《亚当·斯密"两只手"的作用》,《学习时报》2012 年 8 月 27 日。

5.海南国际旅游岛建设道德支持

海南国际旅游岛建设道德支持是一个系统,由核心价值、规范体系、制度体系、运行机制和实施途径等构成。

海南国际旅游岛建设作为国家的发展战略,需要一定的物质基础支持,需要国家的政策支持,需要健全的法律保障,也需要坚强的道德支持。各种支持各自发挥其独特的作用,各种支持相互配合协调,共同支持海南国际旅游岛建设。

三、海南国际旅游岛建设相关研究综述

2000 年,中国(海南)改革发展研究院(以下简称"中改院")迟福林教授首次提出建设"海南国际旅游岛"设想;2001 年,中改院提交"海南国际旅游岛建设的框架建议";2002 年,提出"建立海南国际旅游岛可行性研究报告";2007 年,提出"推进海南国际旅游岛方案建议";同年 6 月,建设海南国际旅游岛正式写进中共海南省第五次党代会报告,国际旅游岛从学术研究上升为海南区域发展战略。2009 年 12 月 31 日,海南国际旅游岛建设正式上升为国家战略。

随着海南建设国际旅游岛成为海南区域发展战略,海南省级课题研究随之展开。陈士存的《海南国际旅游岛建设的社会变迁支撑研究》(HNSK09-45)列入海南省哲学社会科学 2009 年规划课题;赵康太的《海南国际旅游岛建设与公民素质提升研究》(HNSK10-24)、何彪的《国际旅游岛建设的科技支撑体系构建与创新策略研究》(HNSK10-10)列入海南省哲学社会科学 2010 年规划课题。

海南省哲学社会科学 2011 年规划立项课题(资助课题)有:黄成明的《国际旅游岛建设中的创意产业集群发展路径及对策研究》;吴义的《国际旅游岛背景下海南黎族传统体育文化保护与发展研究》;熊赛男的《海南国

际旅游岛建设背景下的海南疍家民俗文化保护与开发》;谢新民的《国际旅游岛背景下的海南休闲农业发展研究》;彭京宜的《建设国际旅游岛背景下三亚旅游资源的合理开发》;赵丽的《国际旅游岛背景下海南产业结构调整与优化研究报告》;费秋香的《国际旅游岛背景下创新海南社会管理体制研究》;邹煜的《国际旅游岛背景下海南海洋体育旅游的开发研究》。

海南省哲学社会科学 2012 年规划立项资助课题有:宋军海的《海南国际旅游岛建设高起点战略定位的可行性研究及前景分析》[HNSK(GJ)12-9]。

海南省哲学社会科学 2013 年规划立项资助课题有:陈永雄的《海南国际旅游岛旅游安全保障体系构建及对策研究》[HNSK(JD)13-16];张焕南的《国际旅游岛建设背景下海南基础设施建设研究》[HNSK(Z)13-23];谢庚全的《国际旅游岛建设背景下的海南旅游文本汉英翻译研究》[HNSK(Z)13-45];沈红海的《海南国际旅游岛建设中涉外导游英语语言及沟通能力的研究》[HNSK(Z)13-47];吴斌海的《完善海南国际旅游岛建设相适应的公立医院疾病分级管理研究》[HNSK(Z)13-54];党春艳的《海南国际旅游岛建设背景下少数民族居民生存状态研究》[HNSK(Z)13-69];杨雄的《探索创建海南国际旅游岛"大三亚与南海国际旅游圈"发展战略的研究》[HNSK(Z)13-21];于凌炜的《国际旅游岛背景下的海南地方节庆文化研究》[HNSK(Z)13-62];黄成的《国际旅游岛网络文化建设的导向与社会控制研究》[HNSK(Z)13-71]。

海南省哲学社会科学 2014 年立项资助课题有:李永文的《海南国际旅游岛旅游系统空间结构优化与分形研究》(HNSK14-12);王睿的《海南国际旅游岛建设背景下少数民族村庄治理研究》[HNSK(GJ)14-43]。

同时,学术界从各个方面对海南建设国际旅游岛也展开了相关研究。周军平的《关于建设国际旅游岛的方向性思考》(2007 年),①论文就海南

---

① 周军平:《关于建设国际旅游岛的方向性思考》,《今日海南》2007 年 7 月。

国际旅游岛建设的产业格局、管理机制体制、国际化的发展战略提出了建议。陆志远的《建设海南国际旅游岛》(2009 年),①论文从世界经济发展与产业分工的角度定义了海南国际旅游岛的内涵及基本特征,并论述了海南建设国际旅游岛的目标。中国(海南)改革发展研究院的《国际旅游岛:政策需求与体制安排》(2009 年),②论文对海南国际旅游岛建设的政策需求与体制安排做了探讨。石培华的《从国家战略看海南国际旅游岛建设——海南国际旅游岛建设的三重视角》(2009 年),③论文提出应当从三个层次认识国际性,将旅游作为改革开放的制高点;打开中国国际化的新大门,开辟南海旅游新时代;中国区域战略的典型缩影,打造各具特色的旅游板块。林演的《海南国际旅游岛建设内涵刍议》(2009 年),④论文深入探讨了海南国际旅游岛的深层内涵,论文认为,海南国际旅游岛的根本内涵是国际化和旅游,深层内涵是高度开放、行动自由、产业开放、遵法守德、平安健康、均衡协调、独具特色、机制灵活。王建国的《国际旅游岛建设要挖掘本土文化》(2009 年),⑤论文概述了海南本土文化,并提出了在海南国际旅游岛建设中旅游元素与海南文化融合的问题。徐建伟的《海南国际旅游岛建设初探》(2009 年),⑥论文分析了目前海南旅游业发展中存在的问题,进一步提出了海南建设国际旅游岛的具体对策和方向性思考。

随着海南国际旅游岛建设上升为国家战略,关于海南国际旅游岛建设的国家级课题研究也随之展开。童光政的《"海南国际旅游岛"建设立

---

① 陆志远:《建设海南国际旅游岛》,《新东方》2009 年第 5 期。

② 中国(海南)改革发展研究院:《国际旅游岛:政策需求与体制安排》,《海南日报》2009 年 7 月 21 日。

③ 石培华:《从国家战略看海南国际旅游岛——建设海南国际旅游岛建设的三重视角》,国家战略与国际旅游岛建设理论研讨会论文集,2009 年。

④ 林演:《海南国际旅游岛建设内涵刍议》,《今日海南》2009 年 4 月。

⑤ 王建国:《国际旅游岛建设要挖掘本土文化》,《新东方》2009 年第 6 期。

⑥ 徐建伟:《海南国际旅游岛建设初探》,《商场现代化》2009 年 1 月。

法保障研究》列入 2010 年国家社会科学基金项目(10BFX068);张旭新的
《海南国际旅游岛建设道德支持研究》列入 2012 年国家社会科学基金
(西部)项目(12XZX021);包亚宁的《以国际旅游岛战略为导向的海南农
业形态构建研究》列入 2012 年国家社会科学基金项目(12BJY110);王明
初的《海南国际旅游岛"全国生态文明建设示范区"发展战略研究》列入
2013 年国家社会科学基金重点项目(13AKS005)。

上述研究课题分别从立法保障、道德支持、生态文明建设、农业形态
构建等方面对海南国际旅游岛建设进行了专题研究。海南省政府及相关
研究机构也从海南国际旅游岛建设的政策支持等方面进行了重点研究。

与此同时,关于海南国际旅游岛建设的相关论文也相继发表。王中
波的《从地理视角看海南国际旅游岛的建设》(2010 年),[1]论文从地理视
角论述了海南国际旅游岛建设。吉洪的《国际旅游岛背景下海南金融业
发展的机遇与对策》(2010 年),[2]论文分析了国际旅游岛建设给海南金
融发展带来的机遇和面临的挑战,提出了建设国际旅游岛的金融对策。
龚萍的《国际旅游岛建设背景下旅游业人才培养问题探析》(2010 年),[3]
论文分析了海南国际旅游岛建设中旅游人才供给不足的矛盾,并提出旅
游人才培养模式的调整和创新。王永挺的《国际旅游岛建设对海南特区
的影响分析》(2010 年),[4]论文分析了国际旅游岛建设对海南特区的经
济、文化、社会环境、生态环境和居民生活等方面的影响,并针对国际旅游
岛建设中产生的不良影响问题提出了相应的对策和建议。邢越的《海南

---

[1] 王中波:《从地理视角看海南国际旅游岛的建设》,《新高考(政史地)》2010 年第 4 期。

[2] 吉洪:《国际旅游岛背景下海南金融业发展的机遇与对策》,《海南金融》2010 年第 3 期。

[3] 龚萍:《国际旅游岛建设背景下旅游业人才培养问题探析》,《北方经济》2010 年第 4 期。

[4] 王永挺:《国际旅游岛建设对海南特区的影响分析》,《价值工程》2010 年第 4 期。

国际旅游岛建设的投融资机制》(2010 年),①论文分析了海南旅游业的现状以及旅游业发展中的投融资问题,并提出了对策和建议。蔡仁杰的《海南国际旅游岛生态体育旅游模式》(2010 年),②论文研究了海南生态体育旅游的新模式,并对如何开发生态体育旅游新模式进行了探讨。徐爱民的《海南建设国际旅游岛博彩业问题研究》(2010 年),③论文分析了我国现行博彩业立法存在的主要问题,探讨了在海南适度开放博彩业的必要性及其可能性,提出了海南博彩业发展的具体建议。彭京宜的《海南国际旅游岛建设的四个层次》(2011 年),④论文从硬件建设、软件建设、体制机制创新、旅游天堂与幸福家园的统一四个层面探讨了海南国际旅游岛建设,就海南国际旅游岛建设的目标、任务、政策及体制进行了探讨。张梓松的《从马克思主义中国化的视角看海南国际旅游岛建设问题》(2011 年),⑤论文从马克思主义中国化的视角分析,提出国际旅游岛建设存在的问题,并提出若干对策。韩斌的《海南国际旅游岛发展战略选择及对策》(2011 年),⑥论文对建设海南国际旅游岛的机会与优势进行了分析,并提出了海南建设国际旅游岛要重构公共管理、重塑企业行为和重建社会参与。李军的《海南国际旅游岛建设的几点设想》(2011 年),⑦论文对海南旅游发展的现状及其存在的问题进行深入分析,并提出了海南国际旅游岛建设的几点设想。

① 邢越:《海南国际旅游岛建设的投融资机制》,《西南金融》2010 年第 3 期。
② 蔡仁杰:《海南国际旅游岛生态体育旅游模式》,《辽宁师范大学学报(自然科学版)》2010 年第 2 期。
③ 徐爱民:《海南建设国际旅游岛博彩业问题研究》,《河南省政法管理干部学院学报》2010 年第 3 期。
④ 彭京宜:《海南国际旅游建设的四个层次》,《中共中央学校学报》2011 年 2 月。
⑤ 张梓松:《从马克思主义中国化的视角看海南国际旅游岛建设问题》,《特区经济》2011 年 11 月。
⑥ 韩斌:《海南国际旅游岛发展战略选择及对策》,《海南大学学报(人文社会科学版)》2011 年 6 月。
⑦ 李军:《海南国际旅游岛建设的几点设想》,《衡水学院学报》2011 年 2 月。

沈世顺的《海南国际旅游岛建设面临的问题及对策》(2012 年),①论文对海南国际旅游岛建设面临的环境保护、旅游产业、人才素质、交通不便、金融保险、旅游服务等突出问题进行了分析,并提出了相应对策。彭国爱的《海南国际旅游岛文化建设的思考》(2012 年),②论文对海南国际旅游建设中的文化建设做了分析并提出了对策。周金泉、何文晋的《海南国际旅游岛可持续发展面临的五个重要问题》(2012 年),③论文提出了以系统化开发统领海南旅游可持续发展、以旅游产业升级作为海南旅游可持续发展的主方向、以高端旅游作为海南旅游可持续发展的目标、以文化旅游作为海南旅游可持续发展的核心、以体制机制创新为海南旅游可持续发展提供动力的海南可持续发展策略。种海峰的《从民生幸福的视角看建设海南国际旅游岛》(2013 年),④论文从民生幸福的角度论述了海南国际旅游岛建设。李海娥的《国际旅游岛建设背景下海南民族地区旅游发展研究》(2013 年),⑤论文对在国际旅游岛背景下海南民族地区旅游业的发展进行了探讨。迟福林的《我国转型改革大趋势与海南国际旅游岛新展望》(2013 年),⑥论文对海南国际旅游岛建设面临的新机遇、新挑战、新优势进行了分析。

从上述海南国际旅游岛建设的相关研究可以看出,关于海南国际旅游岛建设的相关研究主要分为三个阶段。第一阶段:2000 年至 2007 年。主要是中国(海南)改革发展研究院的学术研究,主要以海南旅游业的对

---

① 沈世顺:《海南国际旅游岛建设面临的问题及对策》,《创新》2012 年第 4 期。

② 彭国爱:《海南国际旅游岛文化建设的思考》,《新东方》2012 年第 4 期。

③ 周金泉、何文晋:《海南国际旅游岛可持续发展面临的五个重要问题》,《新东方》2012 年第 1 期。

④ 种海峰:《从民生幸福的视角看建设海南国际旅游岛》,《海南师范大学学报(社会科学版)》2013 年第 5 期。

⑤ 李海娥:《国际旅游岛建设背景下海南民族地区旅游发展研究》,《中南民族大学学报(人文社会科学版)》2013 年 7 月。

⑥ 迟福林:《我国转型改革大趋势与海南国际旅游岛新展望》,《琼州学院学报》2013 年 6 月。

外开放展开研究。第二阶段:2007 年至 2010 年。海南建设国际旅游岛成为海南区域发展战略,社会各界从海南区域发展战略的角度研究海南国际旅游岛,由于海南建设国际旅游岛的内涵主要是以旅游业为主导,建设以国际游客为主的国际休闲度假胜地,因而,研究者绝大多数都是以旅游业为研究重点。第三阶段:2010 年至今。海南国际旅游岛建设正式上升为国家战略,国家对海南国际旅游岛的内涵和外延重新做了界定,对海南国际旅游岛建设提出了明确的要求。在这个阶段,有相关课题和论文根据国家的新要求对海南国际旅游岛建设从不同层面进行了研究。到目前为止,尚未查询到海南国际旅游岛建设道德支持方面公开发表的论文。

四、研究的思路和基本框架

海南国际旅游岛建设道德支持是一个新的研究领域。首先,需要厘清海南国际旅游岛的概念与海南国际旅游岛建设道德支持的概念,这个在本书导论和第二章中进行了专门探讨。其次,需要认清海南国际旅游岛建设道德支持的状况,这个在本书第四章中做了探讨。最后,构建海南国际旅游岛建设道德支持系统,这个在本书第六章至第十一章中作了研究。

本书的结构可分为两个部分,第一部分,从第一章至第五章,主要概述了海南国际旅游岛建设的背景,阐明了海南国际旅游岛建设道德支持的内涵、结构、功能和特征,阐述了海南国际旅游岛建设需要道德支持,分析了海南国际旅游岛建设道德支持的状况,简单介绍了笔者考察新加坡的感受、启示和借鉴。第二部分,从第六章至第十一章,对海南国际旅游岛建设道德支持的核心价值、规范体系、制度体系、运行机制和实施途径分别进行了专题研究,实施途径主要有两个:一是大力提升个人的道德素质;二是培育良好的社会道德风尚。

第一章

海南国际旅游岛建设的背景

　　海南国际旅游岛建设是在复杂多变的国内外环境下进行的,认清当前的国内外形势,对于海南国际旅游岛建设有着十分重要的意义。

一、海南国际旅游岛建设的国际环境

　　从国际局势来看,当代中国正处在一个十分复杂的国际环境当中:世界政治多极化、经济全球化、人类文化多元化、社会生活网络数字化的趋势进一步加强,人类面临难得的发展机遇。同时,世界并不太平,充满着严峻的挑战。传统安全问题依然存在,恐怖主义、环境污染、新传染性疾病等非传统安全威胁更加突出,南北差距、贫富差距进一步拉大。和平与发展仍然是当今世界的两大主题,但它至今未能得到有效的解决,世界仍处在不断变革和发展之中。

(一)政治多极化曲折发展

　　世界政治多极化是指一定时期内对国际关系有重要影响的国家和国家集团等基本政治力量相互作用而朝着形成多极格局发展的一种趋势,

是对主要政治力量在全球实力分布状态的反映。多极化发展并不是偶然的,它孕育于两极格局的演变之中,两极格局终结后,并没有出现单极格局,世界正在走向多极化,这是当今国际形势的一个突出特点。

近年来,多极化世界格局加速发展的势头有增无减,"一超四强"的基本结构已经定型,且表现为多边多角、相互制约的战略竞争关系。第一,美国实力相对下降的趋势未能改变,干预国际事务的能力明显减弱。美国想建立单极世界,但是力不从心,中国、俄国坚决反对,欧盟也难以接受,美国霸权主义也遭到世界各国人民的反对。但美国仍然是当今世界综合国力最强的唯一的超级大国,对其他国家具有明显的优势地位,在一系列重大国际事务中仍然发挥着举足轻重的作用。第二,俄罗斯虽国力减弱,但从幅员、人口、资源或经济科技规模,特别是军事实力来看,仍然是一个具有巨大再生能力和潜力的大国,俄国正致力于振兴经济和恢复大国地位。第三,欧盟作为一个整体,在全球事务中影响越来越大,欧美分歧日渐增多。第四,日本经济实力雄厚,有成为政治大国和军事大国的企图。第五,中国的综合国力不断增强,国际地位显著提高。

为了在未来多极世界中占据更加有利的地位,"一超四强"都在加快调整对外战略,突出的特点是:美国的对外战略重心出现了向亚太地区倾斜的新动向,美国提出重返亚太和亚太再平衡战略;俄罗斯修正过分西靠的方针,开始奉行东西兼顾的"双头鹰"政策;欧洲联盟在加紧制定"东扩战略"和"南下战略"的同时,不断调整其亚洲战略,把以中国为重点的亚洲置于其对外工作"新的优先地位";日本表现出由"脱亚入欧"的传统战略转向"脱欧入亚"的明显迹象。

世界格局呈现出多角互动的战略态势。在亚太地区,有中、美、日新三角和中、美、日、俄四角关系之说。在欧洲,既有美、欧、俄大三角,也有德、英、法小三角,还有德、俄、英、法四角关系,等等。它们之间形成了既相互竞争、又相互依存,既矛盾冲突、又协调合作的多角互动关系。在多角互动的制衡关系中,"一超四强"关系的变化尤为引人注目,显示出一些新的特点:一是力求竞争与合作,但不对抗或结盟,以最大限度地扩大自身外交回旋余地。二是相互依存而不依附。在"一超四强"的战略态势中,各大国,甚至一些正在崛起的地区性强国都不愿再接受"主从关系"的安排,而是各自都要成为相对独立的一极,自主自立的倾向愈益公开化、明朗化。三是以全方位的多边外交取代单边外交。在多极化加速发展的今天,国际关系多层次、多角度地展开,各主要战略力量都实施全方位的外交政策,独立发展与其他大国的多边关系,国际关系日益多元化、多样化、多边化。四是相互制约与借重,避免陷入孤立。冷战结束后,国际形势变化的一个显著特征,就是联合国地位的提高和作用的增强。利用联合国和其他国际机构,并争取国际社会的理解支持,尤其是大国的支持开展重大外交或军事行动,已经成为各国必须考虑的问题。

经济发展的不平衡是导致各国政治地位与作用发生变化的基本原因,2008 年,在全球金融危机后,中国综合国力持续增强,新兴国家综合实力不断增强,在国际舞台上发挥越来越大的作用,这些国家与地区集团不约而同地主张世界向多极化方向发展。

当今世界力量对比虽然呈现"一超多强"的态势,但是正逐渐朝着相对均衡的方向发展。从美国、欧盟、日本、俄罗斯和中国的政策走向和力量对比可以看出,世界政治多极化方向发展是一个不以人们的意志为转移的客观趋势,随着时间的推移它将不断地向前发展。

世界政治多极化格局使世界各种力量逐渐形成既相互借重又相互制约与制衡的关系,有利于避免新的世界大战的爆发,有利于遏制霸权主义和强权政治,有利于推动建立公正合理的国际政治经济新秩序,有利于实现各国人民对和平、稳定、繁荣的新的美好追求,也有利于广大发展中国家抓住机遇、发展自己。

(二)经济全球化迅速发展

自 20 世纪 80 年代末以来,整个世界经济一体化的发展进程不断加快,世界各国经济相互渗透、相互整合、互相依存程度日益加深,国际经济技术及人力、资本的交流越来越频繁,整个世界日益联合成一个整体,经济全球化趋势成为一种不可抗拒的世界潮流。

2000年,世界银行《世界发展报告》指出:"经济全球化就是通过扩大商品、服务、劳动力和观念的流动以及各国解决全球环境问题的集体行为而被世界各国经济持续一体化。"①

经济全球化是在生产力高度发展的推动下,在国际分工空前深化的基础上,经济活动在全球范围扩展,商品和生产要素在全球自由流动,资源在全球范围进行配置,各国经济紧密依存,互相融合成全球经济的整体。

经济全球化的特征主要表现为:统一的全球市场开始形成;跨国公司遍布全球;贸易自由化推动全球贸易加速发展;国际组织和全球经济管理机制的作用得到重视和加强;世界范围内信息的交流传递更加迅速快捷。

经济全球化的表现形式主要有贸易自由化、生产全球化、金融自由化、信息全球化。贸易自由化是经济全球化的先导,生产全球化是经济全球化的推动力,金融自由化是经济全球化的加速器,信息全球化是经济全球化的桥梁。

经济全球化是一个历史发展过程。19世纪下半叶,资本主义国家开始在全球范围内进行大规模的商品输出和资本输出,经济全球化的趋势就已经出现,当代资本主义的发展,则加快了经济全球化的进程。

经济全球化是市场经济全球化的过程。20世纪20年代,苏联确立了计划经济模式;20世纪50年代,中国、东欧等一批社会主义国家均确立了计划经济模式,世界市场被分割为市场经济体系和计划经济体系;20世纪80年代以来,中国进行了市场取向的改革,90年代建立了市场经济

---

① 世界银行:《迈向21世纪——1999/2000年世界发展报告》,中国经济出版社2000年版,第164页。

体系。20世纪80年代末期,苏联解体,东欧剧变,原来的社会主义国家都由计划经济转变为市场经济,这时,原来相对分割的两个市场统一为一个市场,这为经济全球化扫除了制度障碍。

经济全球化也是国际经济运行规则全球化的过程。1995年成立的世界贸易组织(WTO),制定了国际经济的通行规则,为经济全球化提供了规则保证。

经济全球化导致全球利益重新整合,经济全球化加速了生产要素在全球范围内的自由流动和优化配置,推动了全球产业结构的转移和调整,增强了全球各国间的相互依赖。

经济全球化极大地改变着世界各国的经济、政治、文化和社会生活方式。经济全球化既可形成全球范围内的资源优化配置,又使世界上贫富问题更加突出。经济全球化后,世界多极化与单极化矛盾突出,单极化目前占上风,发达国家凭借知识、技术、智慧和思想的输入成为决策世界经济的头脑国家,而发展中国家则处于劣势,面临更为严峻的挑战。

经济全球化是生产力高度发展的必然结果,是不可抗拒的历史潮流。但经济全球化对各国的机会是不平等的,只要把握机会,都能成为经济全球化的受益者。中国是经济全球化的受益者,中国顺应了经济全球化的趋势,主动扩大对外开放的领域和层次,加快我国经济结构的调整,加快我国的市场化改革进程,加快我国政府职能的转变,在经济全球化的进程中,中国的经济总量逐步上升为世界第二位。

(三)文化多元化交融冲突

经济全球化的进程,使得不同国家和民族文化的交流得以扩展,同时,不同思想文化和意识形态领域的冲突甚至斗争也随之更为直接和复杂。

美国学者塞缪尔·亨廷顿的“文明冲突论”,论述了世界文明的多元化和不同文明的冲突。《文明冲突论》(The Clash of Civilizations)是1993

年夏季由美国哈佛大学塞缪尔·亨廷顿(Samuel Huntington)教授在《外交季刊》(Foreign Affair)上发表的一篇题为《文明的冲突》的文章中的观点。三年后此文章又被拓展为一本专著,取名为《文明的冲突与世界秩序的重建》(*The Clash of Civilizations and the Remaking of World Order*, 1996)。

亨廷顿的"文明冲突论"的核心观点有以下几点:其一,未来世界的国际冲突的根源将主要是文化的而不是意识形态的和经济的,全球政治的主要冲突将在不同文明的国家和集团之间进行,文明的冲突将主宰全球政治,文明间的(在地缘上的)断裂带将成为未来的战线;国际政治的核心部分将是西方文明和非西方文明及非西方文明之间的相互作用。冷战后的国际政治秩序是同文明内部的力量配置和文明冲突的性质分不开的。同一文明类型中是否有核心国家或主导国家非常重要;在不同文明之间,核心国家间的关系将影响冷战后国际政治秩序的形成和未来走向。其二,文明冲突是未来世界和平的最大威胁,建立在文明基础上的世界秩序才是避免世界战争的最可靠的保证。因此,在不同文明之间,跨越界限非常重要,在个同的文明间,尊重和承认相互的界限同样非常重要。其三,全球政治格局正在以文化和文明为界限重新形成,并呈现出多种复杂趋势:在历史上第一次出现了多极的和多文明的全球政治;不同文明间的相对力量及其领导或核心国家正在发生重大转变,文明间力量的对比会受到重大影响;一般来说,具有不同文化的国家间最可能的是相互疏远和冷淡,也可能是高度敌对的关系,而文明之间更可能是竞争性共处,即冷战和冷和平;种族冲突会普遍存在,在文化和文明将人们分开的同时,文化的相似之处将人们带到了一起,并促进了相互间的信任与合作,这有助于削弱或消除隔阂。其四,世界存在着多种文明,现代文明有印度文明、伊斯兰教文明、东正教文明、中华文明、日本文明、西方文明。西方文化是独特的而非普遍适用的,文化之间或文明之间的冲突,主要是目前世界6种文明的冲突,而伊斯兰文明和儒家文明可能共同对西方文明进行威胁或提出挑战。

文化多元化,多元文化互相交融和冲突是当代世界文化的主要特征。西方思想文化的强势地位,造成了"文化霸权"下西方道德价值观念对全球的强行灌输,以强大的经济、政治乃至军事力量与传播手段为依托的西方强势文化单向地流向以发展中国家为代表的弱势文化,侵蚀着弱势文化的价值观念与思维方式的独立性和独特性,导致其不得不认同和接受强势文化的价值取向与行为规范等,呈现出弱势文化的特质逐渐与强势文化趋同、被强势文化同化与掩埋的现象。

(四)社会网络化日新月异

数字化是当今世界发展的重要趋势。进入 21 世纪,数字化对经济社会发展的影响更加深刻。据报道,2012 年,全球互联网用户的数量达 24 亿,全球智能手机的用户达 11 亿。① 广泛应用、高度渗透的信息技术正孕育着新的重大突破,信息网络更加普及并日趋融合,互联网、物联网、移动互联网竞相发展。数字化与全球化互相交织,推动着全球产业分工深化和经济结构调整,重塑着全球经济竞争格局。互联网加剧了各种思想文化的互相激荡,成为信息传播和知识扩散的新载体。数字信息技术的发展,互联网的广泛开通,改变了人们学习、生活、娱乐和话语体系。

当代社会处于人类有史以来前所未有的大转变之中,人类正在步入网络社会。这个全球网络社会的特点是:战略性经济活动的全球化;组织形式的网络化;工作的弹性和不稳定性;劳动日益个人化;各式各样媒体技术构造的仿真虚拟文化……这样一个新的社会组织形式,以其普遍性迅速扩展到全世界,给每个人的生活带来了冲击。全球信息流动所带来的网络社会,改变了人们传统的时空观念,空间成为"流动的空间",人们利用高速传播的音像信息(如现场直播、电视电话、无线手机、电脑互联

---

① CSDN,《2012 年全球互联网数据一览》,2013 年 1 月 18 日。

网络等等），可以立刻进入到一个不同的空间，并参与其中；时间则成为“压缩的时间”，不同时间发生的事情都能集中在一起、集中为同一个瞬间，这就打破了我们传统的时间感受。这种变化导致了更为高速有效的经济活动，同时也使得经济组织彻底地国际化。人们的交往活动进一步加速，满足生活需要的各种活动更为方便快捷，由于减少了面对面的接触，人们也就变得更为独立自由。

二、海南国际旅游岛建设的国内环境

中国社会正在发生着深刻的巨大变化，经济体制深刻改革、社会关系深刻变动、利益结构深刻调整、思想观念深刻变化，这些社会变化对当代人的思想道德都产生了重大影响。

（一）中国正在发生深刻的历史性变化

改革开放 30 多年来，我们党坚持"一个中心、两个基本点"的基本路线，坚持走中国特色社会主义道路，我国社会主义现代化建设取得了举世瞩目的伟大成就，国家综合实力逐步增强，社会主义制度日益巩固。

从 21 世纪开始，我国进入全面建设小康社会，加快推进现代化新的发展阶段。实现现代化，振兴中华，是中国人民一个多世纪以来梦寐以求的理想。21 世纪是我国实现现代化的世纪，是中国民族伟大复兴的世纪，是全国人民达到共同富裕的世纪。

中国正在进行伟大的变革，我们党正在带领人民建设有中国特色的社会主义，努力建立健全社会主义市场经济体制，建设社会主义民主和法治，实行依法治国，建设社会主义道德新体系，实行以德治国，完善全方位、多层次、宽领域的对外开放新格局，发展开放型经济，全面实施现代化的第三步战略目标，力争在 21 世纪中叶达到中等发达国家水平，实现中华民族的伟大复兴。

建立社会主义市场经济是一条前人没有走过的路。而把市场经济同社会主义基本制度结合起来被称为"世界性和世纪性的难题",面对这样一个重大历史课题,中国共产党人坚持解放思想、实事求是,抛弃对社会主义教条式的理解,实现理论突破和创新,创造性地把社会主义的基本制度与市场经济有机结合起来,实行社会主义市场经济,创造了世界上绝无仅有的经济奇迹。中国在社会主义市场经济方面进行了大胆而富有成效的积极探索,中国不仅确立了社会主义市场经济的改革目标,而且选择了渐近式改革之路,并已建立起社会主义市场经济体系,正在健全和完善社会主义市场经济,中国开辟了一条在社会主义条件下成功地走向市场经济的崭新道路。正如世界银行前行长詹姆斯·沃乐芬森说的:"中国和它的12亿人正处在两大历史变革的阵痛之中:从计划经济到市场经济的变革与从农村和农业社会向城市和工业社会的变革。目前,这两大变革都取得了惊人的成功。"①

改革开放以来的实践无可辩驳地证明,我们找到了一条适合国家发展的正确道路,这条道路就是中国特色社会主义。沿着这条道路走,我们比历史上任何时期都更接近中华民族伟大复兴的目标,比历史上任何时期都更有信心、有能力实现这个目标。中国独特的文化传统、独特的历史命运、独特的基本国情,决定了我们必然要走适合自己特点的发展道路。只有中国共产党领导人民,把马克思主义基本原理同中国实际结合起来,才能找到实现民族独立和人民解放、国家富强和人民幸福的正确道路。

社会主义经历了从空想到科学、从理论到实践、从一国到多国几次历史性的飞跃,是科学社会主义学说的巨大胜利。而中国特色社会主义的理论和实践为社会主义的改革和创新提供了新的模式,创造了使社会主义获得自我完善和发展的机制,它开拓了社会主义的理论认识和新的社会主义实现形式,对人类社会的发展必将产生重大的影响。

---

① 《帮助中国发展》,载于香港《亚洲华尔街日报》1997年9月9日。

（二）中华民族正处在伟大复兴的关键时期

中华民族正处于伟大复兴的关键时期。中华民族拥有 5000 多年的文明史，创造了辉煌灿烂的中华文明，曾是世界经济文化中心之一。直至 19 世纪与 20 世纪之交，正当西方列强蓬勃向上的时候，中国内受封建专制统治、外受帝国主义侵略影响，经济、社会日益衰颓。据保罗·肯尼迪著作《大国的兴衰》提供的数字：1800 年，中国制造业产量占世界总产量的 1/3，整个欧洲只占 28.1%，美国只占 0.8%；一个世纪以后，到 1900 年，中国急剧下降到 6.2%，而欧洲上升到 62%，美国上升到 23.6%，形成了明显的剪刀差。国力衰弱，加上政治腐朽，必然遭人欺侮。

19 世纪是中国遭受西方列强侵略压迫、中国人民受尽屈辱的世纪。从鸦片战争起，西方列强纷纷侵略我国，中国逐渐沦为半殖民地半封建社会。20 世纪是中华民族奋起的世纪。中国的制度创新是极为艰难曲折的，走着独特的道路。戊戌变法开始制度创新，仅短短百日就失败了。辛亥革命是完整意义上的民主革命，它推翻了清王朝统治，结束了 2000 多年的封建君主专制制度。无产阶级通过共产党，领导中国人民进行了 28 年英勇卓绝的斗争，推翻了帝国主义、封建主义和官僚资本主义的统治，取得了新民主主义革命的胜利，建立了中华人民共和国，从此中国人民站起来了。自鸦片战争以来，我国第一次能够在长达 30 多年的时间里保持经济持续、高速、稳定的发展，社会全面进步，我国的国际地位空前提高。

21 世纪是中华民族伟大复兴的新世纪。从 19 世纪中叶到 20 世纪中叶，中国人民经过了 100 多年的浴血斗争，终于实现了民族独立和人民解放，建立了社会主义国家，从根本上改变了自己的命运。经过 60 多年的建设尤其是改革开放 30 多年的发展，我国的社会主义事业取得了举世瞩目的成就。从 20 世纪中叶到 21 世纪中叶，中国人民再经过一百年的艰苦创业，将基本实现现代化，中华民族将以更加强劲的英姿屹立于世界民族之林。

党的十八大刚刚闭幕,新当选的中共中央总书记习近平,率新一届中央政治局常委会全体同志和中央书记处的同志,参观国家博物馆的基本陈列——《复兴之路》展览,深情阐述"中国梦"。他说:"实现中华民族伟大复兴,就是中华民族近代以来最伟大的梦想。"①"中国梦"归根到底是人民的梦,它凝聚了几代中国人的夙愿,体现了中华民族和中国人民的整体利益,是每一个中华儿女的共同期盼。国家好,民族好,大家才会好;国家富强,民族振兴,人民才能幸福——"中国梦"凝聚起党和人民团结奋斗的最大共识。我们比历史上任何时期都更接近中华民族伟大复兴的目标,比历史上任何时期都更有信心、有能力实现这个目标。

(三)中国社会正处在社会转型期

"社会转型"(Social Transition)是一个有特定含义的社会学术语,通常是指社会经济结构、文化形态、价值观念等发生深刻变化的一段特殊时期。近现代人类所经历的社会转型主要是由传统封闭的农业社会向现代开放的工业社会转变的历史进程。

在当代中国,社会转型主要表现在三个方面:一是经济体制的变革,即从以计划为主导经济体制向以市场为主导经济体制转变;二是社会形态的变迁,由传统的、封闭的农业社会向工业化、信息化、开放的社会转变;三是社会结构的调整,由农村和农民为主体的社会向城市和市民为主体的社会转变。

社会转型在经济、文化、政治等各个领域都表现出一种全新的特点,它促使人们的价值观念、行为观念、生活方式等都发生了实质性转变。在社会转型期,传统的思想道德行为规范由于不能完全适应现代社会的发展而需要更新,有些思想道德观念和行为规范的内容需要进一步充实和完善,社会思想道德文化呈现新旧交替、多元并存的格局。

----

① 《习近平总书记深情阐述"中国梦"》,新华网,2012 年 11 月 30 日。

社会转型是中国社会发展和进步的必然趋势。中国正在经历着深刻的社会变动,这种变动的速度十分惊人,社会主义市场经济体制正在不断完善,亿万农民进入城市成为市民和城市劳动者,人们的劳动方式、生活方式、交往方式和人们的需求都在发生着深刻的变化,这种变化影响到人们的行为规范。符合社会主义市场经济的道德规范正在形成之中,原来的道德规范,一部分被强化,一部分不适应,一部分显得缺失,一些新的萌芽正在出现和成长。

(四)中国网络化趋势日益明显

中国互联网络信息中心发布的报告指出:截至 2012 年 12 月底,我国网民规模达 5.64 亿人,互联网普及率为 42.1%。我国手机网民数量快速增长,2012 年我国手机网民数量为 4.2 亿人,年增长率达 18.1%,远超网民整体增幅。此外,网民中使用手机上网的比例也继续提升,由 69.3% 上升至 74.5%。当前,我国网民数量已经处于高位,网民增长和普及率进入了相对平稳的时期。而智能手机等终端设备的普及、无线网络升级等因素,则进一步促进了手机网民数量的快速提升。①

随着信息网络的迅速发展,互联网已经成为人们学习知识、获取资料、了解世界、对外交往的重要途径和重要工具。互联网迎合了人们注重个性、崇尚平等的心理需求,其开放性、平等性、交互性、时效性等特点适应了人们的文化接受心理。

三、社会变化对人们思想道德的影响

国内外环境的深刻变化对人们的思想道德产生了巨大影响,当代人

---

① 中国互联网络信息中心:《中国互联网络发展状况统计报告》,新华网,2013 年 1 月 15 日。

们的政治、思想、道德和心理层面都发生了一些新的变化。

（一）社会主义曲折发展的影响

20世纪80年代末至90年代初，苏联、东欧国家政局发生剧变，社会制度由社会主义演变为资本主义，一大片社会主义阵地垮掉了，世界社会主义事业跌入低谷，这种局面直接影响到我国。国内有的人患上了"革命低潮综合征"，怀疑社会主义还有没有前途，怀疑科学社会主义基本原理还灵不灵？加上我国改革开放以后，国门打开了，各种西方资产阶级理论、学说（像新自由主义、民主社会主义、"普世价值"等等）涌了进来，冲击着马克思主义的指导地位，一些人不相信马克思主义了，却迷信西方的资产阶级理论、学说。在这种环境下，社会主义的信念就越来越淡薄了，怀疑社会主义的思想就蔓延开来了，这种悲观情结对当代中国人也产生了不利影响。

中国在社会主义道路上也经历了曲折，一些当代中国人对社会主义发展的曲折性认识不足，对我国在社会主义探索实践中出现的失误存在模糊认识，对在当前社会主义建设中存在的问题和矛盾存在片面认识，导致部分人对社会主义的理想和信念发生动摇，不相信科学社会主义基本原理，不相信社会主义优越于资本主义，不相信社会主义必然取代资本主义。

邓小平同志在视察南方谈话中指出："我坚信，世界上赞成马克思主义的人会多起来，因为马克思主义是科学。它运用历史唯物主义揭示了人类社会发展的规律。封建社会代替奴隶社会，资本主义代替封建主义，社会主义经历一个长过程发展后必然代替资本主义。这是社会历史发展不可逆转的总趋势，但道路是曲折的。资本主义代替封建主义的几百年间，发生过多少次复辟？所以，从一定意义上说，某种暂时复辟也是难以完全避免的规律性现象。一些国家出现严重曲折，社会主义好像被削弱了，但人民经受锻炼，从中吸取教训，将促使社会主义向着健康的方向发展。因此,不要惊慌失措,不要认为马克思主义就要消失了,没用了,失败了。哪有这回事!……我们要在建设有中国特色社会主义道路上继续前进。资本主义发展几百年了,我们干社会主义才多长时间!何况我们自己还耽误了二十年。如果从建国起,用一百年时间把我国建设成中等水平的发达国家,那就很了不起!从现在起到下世纪(21世纪)中叶,将是很要紧的时期,我们要埋头苦干。"①

社会主义与资本主义两条道路的竞争仍会继续。中国特色社会主义呈现出蓬勃发展的生机,作为一个中国人,我们应该为中国取得的成就而感到自豪,我们只有把中国自己的事情办好,才能立于不败之地。

(二)西方社会思潮的影响

随着我国对外开放的不断扩大,我国与国际的交流日益增加,意识形态领域各种思想和文化相互激荡,对当代中国人的思想道德产生了深刻的影响。从国际社会特别是西方发达国家获得的大量的资本投资、先进的科学技术、管理经验、运作模式,先进的人类文明成果体现在思想观念、价值取向、思维方式和行为方式对当代中国人的思想道德产生了正面的影响。主要体现在当代中国人自主意识、文明意识、开放意识、创新意识、竞争意识、生存意识等的显著增强。

与此同时,西方落后、腐朽的思想观念、价值取向、思维方式和生活方式等对当代中国人的思想道德产生了负面的影响。在世界政治多极化、经济全球化、文化多元化的背景下,西方各种社会思潮通过各种渠道和方式进入我国,西方资本主义国家不断利用其资源以及经济优势,在政治、经济、文化等领域进行全方位渗透,竭尽所能对我国进行歪曲、颠覆和攻击,提出"意识形态终结论"等所谓的非意识形态理论,以期淡化马克思主义意识形态,导致一些人对我国以共产党领导的多党合作制度、人民民

---

① 《邓小平文选》第三卷,人民出版社1993年版,第382—383页。

主专政制度和人民代表大会制度为核心的政治权力结构产生怀疑,进而对其政治信仰形成冲击。

美国政治学家亨廷顿指出:"对一个传统社会的稳定来说,构成主要威胁的,并非来自外国军队的侵略,而是来自外国观念的侵入,印刷品比军队和坦克推进得更快、更深入。"①西方思潮席卷而来,"西化""分化"势力通过各种渠道散布"噪音",企图误导中国人,削弱他们的马克思主义信仰和社会主义信念。资本主义国家倚仗其强大的经济和科技实力,借助互联网、媒体等各种现代传播途径和方式,极力宣扬资产阶级所谓的"自由""民主""平等"等价值观念,大肆宣扬"马克思主义过时论""共产主义消亡论"等论调,以期误导当代中国人,侵蚀、破坏他们的头脑,干扰和破坏他们树立正确的政治信仰。

思想意识的侵蚀使得部分中国人认为社会主义不如资本主义优越,怀疑社会主义的进步性,弱化和动摇他们自身的政治信仰。除了在意识形态方面对我国不断渗透外,资本主义国家还在文化方面实施侵略,通过各种途径向我国青年一代进行多元化价值观的渗透,导致中国出现多元文化并存、交融甚至冲突的局面。文化冲突体现着世界观、人生观、价值观等精神层面的差异,比意识形态对立有着更深刻、更重要的内涵,它直接植根于人的内心精神世界,故能更直接地对人的思维方式和行为方式产生影响。文化冲突对青年人的思想和行为形成强烈的冲击,影响着他们的思想观念、生活方式、学习态度、思维习惯、审美取向和价值追求,使他们的集体主义价值观和爱国主义情结出现不同程度的淡化。部分人对马克思主义的信仰和对社会主义的信念逐渐弱化,更多的是生活在"以自我为中心,以自我利益为半径画一个圆"的自我空间里。同时,也使得一些青年人无所适从,失去了精神和信念的追求,从而导致部分人的政治信仰模糊。

---

① [美]塞缪尔·亨廷顿:《变化社会中的政治秩序》,王冠华、刘为等译,生活·读书·新知三联书店1989年版。

（三）市场经济的双重影响

我国社会主义市场经济体制的不断完善,经济、政治、文化改革的不断深入,以人为本、协调、持续、又好又快的科学发展观深入人心,全面建设小康社会进程的不断推进,中国特色社会主义建设成果显著,人民群众享受到更多来自经济发展进步的实惠,政治民主稳定,经济快速发展,社会和谐进步,所有这些都直接和间接地对大学生的思想道德产生了积极影响。当代中国人对待思想道德问题的判断更趋客观和现实,不再热衷于那种抽象的民主、自由,注重从经济角度观察分析国内各类问题,思考个人价值实现与国家利益的有机统一,中国人的自主成才意识、风险意识、竞争意识和效率观念不断增强,民主、法治、自主、参与的政治意识不断加强,自由、平等、竞争等观念深入人心,当代中国人的思想道德观念的变化是我国社会转型的生动写照,其主流是积极健康的。

我国市场经济还不完善。在市场经济体制完善过程中存在的投机暴富、不劳而获、不平等竞争、贫富悬殊等社会不公现象,假冒伪劣和坑蒙拐骗盛行的社会失信现象,以权谋私、贪污腐化等社会腐败现象,拜金主义、享乐主义、赌博和迷信活动泛滥的社会腐败现象等对当代中国人的思想道德产生了负面影响。一些人理想淡化,漠视未来。他们对人生的理解,仅仅停留在物欲的满足上,以欲望的充分满足取代人生的全部价值。有的人公开承认,在人的欲望得以张扬的今天,利益就是动力,"有用即是真理"。做事、交友甚至学习都以是否带来直接的利益为标准进行选择,利益标准成为一些人道德选择和行为的依据。

随着市场经济的发展,实用主义、个人主义、享乐主义、拜金主义、功利主义等观念有了滋生的土壤,潜移默化地影响人们的思想道德行为,一些人理想和信念动摇,诚信和社会责任感缺失;一些人集体意识、社会意识淡薄,以自我为中心,崇尚金钱万能;一些人对是与非、美与丑、善与恶、荣与辱、功与过的界限模糊。

社会主义市场经济承认个人追求自己利益最大化的合理性,同时,也要求个人利益与社会整体利益协调,反对把个人利益置于社会整体利益之上,反对不择手段地谋取个人利益,强调每一个人的社会责任意识。在社会主义市场经济条件下,我们一方面要充分保护和鼓励人们通过合法手段谋取个人利益;另一方面又要对个人利益的获取进行积极的引导和严格的限定,使其不能危害他人、社会和国家的利益。

(四)腐败现象的影响

我们党领导的改革开放和社会主义现代化建设取得了举世瞩目的伟大成就,但是,与此同时,党风和政风却出现了严重的问题,各种腐败现象在党内有了一定程度的蔓延。尽管我们党采取了惩治腐败、加强廉政建设的一系列措施,也取得了一些成果,但是腐败现象并没有从根本上得以根除。党内腐败现象如果不能从根本上得到有效抑制,党就会严重脱离群众,最终会失去群众的信任和支持。

现阶段官员腐败的主要表现为:(1)经济领域中的腐败现象。经济领域中的腐败现象集中表现为权钱交易。具体表现:第一,极少数党政机关干部利用职权贪污受贿。这是腐败最严重、最恶劣的表现,也是分布面最广、危害性最大的一种腐败。第二,少数司法机关和行政执法机关工作人员敲诈勒索、贪赃枉法、徇私舞弊。第三,一些掌管人财物的部门和带有垄断性的经济管理部门的党员干部贪污受贿。这些部门的极少数党员干部"靠山吃山",以各种手段中饱私囊。第四,一些党政机关的领导干部以官经商、以权经商。即所谓"官倒"。具体表现:利用权力搞到国家计划内的平价物资,再以市场价转手卖出,顷刻间暴富。第五,以权谋房是群众意见比较集中的腐败现象。在城市,主要表现为:利用职权超标准、超面积占房、多处占房和用公款高标准装修住房。在县城、小镇和农村,以权谋房的方式主要表现为:违法违章违纪建私房。第六,奢侈浪费,挥霍公款。表现为:公款宴请,大吃大喝;公款旅游;违反规定购买进口豪华小轿车;超标准建造办公楼和装修私人住宅,等等。第七,以乱收费、乱罚款、乱摊派合称的"三乱"是用权力转化为金钱的又一种腐败现象。(2)政治领域中的腐败现象。政治领域中的腐败现象集中表现在政治倾向、工作态度、组织人事工作以及政治品质等方面。具体表现为:第一,资产阶级自由化是政治领域中危害甚烈的腐败现象。这里主要是指党政机关内部极少数人搞资产阶级自由化。第二,对党的方针政策采取实用主义态度。有些地方和单位从本位主义和地方主义出发,对党和国家方针政策采取"取我所需"的态度,有利于自己的就执行,不利于自己的就置之不理。第三,严重的官僚主义。一些官员玩忽职守,失职渎职,不作为、乱作为,构成政治领域的一种腐败行为。第四,组织人事工作中的任人唯亲。使用干部不讲德才兼备的标准,以是否对自己忠顺、有利为标准,从个人亲疏远近决定他人的升降、去留。第五,破坏民主,践踏法制,欺压百姓。为了保护自己既得利益或是显示自己的权势,打击群众乃至草菅人命的现象,在我们干部队伍中也时有发生。(3)文化和日常生活领域中的腐败现象。具体表现在:第一,精神产品一切向"钱"看,为追求"经济效益"而放弃政治标准、艺术质量和社会效益,是文化领域腐败现象最典型的表现。第二,道德败坏、生活糜烂,是腐败在日常生活领域的表现。极少数党员干部由以权谋私发展到"以权谋色",或利用职权,奸淫妇女、玩弄女性;或喜新厌旧,包二奶,搞婚外恋;或违反法律,重婚纳妾,甚至公款嫖娼,等等。

腐败现象滋生的原因是非常复杂的。主要有:一是新旧体制转换时期,有许多不健全、不完善的地方,不可避免地存在一些制度漏洞,使腐败分子有可乘之机,这是腐败产生的制度根源。二是剥削阶级思想影响和党内一些人丧失理想信念,这是腐败滋长的思想根源。三是市场经济的负面作用和消极影响,这是腐败滋生的外在诱发因素。一些人把商品交换法则引进党内生活,在党内做交易,把权力、原则和政策商品化,崇尚"拜金主义",搞权钱交易,就会使党内意志薄弱者走上腐化堕落的道路。

四是权力制约和监督机制不完善、不健全,是腐败蔓延的机制原因。

在改革开放和市场经济发展过程中,由于社会主义市场经济有一个不断完善的过程,建设社会主义法治国家也有一个不断完善的过程,腐败现象仍会不断发生,原有的腐败现象消除了,还可能出现新的腐败现象,因此,反腐败将是长期的、艰巨的任务。

中国共产党是执政党,良好的党风是形成良好社会道德风尚的重要导向。党风不正,社会上的歪风邪气也会蔓延,发展下去还会引起社会的动荡。因此,邓小平强调:"端正党风,是端正社会风气的关键。"①改革开放以来,社会上出现一些歪风邪气,出现一些丑恶现象,其中一个重要原因,是党内有少数人搞歪门邪道,在败坏党风的同时,也带坏了民风和社会风气。以习近平同志为核心的党中央坚持全面从严治党,坚决从根本上治理党内腐败问题,几年来,惩治腐败成效非常显著。

四、海南国际旅游岛建设面临的矛盾和挑战

在社会变革面前,人们的政治、思想、道德、心理等各个层面都发生了显著的变化,海南国际旅游岛建设面临着新的矛盾和新的挑战。

(一)思想道德建设面临的新矛盾

在当代中国社会存在着四大思想道德文化:一是源远流长的以儒家道德为主体的中国传统思想道德文化;二是西学东渐过程中不断传入中国的西方思想道德文化;三是五四运动以后形成的中国革命道德及社会主义道德文化;四是改革开放以来在社会主义市场经济发展中形成的新的社会主义思想道德文化。以上不同来源的四大板块价值观念的并存交织、碰撞融合,使当代中国思想道德建设具有丰富而复杂的内容,并呈现

---

① 《邓小平文选》第三卷,人民出版社 1993 年版,第 144 页。

出以下四大矛盾。

一是传统与现代的矛盾。中国传统道德具有浓厚的重义轻利传统，所谓"君子喻于义，小人喻于利"，而在市场经济条件下，正当利益的追求已获得了道德上的肯定，道德与利益不再被对立起来。传统道德突出整体主义，消解个人正当利益，而社会主义道德在强调集体利益之时，也充分肯定个人正当利益的合理性，突出集体利益与个人利益的相互兼顾与共同发展。传统道德突出的是内敛型的君子人格，它倡导温、良、恭、俭、让，重视团结和睦的人际关系；而现代道德突出的是进取型的公民人格，倡导自立、自主、自强、自爱，重视社会责任和开拓创新，成为市场经济条件下自强不息的现代公民。

二是一元与多元的矛盾。在经济全球化的推动下，各国政治、文化不断从封闭走向开放，各种意识形态和文化背景下的价值观念相互碰撞和交融，必然产生多元取向。在社会主义市场经济条件下，利益主体已经从传统的一元转向多元，利益主体的多元化使得其价值观念取向必定多元化，使整个社会价值观念走向多元。而与此同时，任何社会主流价值形态和道德观念在核心价值体系上总是一元化的，由此必然引起价值观念多元化与核心价值观一元化的矛盾冲突。

三是东方与西方的矛盾。随着中国全面对外开放、走向世界，不可避免地与异质的西方文明发生全面的冲撞。以家庭为核心，以血缘关系为依据的伦理道德，成为中国传统社会人们日常行动的主要价值取向，而占据了中国传统社会意识形态正统的儒家思想，基于家国同构的思维，发展出一套侧重于个人道德修养，进而"齐家、治国、平天下"的系统理论，并影响了中华民族几千年的历史。而在西方，基于文明摇篮的海洋文化和商业文明的繁盛，作为西方道德文明之核心的古希腊罗马伦理学，其主流精神有理性主义、节制主义、幸福主义等。发展到近代，主流精神有人道主义、快乐主义、个人主义等；而现代的主流精神，有新人道主义、新功利主义、相对主义等。东西方道德文化的不同风格，导致了我国道德建设在开放时代的背景下,需要面对着一种异质道德文化的影响。

四是市场与道德的矛盾。社会主义市场经济在中国已经建立,而适应社会主义市场经济的思想道德规范体系尚未建立,道德建设落后于经济建设,从而产生市场与道德的矛盾。主要表现为:(一)部分的传统道德理念不适应社会发展的要求,而当由市场经济发展而滋生出的新的道德理念试图取而代之时,两者发生尖锐的矛盾冲突。(二)由于商品意识的泛化而导致的道德领域内的矛盾与混乱。(三)规范市场的制度建设滞后而导致的道德失范。(四)由于市场经济的负面效应而导致的极端个人主义、拜金主义和享乐主义滋生蔓延。

(二)思想道德建设面临的新挑战

在当代中国,思想道德领域面临着一些新的挑战。

一、社会公平正义的挑战

当前我国社会不公平现象主要表现在以下方面。

首先,贫富差距不断扩大。改革开放以来,我国由基尼系统反映出来的收入差距,总体来说呈现一种上升的趋势。联合国报告曾这样描述我国的贫富差距现状:中国倾斜的政策使得社会贫富差距加大,中国最富裕的城市发展水平堪比欧洲,但最贫困的农村地区发展水平却和非洲差不多,这已威胁到中国的发展。据世界银行的统计数据显示,我国的基尼系数在改革开放前为0.16,到2004年达0.47,超过国际公认的0.4的警戒线,成为威胁社会稳定的最大隐患。2013年1月18日,国家统计局正式发布了我国近几年的基尼系数,2003年0.479、2006年0.487、2008年0.491、2009年0.490、2012年0.474。① 国家统计局的数据表明,我国的

---

① 《中国首度公布官方版基尼系数10年来都高于国际警戒线》,《扬子晚报》2013年1月19日。

基尼系数先是逐步扩大的,而后又略有缩小的走势,2012年开始下降,但是仍在国际警戒线上方运行。随着经济的发展和社会的进步,当今时代,人们对"公平"有了更高、更迫切的要求。缩小收入分配差距,已经成为社会各界强烈的共同呼声。我国的贫富差距主要表现在城乡居民的收入差距上。国家统计年鉴和相关的文献报道,1978年城乡居民收入比为2.57∶1,后来随着农村家庭联产承包责任制的推行,这个比例曾一度缩小,但后来随着我国第二、三产业的迅速发展,城镇居民收入增长幅度大大高于农民,2007年与2008年城乡居民的收入之比达到了3.2∶1。收入不公平,这是当前社会不公平现象的一个最主要的表现,也是导致社会不安定的一个最重要的因素。

其次,资源分配不公平。教育不公平和医疗服务不公平。教育资源是一项主要由国家来提供的公共资源,它应该遵循着平等竞争的原则,但也需要扶助弱者,使每一个人都能有机会获得教育。然而,当前我国社会教育资源的分配存在着一些不公平之处,比如,城市居民,尤其是大城市的居民,享有的教育资源(如教育经费、教学和师资条件等)和教育机会明显多于农村居民;再比如,各地大学数量的不同和高考招生的名额限制,使不同地区的人上大学的机会不等。另外,近年来教育收费的快速上涨,使一些贫困家庭的子女不得不放弃继续求学的机会。从而,教育机会的分配也出现了贫富、城乡、地区之间的不平等,这一问题也引发了人们的不公平感。

医疗服务作为一种重要的公共资源,是影响人们的生存状况和生活质量的重要因素。因此,医疗服务资源的分配形态也是衡量社会公平状况的一个重要指标。目前,医疗服务资源的分配存在着明显的城乡差异和地区差异,医疗资源集中于大城市,而边远农村地区医疗资源则十分匮乏。大城市居民易于获得较好的医疗服务,而广大的农村地区普遍存在着看病难现象。

近年来,由于医疗服务保障的城乡差异,我国大城市的人均寿命比农村长了 12 年,贫困地区儿童死亡率为大城市的 9 倍。更为严重的是,医药费用的连年上涨,医疗基本保障覆盖面窄,使得低收入人群和一些困难群众无力就医,还有一些家庭因病致贫。这一方面的不公平现象还在继续发展。

再次,机会分配的不平等。突出表现在劳动力市场领域,公平竞争的劳动力市场应该以个人能力和素质高低来决定个人机会的多少,但目前我国的劳动力市场还存在着一些因素干扰着公平竞争。比如,户籍制度和单位制度就限制了人才的自由流动和竞争选拔,有本地城镇户口的人的就业机会要多于外地的、农村户口的人,一些单位的人员招聘不完全依据个人能力和水平,而是凭借个人的社会关系。出身于有权有势家庭的人往往能获得较好的工作和发展机会,而普通工农子弟,即使有大学文凭,也时常难以找到工作。

总之,我国社会存在的不公平现象,使越来越多的人感到社会的不公平,由于不公平导致的社会问题也不断增多。

最后,一些不公正现象逐渐发展成为潜规则,影响了正常的社会秩序。当前,我国社会各个领域或多或少地受到潜规则的影响,损害了社会公正。如少数政府官员被一些利益集团所左右,大搞权钱交易,利益集团以某些好处诱导领导干部的决策。更为严重的是,在维护和实现社会公平与正义的司法领域,也出现了腐败现象,加剧了社会的不公正。因为司法本来就是维护社会正义的地方,如果司法是公正的,即使社会上存在着某些不公正的现象,也可以通过司法来矫正和补救,使社会公正得以恢复。如果丧失了司法公正,整个社会就可能无公正可言。

当一个社会公平缺失时,道德的有序性就会面临严峻的挑战。道德有序是以社会公平为基础的,公平是道德有序的保障。当一个社会权利不公平、机会不公平、规则不公平、分配不公平时,这种情况一定会导致不同阶层价值观念的裂变,社会难以形成凝聚力。

　　二、社会诚信缺失的挑战

　　诚信是人类社会几千年来一个老生常谈的话题,同时也是近年来新闻媒体见报率最高的词汇之一。当前我国正处在社会急剧转型时期,由于种种因素的相互影响和挑战,整个社会的诚信意识正受到前所未有的冲击和挑战,它同环境问题、腐败问题一起成为中国社会的三大污染源。

　　国家发改委财经司司长田锦尘指出:"目前我国社会上还存在着商业欺诈、制假售假、偷逃骗税、学术不端、食品安全事故等大量不诚信问题,企业每年因诚信缺失造成的经济损失超过 6000 亿。"[①]

　　社会诚信缺失的主要表现为:在社会诚信方面:不讲真话、不守信用、没有信誉、弄虚作假等。在个人诚信方面:说假话、假文凭、假证件、假发票、假彩票、考试作弊、偷逃税款、骗取保险、虚假广告、假球黑哨、假医假药,侵犯知识产权的行为屡禁不止,盗版盛行等。在企业诚信方面:一是企业不守信用,恶意逃废银行债务。二是企业不讲信誉,相互之间拖欠货款。三是企业合同违约严重,利用合同进行欺诈。四是企业财务信息严重失真。五是假冒伪劣盛行,制假贩假猖獗。在政府诚信方面:一些地区和部门政策多变、不守承诺、随意性大、暗箱操作。还有一些干部特别是部分领导干部弄虚作假、欺上瞒下。

　　世界银行前任行长克劳森认为,经济发展的背后是人们的行为准则,即道德判断,它最终决定了经济发展所能达到的水平。正如中科院院士杨叔子先生所讲,一个国家,一个民族,如果没有现代科学,没有先进技术,一打就垮;而如果没有优秀的历史传统,没有民族人文精神,不打自垮。今天,人们的收入越来越高,但道德水准并没有同步进步;我们的财富在成倍的增长,但自身的价值却越来越模糊;我们拥有的知识越来越多,但判断力却越来越弱;我们已经征服了宇宙外层空间,但却好像遗忘

---

　　① 《中国企业每年因诚信缺失造成经济损失超 6000 亿》,搜狐财经,2014 年 7 月 9 日。

了我们自己的内心世界,人的精神家园面临着前所未有的挑战。

三、多元化的挑战

多元化是当代中国社会的一大特征,首先是多元开放的挑战。我国已基本形成全方位、宽领域、多层次的对外开放格局,为借鉴人类有益文明成果提供了更加有利的条件,同时西方意识形态不断进行渗透,西方敌对势力不断实施西化、分化图谋,为进一步引导人们坚定理想信念、弘扬民族精神增加了难度。其次是多元经济挑战。社会主义市场经济深入发展,经济体制深刻变革,为加强思想道德建设提供了坚实物质基础和丰富教育资源。同时,我国还处于社会主义初级阶段,市场经济发展过程中出现的消极因素容易诱发一些人思想混乱和价值观扭曲,利益主体日益多元化,利益需求日益多样化,利益关系日益复杂化,为进一步引导人们树立正确的世界观、人生观、价值观、荣辱观增加了难度。再次是多元结构的挑战。我国社会结构和社会组织形式还在发生深刻变革,思想道德建设的生长点增多。同时,受各种思想观念影响的渠道明显增多、程度明显加深,思想活动的独立性、选择性、创造性、多变性、差异性明显增强,为进一步引导人们在多元中确立主导、在多样中谋共识增加了难度。最后是多元文化的挑战。我国正处在一个思想大活跃、观念大碰撞、文化大交融的时代,社会主义核心价值体系和主流意识形态的发展壮大,为思想道德建设打下了坚实思想基础。同时,先进文化和落后文化并存,正确思想和错误思想、主流意识形态和非主流意识形态相互交织,为进一步引导人们自觉抵制腐朽落后的思想文化增加难度。

四、网络化的挑战

当今社会,信息技术迅猛发展,网络更是成为人们获取知识和信息的主要途径。网络文化的盛行,使得青年人更愿意通过这种便捷的方式获取信息,甚至一些基本观念的形成也依赖于网络。首先,网络的开放性容易导致一些人价值观念的偏移。网络是一个开放的、多元化的信息平台，各种不同的思想文化、价值观念在网络汇集交织，交融冲突。随着经济全球化、信息国际化进程的不断加快，西方文化也伴随着网络的发展而隐蔽的发展。西方发达国家凭借其网络技术和语言的优势想建立"网络霸主"，以垄断信息的制造和传播，努力将自己的思想意识凌驾于世界之上，形成以少数发达国家语言、思想、文化为核心的全球传播体系。一些人在网络上不断地接触到西方发达国家的宣传论调、文化思想等等，这往往与他们头脑中积淀的中国文化观念形成冲突。接受网络环境的影响是在一种不自觉的状态下潜移默化完成的。因此，如果长期接触到这些文化思想，就十分容易破坏到人们固有的道德观、价值观和文化观，使人的价值观、道德观和文化观产生偏移。其次，网络的非理性容易导致人的道德淡化。青年人的内心有着无限与自由的自我追求，但我们知道，没有理想化的现实生活，现实生活处处都充满着有限性与制约性，他们在现实的生活中严格受到法律、责任、舆论等社会规范的约束，行为受到多方面限制，所有的这些使他们心里产生了巨大的落差。而互联网为人们提供了一个时空上无限制、道德上无约束的环境，这使得一些人在网络提供的虚拟世界中陷入非理性的状态，他们在虚拟世界中作出道德选择的时候，往往夸大自己的意志自由度，任意的放纵自己，失去正确的价值取向，对网络上的各种善恶信息和自身的行为不能作出正确的评判，造成道德人格的缺失。

(三)思想道德建设面临的新课题

当今时代，科学技术突飞猛进，经济全球化加速发展，世界政治斗争错综复杂，中国思想道德建设面对着一个世界范围内各种思想文化相互激荡的时代背景。

一是两大思想体系的斗争将长期存在。随着苏联解体和东欧剧变，世界社会主义处于低潮，中国则坚持社会主义方向，屹立在世界东方。西方资本主义国家不断对中国施行"西化"和"分化"的战略,但社会主义与资本主义两大思想体系之间的历史性较量将长期存在。西方发达国家利用其科技优势,尤其是在互联网上的信息资源优势,加大对社会主义国家的思想文化渗透,极力宣扬资本主义的政治制度和价值观念,进行所谓的"和平演变"。所以,思想领域渗透与反渗透的斗争将是长期的、复杂的。世界两大思想体系的长期较量,西方传播媒介所宣扬的资本主义价值观,不可避免地对人们接受社会主义主导思想意识形态造成一定程度的障碍。因此,探索在新的时代背景下,加强思想道德建设,巩固马克思主义的主导地位,有效抵制和消除资产阶级腐朽思想的影响,是有待解决的重大课题。

二是两条道路的较量将长期存在。中国特色社会主义道路与资本主义道路的斗争将长期存在。在世界社会主义低潮期,中国社会主义呈现出生机和活力,在 2008 年金融危机后,资本主义国家受到严重打击,经济复苏缓慢,中国乘势而上,经济总量上升为第二位。在世界范围内,社会主义与资本主义仍将长期共存,两条道路的较量仍会长期存在。西方资本主义国家通过各种手段,向中国渗透,企图阻止中国社会主义的发展,中国也有一些人对中国特色社会主义持否定态度,对中国特色社会主义持怀疑态度。因此,如何坚定人们社会主义的信念,牢固中国特色社会主义的理想,这是中国思想道德建设必须面对的重大课题。

三是全球化与民族化的交融与冲突。在经济全球化的时代背景下,任何国家、任何民族如果不融入世界经济的主流,就难以在世界上生存,就有被淘汰出世界民族之林的危难,这就客观上存在全球经济一体化与世界文明多样化的矛盾。因为全球化是以西方发达国家为主导的,西方文明处于优势,其他文明处于劣势,弱小国家被边缘化,民族意识将会削弱,中华民族精神可能受到冲击和弱化。因此,我们在积极融入世界潮流的同时,又保持中华民族的特色,弘扬和培育中华民族精神,增强民族竞争力,这是中国思想道德建设必须面对的重大课题。

四是中西方文化的互动与冲突。经济全球化促进了中西方文化的互动和交流,同时也导致中西方文化产生碰撞和冲突。西方国家借助其经济强势,极力推行文化帝国主义,将西方的法律规则、国家制度、政治理念、哲学思想与价值观念向全世界推行和渗透。因此,面对中西方文化的新态势,如何借鉴和吸收西方文化的先进成果,大力发扬中华文化的优秀传统,使中华民族的优秀文化成为激励中国人的前进动力,增强民族凝聚力,防范和抵御各种西方腐朽文化,这也是当代中国思想道德建设必须面对的重大课题。

五是国内面临"多元并存、新旧交替"的新格局。随着我国改革开放和社会主义市场经济的发展,社会经济成分、组织形式、就业方式、利益关系和分配方式日益多样化。这种多样化的发展,必然反映到思想领域中来,使人们思想活动的选择性、多变性、差异性逐渐增强,人们的价值取向也日益多元化。

我国的价值观念世界正处在一个"多元并存、新旧交替"的状态。"多元并存"是指在共时态上,今天的中国社会中同时存在着多种复合的价值观念的因素,面临着传统与现代、落后与先进、中国与西方、旧的与新的等一系列尖锐的矛盾和冲突,呈现出一幅"激荡的价值观念世界"图景。在这幅激荡的价值观念世界图景中,既有旧的、传统的、保守的价值观念的顽强沿袭及其对确立新的价值观念的阻抗,又有新的、先进的价值观念伴随着社会结构的整体转型过程的富有生机的成长,其中还包括因旧的、传统的、保守的价值观被破除,新的、现代的、与改革开放和现代化建设实践相适应的价值观念体系尚未完整确立而留下的价值真空。这些情况使我们面临着"变革"和"建设"的双重任务。

从动态变化的角度看,我国当前价值观念呈现出"新旧交替"的特点。所谓"新旧交替",是指在历史纵向观察中,人们价值观念变迁轨迹的总体走势和发展方向是除旧布新、推陈出新,向与市场经济和现代化建设实践相适应的新型价值观念的转换。

我国正处在并将长期处在社会主义初级阶段,生产力不发达、生产关系不完善,社会主义市场经济体制正在建设和不断完善之中,与之相适应的社会主义法律体系、社会主义道德体系尚在建设之中,适应我国现代化的新型价值观念体系仍在探索之中,因此,"多元并存,新旧交替"仍将存在。

在信仰领域的多元取向,冲击着社会主义意识形态的主导性。因此,如何处理一元导向与多元取向的关系,如何坚持一元化的价值导向,引导人们坚定建设有中国特色社会主义的理想,坚定全面建设小康社会的信心,树立正确的价值观、道德观,是当代中国思想道德建设必须面对的重大课题。

如何在以经济建设为中心的前提下,加强精神文明建设,使物质文明与精神文明协调发展;如何在全面深化改革,完善社会主义市场经济体制的条件下,防止和遏制腐朽思想和腐败行为的滋生和蔓延;如何在扩大对外开放,迎接世界新科技革命的情况下,消除文化垃圾和抵御敌对势力对我国"西化""分化"的图谋。这是科学社会主义发展史上亟待解决而尚无成熟经验的三大难题,我们应充分认识社会主义精神文明建设的长期性和艰巨性,在社会主义现代化建设的进程中,有效解决这些历史性难题,用物质文明和精神文明协调发展,并超过资本主义的历史性成就,进一步展现中国特色社会主义的蓬勃生机和明显优势。正如温家宝说的:"她不仅依靠经济的增长,还依靠社会的进步、国民的素质和道德的力量。这样的一个国家,是谁也战胜不了的。"①

---

① 温家宝:《只有做到这一点,才能对得起人民》,中国新闻网,2012年4月25日。

第二章
海南国际旅游岛建设道德支持解析

　　道德支持是海南国际旅游岛建设的基础条件,它和物质基础、法律保障、政策支持等共同构成海南国际旅游岛建设的基础支撑。因此,正确认识海南国际旅游岛建设道德支持的内涵、结构和功能,准确把握海南国际旅游岛建设道德支持的特征,就成为本课题研究的前提条件。

一、海南国际旅游岛建设道德支持的内涵

　　海南国际旅游岛建设道德支持是一个新的概念,其内在含义是什么,如何正确认识海南国际旅游岛建设道德支持的内涵,是本课题研究的一个基本前提。

(一)道德、道德力量和道德行为

　　在准确理解道德支持的概念前,需要首先搞清楚道德、道德力量和道德行为的概念及其相互关系。

　　《思想政治教育学原理》一书中对道德的定义是:"道德是由经济关系决定的,依靠社会舆论、风俗习惯和内心信念来维系,并以善恶为评价

标准,调整个人与他人以及社会的相互关系的心理意识和行为规范的总和。"①

随着社会的发展,人们对道德的外延有了拓展,人与自然的关系也成为道德调节的重要关系。因此,现代人们对道德的认识是:道德是调整人与人之间以及个人与社会、个人与自然之间关系的行为规范的总和。

上述定义没有给出社会舆论、风俗习惯和内心信念是如何形成的,也就是说道德是如何发挥作用的。

《辞海》中对道德的解释是:"道德是社会意识形态之一。是一定社会调整人们之间以及个人和社会之间的关系的行为规范的总和。它以善与恶、正义和非正义、公正与偏私、诚实和虚伪等道德概念来评价人们的各种行为和调整人们之间的关系;通过各种形式的教育和社会舆论的力量,使人们逐渐形成一定的信念、习惯、传统而发生作用。"②《辞海》的定义与《思想政治教育学原理》的定义其内涵和外延基本上是相同的,但是《辞海》的定义明确指出是通过各种形式的教育和社会舆论的力量,使人们逐渐形成一定的信念、习惯和传统。《辞海》指出这是一种力量,正是通过这种力量,才使人们逐渐形成一定的信念、习惯和传统。但是《辞海》中并没有明确给出道德力量的定义。笔者认为:促使人们形成一定的信念、习惯和传统的力量就是道德力量。

随着社会的发展,人们对道德力量的认识也在逐步拓展。1996年10月10日,党的十四届六中全会通过的《中共中央关于加强社会主义精神文明建设若干重要问题的决议》指出:"社会主义道德风尚的形成、巩固和发展,要靠教育,也要靠法制。……综合运用教育、法律、行政、舆论等手段,规范和养成良好的行为习惯,约束和制止不文明行为,形成扶正祛邪、

---

① 陈万柏、张耀灿:《思想政治教育学原理(第二版)》,高等教育出版社2007年版,第195页。

② 《辞海缩印本》,上海辞书出版社1979年版,第1061页。

扬善惩恶的社会风气。"①教育、法律、行政、舆论等手段都成为促使道德规范转化为道德行为的道德力量。2001年9月20日,中共中央印发的《公民道德建设实施纲要》指出:"坚持道德教育与社会管理相结合,要广泛进行道德教育,普及道德知识和道德规范,帮助人们加强道德修养。建立健全有关法律法规和制度,把公民道德建设融入科学有效的社会管理之中。逐步完善道德教育与社会管理、自律与他律相互补充和促进的运行机制,综合运用教育、法律、行政、舆论等手段,更有效地引导人们的思想,规范人们的行为。"②因此,道德力量除了《辞海》中提到的教育和舆论的力量外,已扩展到法律和行政的力量。道德力量是教育、法律、行政和舆论等手段的结合。

道德力量主要由道德制度体系和道德运行机制组成,道德制度体系包括道德立法、道德制度、道德评价和道德教育,道德运行机制包括道德调节机制、社会引导机制、社会监督机制和社会赏罚机制。要有效地促使道德规范转化为道德行为,必须健全道德制度体系,必须健全道德运行机制,只有这样,才能形成强有力的道德力量。因此,道德力量是制度体系的协同合力,道德力量是运行机制的有机结合。

道德力量不等同于道德的力量。道德力量揭示的是道德规范与道德行为之间的一种内在的、本质的联系,即促使道德规范转化为道德行为的外在力量,促使人们形成一定的信念、习惯和传统的转化力量。而道德的力量则是指道德在社会发展中的作用,也可以看成是道德支持的力量。"中国的现代化绝不仅仅指经济的发达,它还应该包括社会的公平、正义和道德的力量。"③"一个国家,如果没有国民素质的提高和道德的力量,

---

① 《中共中央关于加强社会主义精神文明建设若干重要问题的决议》,人民网,2001年4月30日。

② 《公民道德建设纲要》,《建设与社会主义市场经济相适应的思想道德体系》,红旗出版社2013年版,第270页。

③ 温家宝:《现代化应包括社会公平正义道德的力量》,人民网,2010年3月14日。

绝不可能成为一个真正强大的国家、一个受人尊敬的国家。"①她不仅依靠经济的增长,还依靠社会的进步、国民的素质和道德的力量。这样的一个国家,是谁也战胜不了的。② 温家宝多次提到的道德的力量,就是指道德支持在社会发展中的作用,实际上指的是道德支持的力量。

"知识就是力量"——英国哲学家培根当年提出的这个激动人心的口号,激励人们把科学精神的旗帜插到人类精神的高地;"德行就是力量"——德国哲学家康德接着培根提出的这个同样激动人心的口号,使欧洲人猛醒:在人类精神的高地上,不仅要有科学精神,而且要有道德精神,头上的星空和内心的道德法则是最令人敬畏的。"知识就是力量"和"德行就是力量",这两句旗帜性的思想口号,不愧为欧洲在近代崛起的精神支撑。在我国 30 多年来的改革发展过程中,对"知识就是力量"的认识,早已深入人心;但毋庸讳言,对"德行就是力量"的认识,还有待提升。

人们常说:道德是石,敲出希望之火;道德是火,点燃希望之灯;道德是灯,照亮人生之路;道德是路,引导人们走向灿烂辉煌。意大利诗人但丁说得好:"知识不足,可以用道德来弥补,而道德不足,任何知识都无法弥补"。人类最大的"残疾"就是心灵的缺损。

道德行为是人们在道德意识的支配下,在社会实践活动中履行一定的道德义务的实际行动。道德行为是一个人品德的外在表现和综合反映,是衡量一个人道德品质优劣的重要标志。道德行为不仅仅指人的个别行为,更主要的是指人的行为习惯。一个人的个别行为,有时很难全面真实地反映他的品德,只有在行为经过多次反复形成习惯后,其行为习惯才能较全面、综合、客观地反映一个人的品德状况。一个人的品德只有通过其行为才能表现出来,道德行为是道德品质的根本标志。判断一个人

---

① 《温家宝在与国务院参事座谈时讲话》,中国新闻网,2011 年 4 月 17 日。
② 温家宝:《只有做到这一点,才能对得起人民》,中国新闻网,2012 年 4 月 25 日。

品德的优劣,既要听其言,更要观其行。

道德是行为规范,道德行为是行为习惯,道德力量是促使行为规范转化为道德行为的转化力量。再好的行为规范,如果不能有效地转化为人们的道德行为,对社会的文明进步也不会产生实际意义。道德规范,只有被人内化于心并外化于行,才会具有生命力。

简而言之,道德是调整人与人、人与社会、人与自然关系的行为规范,道德行为是指个人和社会的道德行为习惯,道德力量是促使道德规范转变为道德行为的转化力量。

(二)道德支持

道德是社会的重要调节手段之一。道德是通过社会舆论、内心信念、风俗习惯来维系的。所谓维系就是维持和联系,社会舆论是外部影响,内心信念是内心坚持,风俗习惯是行为习惯。

社会舆论是社会层面,是社会对人们道德行为的评价,进而影响人的道德行为。社会舆论从外部影响人的信念和行为,社会舆论肯定的道德行为,会坚定道德主体的道德信念,进而影响到后面的道德行为。社会舆论否定的道德行为,道德主体会反思自己的道德认识,改变自己的道德信念,最后趋向于社会舆论认同的方向。

内心信念是精神层面。内心信念是人在一定的认识基础上,对某种思想理论、学说和理想所抱有的坚定不移的观念和真诚信服与坚决执行的态度。信念强调的不是认识的正确性,而是情感的倾向性和意志的坚定性,它有着更为丰富的内涵,是一种综合的精神状态。信念是认识、情感和意志的融合与统一。信念是一种综合的精神状态,在本质上,信念表达的是一种态度。信念是认识事物的基点和评判事物的标准。信念是强大的精神力量,有了坚定的信念,就能精神振奋、克服困难,甚至生命受到威胁,也不轻易放弃内心信念。信念具有稳定性:信念形成后难以改变,即使以后在认知层面上对信念产生疑惑,情感上强烈的认同也会在相当程度上支持既定的信念。信念具有多样性:不同的人,由于社会环境、思想观念、阶级利益需要和个人具体经历等不同,会形成不同的乃至截然相反的信念。道德信念是人们对某种道德理想、道德原则和规范在内心的确信,一旦形成,就具有相对的稳定性和持久性。

风俗习惯是行为层面,是指人们的行为习惯。人的行为习惯是在人的信念推动下,在社会舆论影响下的有意识的活动。信念不正确,会养成不良的行为习惯;信念正确,会养成良好的行为习惯。行为习惯需要长期的实践才能养成,行为习惯一旦养成,就具有稳定性、长期性、可持续性。

事实上,社会舆论、内心信念和风俗习惯共同维系了道德规范,共同维持和联系了道德规范,使道德规范成为社会上人们的共同遵守,成为社会上人们共同的行为准则。

随着社会的发展,仅靠传统的社会舆论、内心信念和风俗习惯已难以维系现代社会的道德规范。因此,道德力量的手段在逐步扩展,法律、舆论、行政、教育等都加入道德力量的队伍,道德力量的整体性和协同性更加重要。法律规范和道德规范协同治理,道德评价和道德教育协同发力,道德制度体系和道德运行机制协同作用,共同维持社会的良好秩序。

由此可见,道德支持是由道德规范、道德力量和道德行为等共同构成的一个完整的有机系统。道德支持是由道德规范体系、道德力量体系、道德行为体系组成的一个系统。道德支持系统是一个社会正常运行的基础,是经济社会发展的精神驱动力,是人民群众幸福的价值支撑力。

道德支持是中华文明的精神支柱。道德支持是人类社会所特有的,在社会经济发展中起着重要的基础作用。具有五千多年文明的中华民族一直保持着生生不息的旺盛生命力,"人无德不立,业无德不兴,国无德不威"的格言始终激励着中华民族,道德支持成为中华文明延续不断的精神动力。中华民族历来强调自强不息、厚德载物,中国人的道德传统已经深深融入每个中国人的血液里,成为中华民族历经风雨而不屈的精神脊梁。

道德支持是一个国家和民族可持续发展的原动力。德国哲学家康德指出："有两样东西，我们愈经常、愈持久地加以思索，它们就愈使心灵充满始终新鲜、不断增长的景仰和敬畏：在我之上的星空和居我心中的道德法则。"①德国宗教改革家马丁·路德金说："一个国家的繁荣，不取决于它的国库的殷实，不取决于它的城堡之坚固，也不取决于它的公共设施之华丽；而在于它的公民的文明素养，即在于人们所受的教育、人们的远见卓识和品格的高下。这才是真正的利害所在、真正的力量所在。"②道德支持是经济社会发展、社会和谐、人民幸福的基础因素，是一个国家和民族可持续发展的原动力。

道德支持是实现"中国梦"的强大精神动力。"中国梦"是中华民族伟大复兴的梦，是国家富强、民族复兴、人民幸福的梦。英国道德学家塞缪尔·斯迈尔斯说："哪一个民族缺少了品德的支撑，那么就可以是下一个要灭亡的民族；哪一个民族如果不再崇高和奉行忠诚、诚实、正直和公正的美德，它就失去生存的理由。"③中华民族是具有崇高道德信仰的伟大民族，"中国梦"是全体中国人的伟大梦想，中国的道德支持是实现"中国梦"的强大精神动力。

习近平总书记指出，中国共产党有两种力量，即强大的真理力量和强大的人格力量。④ 毛泽东同志曾说过：只要我们党的作风正派了，全国人民就会跟我们学。这是对道德作用和力量的最好注解。在90多年党的发展历程中，我们党培养起了鲜明的道德品格、道德形象。全心全意为人民服务是我党的根本宗旨，也是我党的核心价值，坚持大公无私、公私分明、先公后私、公而忘私，是共产党员的重要道德准则。这些构成了我们党鲜明的道德品格和道德形象。

---

① 康德：《实践理性批判》，人民出版社2004年版。
② ［美］塞缪尔·斯迈尔斯：《品格的力量》，北京图书馆出版社2004年版。
③ ［美］塞缪尔·斯迈尔斯：《品格的力量》，北京图书馆出版社2004年版。
④ 燕赵论坛：《真理力量和道德力量》，河北新闻网，2014年1月28日。

（三）海南国际旅游岛建设道德支持

海南国际旅游岛建设道德支持是一个系统,它是由核心价值、规范体系、制度体系、运行机制和实施途径等要素构成,这些要素之间是相互联系的。

核心价值是海南国际旅游岛建设共同的思想道德基础。人们在认识和改造世界、创造和实现价值的过程中,必然要形成一定的价值观念,并通过这些价值观念指导人们的行动。通过海南国际旅游岛建设的实践,已经形成了海南国际旅游岛建设的核心价值,形成了海南国际旅游岛建设的道德理念、道德品质和道德特征。海南国际旅游岛建设的核心价值主要体现在国务院文件中。

规范体系是指在海南国际旅游岛建设中应当遵循的行为准则。规范体系主要是指海南国际旅游岛建设主要参与者的行为准则,包括海南国际旅游岛建设的领导者、管理者、经营者、从业人员、当地居民等。

制度体系是海南国际旅游岛建设道德支持的制度安排。主要有道德立法、道德制度、道德评价和道德教育。道德立法就是将一些道德规范上升为法律层面,实现道德规范法律化。道德制度主要是为落实道德理念和道德规范而作的制度安排。道德评价主要是通过个人评价和社会评价,建立起社会的道德标准,改善人的道德行为,培育社会良好的道德风尚。道德教育主要通过教育培养人的道德素质,提升人的道德水平。

运行机制是指在海南国际旅游岛建设中道德支持的作用方式。主要有四种类型:一是道德调节机制,它是通过道德力量发挥调节作用。二是引导机制,它是通过社会舆论影响和引导道德主体。三是社会赏罚机制,它是通过各种外在的社会赏罚手段,从而影响道德主体的道德行为。四是社会监督机制,通过社会监督,从外部影响道德主体的行为。

实施途径是指在海南国际旅游岛建设中探索各道德主体的道德行为符合社会道德规范,从而形成适应海南国际旅游岛建设的道德观念、道德行为、道德环境和道德风尚。主要有五个方面:一是领导者的道德示范;

二是管理者的道德责任;三是经营者的道德自律;四是从业者的道德觉悟;五是当地居民的道德体验。

海南国际旅游岛建设道德支持的核心价值、规范体系、制度体系、运行机制和实施途径共同构成了海南国际旅游岛建设道德支持的完整系统。海南国际旅游岛建设道德支持系统中各个要素是相互联系的。海南国际旅游岛建设道德支持的核心价值是海南国际旅游岛建设的行动指南,海南国际旅游岛建设道德支持的规范体系是海南国际旅游岛建设的行为规范,海南国际旅游岛建设道德支持的制度体系是海南国际旅游岛建设的制度保障,海南国际旅游岛建设道德支持的运行机制是海南国际旅游岛建设的机制保证,海南国际旅游岛建设道德支持的实施途径是海南国际旅游岛建设道德行为主体的具体实践。在海南国际旅游岛建设中,只有完整地建立健全和完善海南国际旅游岛建设的核心价值、规范体系、制度体系、运行机制和实施途径,海南国际旅游岛建设的道德支持才能有效运作。在海南国际旅游岛建设道德支持的系统中,各个要素必须完整齐备,并充分发挥各自的作用,海南国际旅游岛建设道德支持才能起到作用。在海南国际旅游岛建设道德支持系统中,各个要素必须协调配合,协同发力,海南国际旅游岛建设道德支持才能发挥出最大效能。

海南国际旅游岛建设道德支持是海南国际旅游岛建设的重要基础,道德支持与物质基础、法律保障、政策支持共同构成海南国际旅游岛建设的基础支撑。

海南国际旅游岛建设道德支持是海南国际旅游岛建设的精神支柱。在海南国际旅游岛建设中,一方面,道德支持是海南国际旅游岛建设的重要内容,凝聚道德支持的力量是海南国际旅游岛建设的内在要求。另一方面,道德支持是海南国际旅游岛建设的强大动力,是海南国际旅游岛建设的强大精神力量。

海南国际旅游岛建设道德支持就是为海南国际旅游岛建设保驾护航,为海南国际旅游岛建设指明前进方向,提供精神动力和价值支撑,为海南国际旅游岛建设提供良好的社会道德风尚。

二、海南国际旅游岛建设道德支持的结构

海南国际旅游岛建设道德支持是一个有机系统,它是由道德规范、道德力量和道德行为共同构成的一个完整有机系统,它具有系统的要素、结构和功能,在海南国际旅游岛建设中发挥着不可或缺的重要作用。本课题将海南国际旅游岛建设道德支持作为一个系统来进行研究。

(一)海南国际旅游岛建设道德支持的要素

按照系统论的观点,系统是由相互联系的要素组成的具有特定功能的有机整体。系统就是若干相互联系、相互作用、相互依赖的要素结合而构成的,具有一定的结构和功能,并处在一定环境下的有机整体。系统的整体具有不同于组成要素的新的性质和功能。具体来讲,系统的各要素之间、要素与整体之间,以及整体与环境之间,存在着一定的有机联系,从而在系统的内部和外部形成一定的结构。可以说,要素、联系、结构、功能和环境是构成系统的基本条件。

海南国际旅游岛建设道德支持是一个复杂的系统,其系统结构如下。

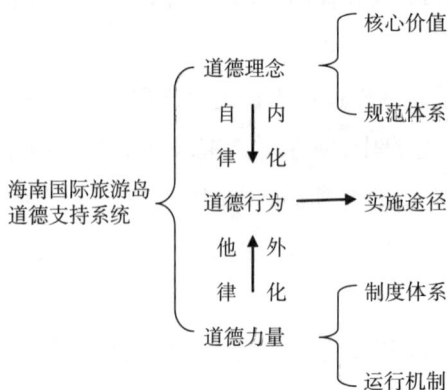

```
                                   ┌ 核心价值
                        道德理念  ┤
                                   └ 规范体系
                        自 │ 内
                        律 ↓ 化
海南国际旅游岛
道德支持系统 ────────── 道德行为 ──→ 实施途径
                        他 ↑ 外
                        律 │ 化
                                   ┌ 制度体系
                        道德力量  ┤
                                   └ 运行机制
```

　　要素是指构成系统的基本成分。要素和系统的关系,是部分与整体的关系,具有相对性。联系是指系统要素与要素、要素与系统、系统与环境之间的相互作用关系。结构是指系统内部各要素的排列组合方式。每一个系统都有自己特定的结构,它以自己的存在方式,规定了各个要素在系统中的地位与作用。结构是实现整体大于部分之和的关键,结构的变化制约着整体的发展变化,构成整体的要素间发生数量比例关系的变化,也会导致整体性能的改变。功能是指系统与外部环境在相互联系和作用的过程中所产生的效能。它体现了系统与外部环境之间的物质、能量和信息的交换关系。环境是指系统与边界之外进行物质、能量和信息交换的客观事物或其总和。在边界之外是系统的外部环境,它是系统存在、变化和发展的必要条件。任何一个具体的系统都必须具有适应外部环境变化的功能,否则,将难以生存与发展。

　　海南国际旅游岛建设道德支持的要素有核心价值、规范体系、制度体系、运行机制和实施途径。海南国际旅游岛建设道德支持的结构有三个层面:一是道德观念、道德理想、道德信仰、道德规范和道德责任,这是道德理念和道德行为准则层面;二是道德行为,这是道德行为实践层面;三是道德制度和道德机制,这是道德的制度和机制安排层面。三个层面有机联系,形成协同合力,共同作用于海南国际旅游岛建设。

(二)构建海南国际旅游岛建设道德支持系统

　　罗马俱乐部的创始人奥雷利奥·佩西认为:"任何发展和进步,如果不同时导致道德、社会、政治以及人的行为的进步,就毫无价值可言。"[①]海南国际旅游岛建设是富民兴琼的发展战略,海南不仅要摆脱经济上的欠发达状态,实现物质财富的增长,而且要摆脱精神上的欠丰富状态,实现精神财富的增长。而物质财富和精神财富的增长都有赖于一个道德社

---

① ［意］奥雷利奥·佩西:《未来一百年》,中国展望出版社 2000 年版,第 155 页。

会的建立,有赖于良好社会道德秩序的形成。

在海南国际旅游岛建设中,道德建设的重点就是构建海南国际旅游岛建设道德支持系统,建立海南国际旅游岛建设的核心价值和规范体系,建立起一套长期稳定的道德制度体系,完善行之有效的道德运行机制。一方面惩处道德恶行,增大恶行成本;另一方面激励道德行为,增加德行收益,让道德行为与人们的实际利益紧密结合起来,从而激发人们的道德自觉性,养成良好的道德行为,形成文明、有序、和谐的良好社会道德风尚。

道德规范体系是告诉人们应当怎样做,道德制度体系是要求人们必须怎样做,道德运行机制是配合道德制度体系来调节、引导、监督和奖惩人们必须怎样做,是保证必须怎么做。道德规范的落实,它的基础是人的自觉性,在不自觉的人面前则无能为力,在人们普遍缺乏自觉性的社会里更是难以落实。因此,需要道德制度体系来保障,需要道德运行机制来保证。

(三)遵循道德建设的基本规律

系统论中的"木桶原理"认为:一个木桶是由多块木板箍成的,如果组成木桶的各个木板参差不齐的话,那么木桶装水的多少是由最短的那块木板决定的。"木桶原理"告诉我们,一个系统功能的充分发挥,取决于系统中的最薄弱环节。从海南整个社会大系统来看,海南的人文道德环境相对较弱,是一个短板和薄弱环节,通过改善海南的人文道德环境,可以改善海南的经济发展环境,促进海南经济健康发展。在海南的人文道德环境子系统中,海南的道德环境较为薄弱,因此,必须加强海南的道德环境建设,为海南经济发展营造良好的道德环境。在海南国际旅游岛建设道德支持系统中,目前,最薄弱的短板就是道德制度体系和道德运行机制,如果能在健全道德制度体系、完善道德运行机制方面做实功,则道德支持系统的力度就会大大增强,为海南经济发展提供的支持就会更加有力。

美国政治学家威尔逊和犯罪学家凯琳通过社会学实验,提出了"破窗理论"。这个理论指出:如果有人打坏了一个建筑物的窗户玻璃,而这个窗户玻璃又得不到及时的维修,别人就可能受到某些暗示性的纵容去打烂更多的窗户玻璃。久而久之,这些破窗户就给人造成一种无序的感觉。结果在这种公众麻木不仁的氛围中,犯罪就会滋生蔓延。"破窗理论"启示我们:一是打破的窗户要及时修理,以防止更多的窗户被打破。二是无序的环境和公众的麻木会导致犯罪滋生蔓延。海南目前的现实状况是道德失范现象比较普遍,而道德规范的制定则不及时,造成了道德无序的状态发生,而社会公众对此状态也麻木不仁,因此,一些不文明现象、不道德习惯就滋生蔓延。

在海南国际旅游岛建设之初,海南省领导也认识到海南人文社会环境对海南国际旅游岛建设产生的负面影响,对海南社会存在的一些道德问题把握得也是比较准确的。为此,海南在全省开展了为期三年的文明大行动,旨在打造文明有序的道德环境。但是,三年已经过去,海南社会仍是涛声依旧,文明有序的道德环境未能形成。分析海南文明大行动成效不大的原因,主要有以下两点:一是对道德建设的规律认识不深,在指导思想上存在着急于求成的速胜论思维。道德建设是一个长期的过程,不可能一蹴而就,不可能三年建成,不可能是速胜。我们应该坚持从实际出发,尊重道德建设的规律,持之以恒,久久为功,打持久战,坚决克服速胜论思维,"积小德为大德,积小善为大善",逐步提高海南社会的道德水平和文明程度。二是对海南道德建设的重点把握不准。海南社会存在的社会诚信缺失、社会公德失范、公民素质不高等问题,仅靠声势浩大的宣传教育是不够的,必须在制度建设和机制建设上下功夫,出实招。实践表明,道德失范的治理有其特殊规律,关键要在"常""长"二字上下功夫,要常态化、长期化、制度化、机制化。在海南国际旅游岛建设中,道德建设的重点应当是构建道德支持系统,完善道德规范体系,健全道德制度体系,完善道德运行机制。道德支持系统的构建将贯穿海南国际旅游岛建设的全过程,必须作长期规划、突出重点、分步实施。只有准确把握海南道德建设的重点,并且持之以恒地不断完善,海南的社会道德环境才会有根本性的好转。

海南国际旅游岛建设道德支持是一个新的概念,随着海南国际旅游岛建设的推进,其内涵还会进一步拓展。人们将遵循实践、认识、再实践、再认识的道路,不断深化,不断完善。

三、海南国际旅游岛建设道德支持的功能

海南国际旅游岛建设与道德支持是一个相互依存、相互促进的过程,海南国际旅游岛建设需要道德支持,同时,道德支持也需要海南国际旅游岛建设的依托和推动。

(一)道德支持是海南国际旅游岛建设的重要基础

海南国际旅游岛建设作为国家的发展战略,需要坚实的物质基础支持,需要健全的法律保障,需要国家的政策支持,也需要坚强的道德支持。各种支持各自发挥其独特的作用,各种支持相互配合协调,共同支持海南国际旅游岛建设。

国务院文件提出:逐步将海南建设成为生态环境优美、文化魅力独特、社会文明祥和的开放之岛、绿色之岛、文明之岛、和谐之岛。国务院文件明确了海南国际旅游岛建设的社会目标,这就是社会和谐、文明祥和。目前,海南距社会和谐、文明祥和的目标仍有不少差距,构建海南国际旅游岛建设道德支持系统,就是要不断提高海南人民的道德素质,不断提高海南社会的文明水平,逐步形成良好的社会道德风尚,为海南国际旅游岛建设提供强大的道德力量,为海南国际旅游岛建设提供可靠的道德支持。

海南国际旅游岛建设,需要海南全体人民的努力奋斗,如果没有共同

的道德理想,没有共同的道德信仰,没有共同的道德规范,没有长期稳定的道德制度,没有有效的道德机制,没有扎实的道德实践,海南国际旅游岛建设也难以成功。在海南国际旅游岛建设中,道德支持既是海南国际旅游岛建设的重要基础支撑,也是海南国际旅游岛建设得以成功的重要精神支柱。

和谐社会是人类共同追求的理想目标,是理想的社会形态。人与自然、人与社会、人与人和谐共存、良性发展,各个社会阶层有效的合作与分工,社会资源有效地配置和利用,公民、社会和政府相互支持与配合。海南国际旅游岛建设是和谐社会的一个阶段,是朝着和谐社会前进的重要一步。良好社会道德风尚是海南国际旅游岛建设的重要目标,而道德支持则是良好社会道德风尚形成的必要条件和重要保证。

(二)道德支持是海南国际旅游岛建设的导航仪

在海南国际旅游岛建设中,道德支持可以明确海南国际旅游岛建设的基本道德理念,从而使海南国际旅游岛建设树立清晰的价值理念,沿着以人为本的轨道推进,防止发生经济发展理念的偏失与模糊。海南国际旅游岛建设的核心价值——科学发展、富民兴琼就生动地诠释了海南国际旅游岛建设的道德导向作用。科学发展是手段、富民兴琼是目的和归宿,只有真正使海南民众都富裕起来,只有彻底摆脱海南的欠发达状态,海南国际旅游岛建设才能真正成功。

在海南国际旅游岛建设中,道德支持可以指导政策制定和制度变革,保证具有道德合理性的政策、法律和制度的制定,防止缺乏道德支持的政策出台。道德支持也可以影响政府、企业和个人等经济行为主体的实践和行为,促进海南国际旅游岛建设的有关制度、决策落到实处。

在海南国际旅游岛建设中,一定要处理好经济发展与生态保护的关系,绝不能破坏海南的生态环境,损害海南长远的利益。一定要处理好生产、生态和生活三者之间的关系,努力做到生产发展、生态良好、生活改善。在海南国际旅游岛建设中,一定要严守生态保护的红线,一定要确保道德环境的底线。

海南国际旅游岛建设不可能在道德荒漠中展开,也不可能在道德无序中进行,更不可能在道德失范条件下建设。海南国际旅游岛建设必须在正确的道德理念指引下,在清晰的道德规范约束下,在长期的道德制度保障下,在有效的道德机制保证下,在海南国际旅游岛建设各主体的积极参与下,凝聚起强大的道德力量,为海南国际旅游岛建设提供清晰的前进方向、强大的精神动力和有力的价值支撑,确保海南国际旅游岛建设的成功。

(三)道德支持是海南国际旅游岛建设的助推器

在海南国际旅游岛建设中,不断发展的道德力量,不断形成的道德支持,将给予海南国际旅游岛建设以强有力的助推作用,与海南国际旅游岛建设形成良性互动的关系。

海南国际旅游岛建设是一项全新的事业。海南国际旅游岛建设核心价值中求真务实、开拓创新的道德品质,激励人们实事求是,立足于海南实际,着眼于海南国际旅游岛建设的未来发展,勇于变革、勇于进取、勇于探索、勇于创新、勇于实践,探索具有海南特色的新的发展模式,探索具有海南特色的发展路数,建成具有海南特色的以旅游业为龙头、以服务业为主导的服务型、生态型、开放型经济结构。

海南国际旅游岛建设是一项伟大的事业,需要新的道德理念和道德规范,需要健全道德制度体系,需要完善道德运行机制,需要海南人民积极的道德实践,需要凝聚全省人民的道德共识,凝聚起积极向上、崇德尚善的道德力量,共同参与到海南国际旅游岛建设的伟大实践中。

海南国际旅游岛建设道德支持为海南国际旅游岛建设提供前进方向、精神动力和价值支撑,海南国际旅游岛建设则为道德支持提供物质支撑,两者的良性互动、协同发展,共同推进海南国际旅游岛建设健康发展。

在海南国际旅游岛建设中,我们需要建构有效的道德支持系统,以实现对海南国际旅游岛建设的有效支撑。海南国际旅游岛建设道德支持的核心价值,对海南国际旅游岛建设以理论的指导,使海南国际旅游岛建设沿着正确、健康的方向前行。海南国际旅游岛建设道德支持的规范体系,明确了在海南国际旅游岛建设中,各个行为主体的行为规范,有利于行为主体依据规范积极从事道德实践,也有利于社会对各个行为主体进行道德评价。海南国际旅游岛建设道德支持的制度体系,为海南国际旅游岛建设道德支持规范体系的有效落实,提供了可靠的制度保障;海南国际旅游岛建设道德支持的运行机制,为海南国际旅游岛建设道德支持规范体系的落实提供了机制保证。海南国际旅游岛建设道德支持系统的建立和不断完善,将会有力推动海南国际旅游岛建设的进程。

四、海南国际旅游岛建设道德支持的特征

认清海南国际旅游岛建设道德支持的特征,对于准确把握海南国际旅游岛建设道德支持的内涵、结构和功能,深刻认识海南国际旅游岛建设道德支持的概念都是十分必要的。

(一)道德支持是无形力量和有形力量的统一

海南国际旅游岛建设道德支持是通过道德规范、道德力量和道德行为协同发挥作用的,道德支持是无形力量和有形力量的统一。在道德支持系统中,道德观念、道德理想、道德信仰是道德理念的层面,它是无形的,是属于精神层面的,存在于人的精神世界中。而在道德支持系统中,道德行为、道德制度、道德机制是有形的。人们的道德行为是在道德理念和道德规范的指引下,在道德制度和道德机制的保障下的社会实践活动,是看得见的。道德支持是无形的道德理念与有形的道德行为的统一,是无形的道德规范与有形的道德制度和道德运行机制的有机统一。

正确的道德理念来源于丰富的道德实践,并指导道德实践。在海南国际旅游岛建设中,从海南国际旅游岛概念的提出,到海南国际旅游岛概念的演变,再到海南国际旅游岛建设概念的明晰,经历了认识、实践、再认识、再实践的反复过程,国务院文件正式明确了海南国际旅游岛建设的内涵和外延,形成了海南国际旅游岛建设的正确道德理念,它是指导海南国际旅游岛建设的正确指南。

正确的道德理念需要有清晰的道德规范来细化。海南国际旅游岛建设道德支持的规范体系是将海南国际旅游岛建设的道德理念变为海南国际旅游岛建设各个行为主体的具体行为准则,变为具有可操作性的道德规范。

海南国际旅游岛建设道德支持的制度体系是将海南国际旅游岛建设道德支持的规范体系变为海南国际旅游岛建设道德支持的制度规范,只有将道德规范体系转变为道德制度规范体系,从制度上来保障海南国际旅游岛建设道德规范体系的实施,海南国际旅游岛建设道德支持的规范体系才会落地生根,才能真正落实。海南国际旅游岛建设道德支持的运行机制是从机制上保证海南国际旅游岛建设道德支持规范体系的落实。

海南国际旅游岛建设道德支持的实施途径,是海南国际旅游岛建设各个行为主体的道德实践。道德理念和道德规范等无形的道德力量与道德制度和道德机制等有形的道德力量有机结合,将会有力地推动海南国际旅游岛建设道德支持的各个行为主体履行道德义务,承担道德责任。

(二)道德支持是自律行为和他律行为的统一

道德支持一方面培养道德主体自觉履行道德规范,从而形成自律的道德行为;另一方面通过必要的外部制度安排和机制约束,从而使道德主体形成他律的道德行为,道德支持是道德主体自律行为与他律行为的和谐统一。

自律的道德行为是指道德主体对道德规范自觉自愿的实践,不是被迫的强制性行为。马克思说过："道德的基础是人类精神的自律"。①道德主体的道德行为主要是道德自律,但是,在当前我国道德现实条件下,道德他律也是十分必要的。科恩在《自我论》中写到,"人们习惯于把个体的道德意识发展水平分为三个主要阶段,即'前道德水平''习惯道德水平'和'自律道德水平'。在'前道德'阶段,遵守道德是迫于害怕受到惩罚或期待获得奖励;在'习惯道德'阶段,遵守道德是为了得到关系人的赞同或羞于受到关系人的指责;而'自律道德'阶段,则是靠良心和过失感来保证。"②在我国,人们的道德水平处在不同的阶段,因此,通过必要的道德制度安排和社会外部约束机制,迫使道德主体遵守道德规范的道德他律是十分必要的。因此,通过约束性的手段而形成的道德行为具有他律的特点。

在海南国际旅游岛建设中,一方面,各道德主体应该自觉遵守海南国际旅游岛建设的道德规范;另一方面,也必须通过必要的外部机制,引导、约束和监督道德主体履行道德规范。

海南国际旅游岛建设以来,海南省开展的为期三年的文明大行动的实践再次证明,在海南当前的道德环境下,仅靠道德自律是不行的,必须加大道德他律的力度,必须加强道德制度体系建设,必须加强道德运行机制建设,使道德自律与道德他律有机结合,形成强有力的道德力量,形成坚强的道德支持,使道德规范与制度规范有机结合,形成长效的道德建设体系,唯有如此,才能改变海南当前的道德困境。

(三)道德支持是个人道德与社会道德的统一

道德支持是个人道德与社会道德的统一。在海南国际旅游岛建设中,一方面要提高公民的道德素质,养成良好的道德习惯;另一方面要加

---

① 《马克思恩格斯全集》第1卷,人民出版社1956年版,第15页。
② [美]科恩:《自我论》,上海三联书店1986年版,第447页。

强社会道德的制度建设,提高社会的文明水平,培育良好的社会道德风尚。

个人道德是人的道德需要,是人对道德的依赖性和倾向性,是人对道德规范的认识,它反映了人与道德的本质联系,个人道德调节人的内心,调节人与人的关系,调节人与社会的关系,调节人与自然的关系。而社会道德是社会发展的产物。恩格斯指出:"在社会发展某个很早的阶段,产生了这样一种需要:把每天重复着的产品生产、分配和交换用一个共同规则约束起来,借以使个人服从生产和交换的条件。这个规则首先表现为习惯,不久便成了法律。"①恩格斯所说的习惯就是道德,也就是社会道德,社会道德作为调节人与人之间的交往关系,调节人与自然的依赖关系,是维持社会秩序的客观需要而产生的,是每一个社会成员都应该遵守的规矩。

个人道德与社会道德是不同的。个人道德具有人格化特征,个人道德必须依附于个人,并通过个人的行为活动表现出来。个人道德与个人的道德需要、个人的道德动机、个人的道德认知水平、个人的道德信念有着密切的关系,它具有人格化的特征。由于个人道德是个人内心的法律,是个人自己执法,体现为个人的自律。个人道德作为个人自身的品质,内在地要求个人不做或做某种行为。一个人具有什么样的道德品质,就会表现出什么样的道德行为。社会道德具有非人格化的特征。社会道德依附于制度而存在,并通过制度的执行而体现出来。道德制度是道德力量的组成部分,它是社会合力的结果。道德制度一旦形成,就具有非人格化的特征,不以某一个人的意志为转移,不为个体的偏好所左右。并且对个体的偏好、价值追求起着校正作用,并把它们纳入一个统一的社会秩序之中。因而,它对受其普遍约束的任何主体都发挥作用,一视同仁,不因主体而异。道德制度的基础是社会中大多数人的需要、愿望和利益,而非某

① 《马克思恩格斯选集》第3卷,人民出版社1995年版,第211页。

一个人的需要、愿望和利益。

个人道德与社会道德在根本利益上是一致的。个人是不能脱离社会而存在的,个人必须依赖于社会和他人而生活。个人生存所需要的物质财富、个人生活所需要的良好秩序、个人发展所需要的社会文化环境等都依赖于社会物质生产和社会的文明进步。个人对社会的依赖性,决定了个人就必须接受社会的行为规范,因为社会行为规范是适应社会正常有序运行的客观需要而产生的,反映了社会发展的要求,也反映了社会上大多数人的根本利益,因此个人道德必须服从于社会道德。

第三章
海南国际旅游岛建设需要道德支持

海南国际旅游岛建设是国家战略体系的组成部分,道德支持是海南国际旅游岛建设的内在要求,是海南国际旅游岛建设的行动指南。

一、海南国际旅游岛建设上升为国家战略

海南国际旅游岛建设作为国家战略,与我国经济发展的阶段高度相关,是我国经济发展战略体系的有机组成部分。海南国际旅游岛建设战略与我国的经济结构转型战略、城镇化战略、生态文明战略、旅游业转型升级战略、养老产业发展战略等高度契合。

(一)经济结构转型战略:由以工业为主导向以服务业为主导转型

经过 60 多年的经济建设,特别是近 30 多年的改革开放,我国已形成了以工业为主导的经济结构,基本实现了工业化。未来 10 年,我国经济结构将实现重大转型,我国经济结构将实现以工业为主导向以服务业为主导转型,我国将逐步形成以服务业为主导的经济结构。据国家统计局

的数据,2013 年,我国第一产业增加值占国内生产总值的比重为 10.0%,第二产业增加值比重为 43.9%,第三产业增加值比重为 46.1%,第三产业增加值占比首次超过第二产业。① 2013 年是我国经济结构转型的转折之年,我国服务业在经济结构中的比重首次超过第二产业,服务业首次成为我国经济结构中的第一大产业。

发展服务业是我国经济结构转型的关键。服务业是指农业、工业和建筑业以外的其他各行业,即国际通行的产业划分标准的第三产业,其发展水平是衡量生产社会化和经济市场化程度的重要标准。服务业按服务对象一般可分类为:一是生产性服务业,指交通运输、批发、信息传输、金融、租赁和商务服务、科研等,具有较高的人力资本和技术知识含量;二是生活(消费)性服务业,指零售、住餐、房地产、文体娱乐、居民服务等,属劳动密集型,与居民生活相关;三是公益性服务业,主要是卫生、教育、水利和公共管理组织等。目前,我国服务业占国内生产总值的比重只有46.1%,不仅低于与我国发展水平相同的发展中国家 6—10 个百分点,更是远远低于发达国家 30—40 个百分点。有专家估计,未来 10 年我国服务业比重将提高到 55%左右。

发展现代服务业是海南国际旅游岛建设的关键。现代服务业初步发展于工业革命到第二次世界大战期间,确立于 20 世纪 80 年代。世贸组织的服务业分类标准界定了现代服务业的九大分类,即:商业服务,电讯服务,建筑及有关工程服务,教育服务,环境服务,金融服务,健康与社会服务,与旅游有关的服务,娱乐、文化与体育服务。我国"现代服务业"的提法最早出现于 1997 年 9 月党的十五大报告上。2012 年 2 月 22 日,国家科技部发布的第 70 号文件指出:现代服务业是指以现代科学技术特别是信息网络技术为主要支撑,建立在新的商业模式、服务方式和管理方法基础上的服务产业。它既包括随着技术发展而产生的新兴服务业态,也

① 《2013 年国民经济和社会发展统计公报》,中国经济网,2014 年 2 月 24 日。

包括运用现代技术对传统服务业的改造和提升。它有别于商贸、住宿、餐饮、仓储、交通运输等传统服务业,以金融保险业、信息传输和计算机软件业、租赁和商务服务业、科研技术服务和地质勘查业、文化体育和娱乐业、房地产业及居民社区服务业等为代表。如这几年快速发展的电子商务,就是对传统商业模式的提升,是现代服务业的代表。

国务院文件明确要求:海南国际旅游岛建设要形成以旅游业为龙头、以现代服务业为主导的服务型经济结构。到 2020 年,旅游业增加值占地区生产总值比重达 12% 以上,第三产业增加值占地区生产总值比重达到 60%。海南国际旅游岛建设完全符合我国经济结构转型的趋势,也完全符合我国经济结构转型的战略方向。

2013 年,海南第三产业比重为 48.3%,[①]海南第三产业比重略高于全国平均水平。但是,海南服务业的层次不高,传统服务业占 70% 以上,现代服务业占比不足 30%。[②] 海南国际旅游岛建设要形成以旅游业为龙头、以现代服务业为主导、以服务业为主体的经济结构。因此,海南国际旅游岛建设的重点是大力发展服务业,特别是现代服务业。海南国际旅游岛建设:一是要大力发展旅游业,使旅游业成为海南经济的龙头,并带动海南服务业的发展;二是要加快发展服务业,不断提高服务业的比重,形成以服务业为主体的经济结构;三是要加速发展现代服务业,不断提高现代服务业在整个服务业中的比重,改变目前现代服务业比重较低的格局,形成以现代服务业为主导的经济结构。

(二)城镇化战略:农村劳动力向城市转移

目前,我国已进入城镇化新的历史发展阶段,这标志着我国的人口居住结构将发生历史性的重大变化,将由以农村人口为主转向以城市人口

---

① 《2013 年海南省国民经济和社会发展统计公报》,《海南日报》2014 年 1 月 25 日。
② 苗树彬、夏锋:《海南国际旅游岛大趋势》,中国经济出版社 2010 年版。

为主。2013 年,我国城镇化率为 53.73%,①已经超过农村人口。

推进城镇化是我国重大的发展战略。城镇化的过程就是农村人口不断向城镇转移,第二、三产业不断向城镇聚集,从而使城镇数量增加、城镇规模扩大的一种历史过程。城镇化的过程也是各个国家在实现工业化、现代化过程中所经历社会变迁的一种反映。对于中国来说,城镇化是通向现代化的必由之路。推进城镇化是解决农业、农村、农民问题的重要途径,是推动区域协调发展的有力支撑,是扩大内需和促进产业升级的重要抓手,对全面建成小康社会、加快推进社会主义现代化具有重大现实意义和深远历史意义。虽然我国人口城镇化率已达 53.73%,但是,这远低于世界平均水平和同等发达经济体,仍有很大的提升空间。同时,在我国城镇化的过程中,还存在着人口城镇化率高于户籍城镇化率的问题,我国户籍城镇化率只有 35%,也就是说有一亿多的农村劳动力在城市就业和居住,但是,却没有享受应有的城市市民的待遇。

城镇化的水平决定了服务业的规模和结构。我国城镇化是以人为核心的城镇化,促进有能力在城镇稳定就业和生活的常住人口有序实现市民化是城镇化的首要任务。随着农村劳动力向城镇的有序转移,对城镇的服务能力和水平将提出更高的要求,对城镇的服务业也会提出新的要求,城镇化将有力促进现代服务业的发展。

国务院文件明确要求:加快推进城乡和区域协调发展,逐步将海南建设成为生态环境优美、文化魅力独特、社会文明祥和的开放之岛、绿色之岛、文明之岛、和谐之岛。2013 年,海南城镇化率为 52.74%,略低于全国平均水平。海南的工业化水平较全国平均水平低 20 多个百分点,海南农村劳动力转移的主要方向是城镇服务业,城镇化与服务业的协调发展将推进海南国际旅游岛建设。海南国际旅游岛建设与我国城镇化的战略是完全契合的。

---

① 《2013 年国民经济和社会发展统计公报》,中国经济网,2014 年 2 月 24 日。

（三）生态文明战略：由危害环境向环境友好转变

当前,我国经济总量已跃升为全球第 2 位。但是,随着我国经济快速发展,资源约束趋紧、环境污染严重、生态系统退化的现象十分严峻。随着人们生活质量的不断提升,人们不仅期待安居、乐业、增收,更期待天蓝、地绿、水净,人们不仅期待殷实富庶的幸福生活,更期待山清水秀的美好家园。这就要求我们必须树立尊重自然、顺应自然、保护自然的生态文明理念。党的十八大报告首次将生态文明提升到与经济建设、政治建设、文化建设、社会建设并列的位置,形成了中国特色社会主义五位一体的总体布局。

海南在中国第一个建设生态省。1998 年 11 月,海南省政府第 13 次会议指出,把海南生态示范省建设作为本届政府今后 3 年的重大工作目标。1999 年年初,海南省正式提出建设生态省,并被国家环境保护总局列为全国第一个生态示范省。1999 年 2 月 6 日,海南省第二届人民代表大会第二次会议通过了《关于建设生态省的决定》。从 1999 年以来,海南一直在推进生态省建设,坚持走可持续发展之路,坚持走和谐发展的生态文明之路,大力发展生态产业,改善生态环境,培育生态文化,推进生态人居,海南的生态环境保持在良好状态。这十多年来,海南发展的首要难题就是要走出一条新的发展道路,在保护好生态环境的基础上发展经济,改变海南的欠发达状态,改善海南人民的生活,实现全面小康。海南国际旅游岛建设上升为国家战略,为海南未来发展指明了方向。

国务院文件明确要求:积极发展服务型经济、开放型经济、生态型经济,形成以旅游业为龙头、现代服务业为主导的特色经济结构。坚持生态立省、环境优先,在保护中发展,在发展中保护,推进资源节约型和环境友好型社会建设,探索人与自然和谐相处的文明发展之路,使海南成为全国人民的四季花园。现代服务业具有资源消耗少、环境污染少的优点,是适合海南持续发展的产业,发展以旅游业为龙头、以现代服务业为主导的生态型经济结构符合海南的实际,也完全符合我国生态文明建设的总体布局,符合我国生态文明建设的总体战略。

(四)旅游业转型升级战略:由观光型向休闲度假型转变

改革开放以来,我国旅游业实现了跨越式发展,我国已成为世界旅游大国。2013年,中国旅游消费近3万亿元人民币,占社会消费品零售总额的比例超过12%,旅游业对住宿业的贡献率超过90%,对民航和铁路客运业的贡献率超过80%。①

2009年,国务院下发《关于加快发展旅游业的意见》,明确提出要把旅游业培育成国民经济战略性支柱产业和人民群众更加满意的现代服务业,这表明我国旅游业发展已上升为国家战略,正处在转型升级和成为世界旅游强国的新的发展阶段。

经过30多年的改革开放,我国总体上已由生存型消费阶段进入发展型消费阶段,这突出表现为反映在城乡居民的发展型消费(居住、教育医疗、旅游等)的支出比例明显超过生存型消费(食品、衣着)支出比例。目前,我国旅游业仍处在观光旅游阶段,但是,随着人们收入水平的不断提高,休闲度假需求日益提高,我国旅游消费市场将从以观光旅游为主,转向观光、度假与专项旅游三足鼎立的新的发展阶段,我国旅游业将迎来休闲度假时代。

海滨海岛旅游作为一种典型的休闲度假旅游,具有极大的发展空间和潜力。海南是我国唯一的热带海岛,是休闲度假的天堂,具有发展休闲度假旅游的良好条件。海南国际旅游岛建设不仅完全符合我国旅游业转型升级的趋势和内在要求,而且也满足了我国人民群众日益增长的休闲度假需求。

(五)养老产业发展战略

我国正面临人口老龄化的严峻挑战。人口老龄化是指总人口中因年

---

① 《未来五年中国旅游市场规模将超2.5万亿美元》,《海南日报》2014年5月2日。

轻人口数量减少、年长人口数量增加而导致的老年人口比例相应增长的动态。按照国际通行标准,当一个国家或地区60岁以上老年人口占人口总数的10%,或65岁以上老年人口占人口总数的7%,即意味着这个国家或地区的人口处于老龄化社会。2013年,我国60岁以上老年人口达到2.02亿人,占总人口的比重达14.9%,其中,65岁以上老年人口达到1.31亿人,占总人口的比重达9.7%。① 我国已经成为人口老年型国家。随着人口老龄化的到来,养老服务的需求日益突出,养老产业面临着新的发展机遇。

海南是我国唯一的热带海岛,我国北方地区冬季寒冷漫长,北方地区的部分退休老年人有在冬季到海南旅游养老的需求,海南也有优势和条件发展旅游养老产业,满足这部分老年人的需求。每年冬天,都有几十万的"候鸟"老人到海南来过冬,这个市场相当庞大。海南利用得天独厚的自然条件,大力发展养老产业,既满足了我国北方老年人的养老需求,也完全适应了我国老龄化的趋势,既发展了海南的养老产业,也完全符合我国养老产业的发展战略。

二、海南国际旅游岛建设的优势

海南具有优良的生态环境,丰富的热带资源,多彩的旅游资源,不断完善的基础设施,独特的区位优势,这些都是海南国际旅游岛建设的优势。

(一)优良的生态环境

海南属于热带雨林、热带季雨林地区,是我国森林生态系统最丰富的地区,是世界范围内小区域生物种类最丰富的地区之一,热带天然林面积

---

① 《2013年国民经济和社会发展统计公报》,中国经济网,2014年2月24日。

约占全省面积的1/4。

海南地处热带,光热资源丰富,雨量充沛,是我国热带经济作物、冬季瓜菜和良种繁育的主要生产基地。海南的海洋水产资源具有海洋渔场广、品种多、生长快和渔汛期长等特点,是我国发展热带海洋渔业的理想场所。

海南空气质量全国一流。海南空气负离子浓度远高于其他省份,海口达到2000—4000个/立方厘米,三亚达到4000—6000个/立方厘米,海南森林中则达到80000个/立方厘米。2008年,海南空气质量优良天数为100%,排名全国第一。①

青山绿水、碧海蓝天是海南国际旅游岛建设的突出优势。良好的生态环境和丰富多样的热带资源,为海南国际旅游岛建设奠定了坚实的物质基础和环境基础。1993年,世界旅游组织前秘书长萨维尼亚克称赞海南是"人间的旅游天堂,是未受污染的处女地"。2013年4月,习近平总书记在考察海南时指出,"13亿中国人需要环境优美、适宜度假的地方,海南的同志在保护生态环境方面责任重大,使命光荣。"②习近平总书记希望海南处理好发展和保护的关系,着力在"增绿""护蓝"上下功夫,为全国生态文明建设当个表率,为子孙后代留下可持续发展的"绿色银行"。

保护好海南良好的生态环境是海南国际旅游岛建设的根本条件和生命线,建设"生态型"的海南国际旅游岛是国务院对海南的要求。海南正是由于发展滞后,生态环境才得以保护,海南绝对不能因为海南国际旅游岛建设而破坏生态环境。

(二)丰富的热带资源

土地资源。海南岛是我国最大的"热带宝地",土地总面积约344.2

① 苗树彬、夏锋主编:《海南国际旅游岛大趋势》,中国经济出版社2010年版。
② 黄晓华:《习近平总书记老家海南纪实:美丽篇章借春风》,《海南日报》2013年4月13日。

万公顷,约占全国热带土地面积的42.5%。可用于农、林、牧、渔的土地面积人均约0.48公顷。由于光、热、水等条件优越,生物生长繁殖速率较温带和亚热带为优,农田终年可以种植,不少作物每年可收获2至3次。按适宜性划分,海南岛的土地资源可分为7种类型:宜农地、宜胶地、宜热作地、宜林地、宜牧地、水面地和其他用地。目前,海南岛已开发利用的土地面积约315.2万公顷,未被开发利用的土地面积约26万公顷,其中,可用于大农业开发利用的约占90%。海南土地后备资源较丰富,开发潜力较大。

作物资源。粮食作物是海南种植业中面积最大、分布最广、产值最高的作物,主要有水稻、旱稻、山兰坡稻、小麦,其次是番薯、木薯、芋头、玉米、高粱、粟、豆等。经济作物主要有甘蔗、麻类、花生、芝麻、茶等;水果种类繁多,栽培和野生果类29科53属,栽培形成商品的水果主要有菠萝、荔枝、龙眼、香蕉、大蕉、柑橘、芒果、西瓜、杨桃、波罗蜜等;蔬菜有120多个品种。海南岛热带作物资源丰富,岛上原来生长有3000多种热带植物,新中国成立后,从国外引进1000多种,并从国外野生资源中发掘出1000多种有用植物进行栽培试验,均取得显著成绩。目前,栽培面积较大、经济价值较高的热带作物主要有:橡胶、椰子、油棕、槟榔、胡椒、剑麻、香茅、腰果、可可等。

植物资源。海南的植被生长快,植物繁多,是热带雨林、热带季雨林的原生地。到目前为止,海南岛有维管束植物4000多种,约占全国总数的1/7,其中600多种为海南所特有。在4000多种植物资源中,药用植物2500多种;乔灌木2000多种,其中有800多种经济价值较高,列为国家重点保护的特产与珍稀树木20多种;果树(包括野生果树)142种;芳香植物70多种;热带观赏花卉及园林绿化美化树木200多种。植物资源的最大藏量在热带森林植物群落类型中,热带森林植被垂直分带明显,且具有混交、多层、异龄、常绿、干高、冠宽等特点。热带森林主要分布于五指山、尖峰岭、霸王岭、吊罗山、黎母山等林区,其中五指山属未开发的原始森林。热带森林以生产珍贵的热带木材而闻名全国,在1400多种针、阔叶树种中,乔木达800种,其中458种被列为国家的商品材,属于特类木材的有花梨木、坡垒、子京、荔枝、母生等5种,一类材34种,二类材48种,三类材119种,适于造船和制造名贵家具的高级木材有85种,珍稀树种45种。

动物资源。海南陆生脊椎动物有500多种,其中,两栖类37种(11种仅见于海南,8种被列为国家特产动物);爬行类104种;鸟类344种;哺乳类82种(21种为海南特有)。世界上罕见的珍贵动物有:世界四大类人猿之一的黑冠长臂猿和坡鹿,水鹿、猕猴、云豹等亦很珍贵。

南药资源。海南动植物药材资源丰富,素有"天然药库"之称。4000多种植物中可入药的约有2000种,占全国的40%,药典收载的有500种,经过筛选的抗癌植物有137种、南药30多种,最著名的是四大南药:槟榔、益智、砂仁、巴戟。动物药材和海产药材资源有鹿茸、猴膏、牛黄、穿山甲、玳瑁、海龙、海马、海蛇、琥珀、珍珠、海参、珊瑚、哈壳、牡蛎、石决明、鱼翅、海龟板等近50种。

水产资源。海南的海洋水产资源具有海洋渔场广、品种多、生长快和渔汛期长等特点,是中国发展热带海洋渔业的理想之地。全省海洋渔场面积近30万平方公里,可供养殖的沿海滩涂面积2.57万公顷。海洋水产在800种以上,鱼类就有600多种,主要的海洋经济鱼类40多种。许多珍贵的海特产品种已在浅海养殖,可供人工养殖的浅海滩涂约2.5万多公顷,养殖的经济价值较高的鱼、虾、贝、藻类达20多种。海南岛的淡水鱼(不包括溯河性的鱼)有15科57属72种。

海盐资源。海南岛是我国理想的天然盐场,沿海港湾滩涂许多地方都可以晒盐,目前集中于三亚至东方沿海数百里的弧形地带上。已建有莺歌海、东方、榆亚等大型盐场,其中莺歌海盐场是我国南方少有的大盐场。

矿产资源。海南矿产资源种类较多。至1991年,全国已探明有工业

储量的 148 种矿产中,海南已探明具有一定开发利用价值的矿产 57 种
(若按工业用途可分为 65 种);探明有各级储量规模的矿床 126 个(含大
型地下水源地 6 处),其中大型矿床 31 个,中型矿床 31 个,小型矿床 64
个。在国内占有重要位置的优势矿产主要有玻璃石英砂、天然气、钛铁
砂、锆英石、蓝宝石、水晶、三水型铝土、油页岩、化肥灰岩、沸石等 10 多
种。其中,石碌铁矿的铁矿储量约占全国富铁矿储量的 70%,品位居全
国第一;钛矿储量占全国的 70%;锆英石储量占全国的 60%。

能源资源。经地质普查勘探证实海南有丰富的石油、天然气资源,先
后圈定了北部湾、莺歌海、琼东南 3 个大型沉积盆地,总面积约 12 万平方
公里,其中,对油气勘探有利的远景面积约 6 万平方公里。水力资源:海
南岛大小河流水能理论蕴藏量约 100 万千瓦,可供开发的约 65 万千瓦,
年发电量约 26 亿度。地下水资源储量约 75 亿立方米,占总水资源的
20% 左右,其中理论上可开发利用 25.3 亿立方米。目前尚未开发利用、
潜力很大的能源资源还有海洋能、太阳能和生物能。

(三)多彩的旅游资源

海南的旅游资源十分丰富,极富特色,主要有以下几个方面。

1.海岸带景观:在海南长达 1528 公里的海岸线上,沙岸约占 50%—
60%,沙滩宽数百米至数千米不等,向海面坡度一般为 5 度,缓缓延伸;多
数地方风平浪静,海水清澈,沙白如絮,清洁柔软;岸边绿树成荫,空气清
新;海水温度一般为 18—30℃,阳光充足明媚,一年中多数时间可进行海
浴、日光浴、沙浴和风浴。当今国际旅游者喜爱的阳光、海水、沙滩、绿色、
空气这 5 个要素,海南环岛沿岸均兼而有之。

2.山岳、热带原始森林:海南岛有海拔 1000 米以上的山峰 81 座,绵
延起伏,山形奇特,气势雄伟。颇负盛名的有山顶部成锯齿状、形如五指
的五指山,气势磅礴的莺歌岭,海南的山岳最具有特色的是热带原始森
林,最著名的有乐东县尖峰岭、昌江县霸王岭、陵水县吊罗山和琼中县五

指山等 4 个热带原始森林区,其中以尖峰岭最为典型。

3.珍禽异兽:为了保护物种,海南已建立若干个野生动物自然保护区和驯养场,其中有昌江县霸王岭黑冠长臂猿保护区、东方市大田坡鹿保护区、万宁市大洲岛(金丝燕)保护区、陵水县南湾半岛猕猴保护区等。

4.大河、瀑布、水库风光:南渡江、昌化江、万泉河等河流,滩潭相间,蜿蜒有致,河水清澈,是旅游观景的好地方,尤以闻名全国的"万泉河风光"最佳。大山深处的小河或山间小溪,涧于深山密林之中,中间大石叠置,瀑布众多,尤其通什市的太平山瀑布、琼中县的百花岭瀑布、五指山瀑布等久负盛名。

5.火山、溶洞、温泉:历史上的火山喷发,在海南岛留下了许多死火山口。最为典型的一座是位于琼山市石山海拔 200 多米的双岭,岭上有 2个火山口,中间连着一下凹的山脊,形似马鞍,又名马鞍岭。该岭附近的雷虎岭火山口、罗京盘火山口也保存得十分完整而奇妙。千姿百态的喀斯特溶洞也有不少,著名的有三亚市的落笔洞、保亭县的千龙洞、昌江县的皇帝洞等。岛上温泉分布广泛,多数温泉矿化度低、温度高、水量大、水质佳,大多属于治疗性温泉,且温泉所在区域景色宜人。

海南阳光充沛、四季如春、空气清新、水质纯净,是一个充满热带自然风貌的岛屿型旅游胜地。优美的自然风光和宜人的生活环境,使海南成为中国人观光、度假、休闲、疗养、养老的天堂。碧海蓝天、椰风海韵每年都吸引着大量的国内外旅客来海南旅游,海南也有"天然大氧吧""生态大花园""长寿岛""健康岛""养生岛"等美誉。

海南还有大量的历史文化资源,比较著名的有东坡书院、海瑞墓、五公祠、宋庆龄故居等。海南还有独特的民族风情,红色旅游资源。

经过 20 多年的建设和发展,海南的旅游业得到了快速发展,已经成为海南的支柱产业。海南已形成以蓝色海洋旅游、绿色生态旅游和红色旅游为特色的旅游生态体系。目前,海南有三亚南山文化旅游区、三亚南山大小洞天旅游区、保亭县呀诺达雨林文化旅游区、陵水县分界洲岛旅游区等 5A 级国家旅游景区。近些年,以风情小镇为代表的乡村旅游正在逐步兴起。海南旅游的发展正在由观光游向休闲度假游转变。特别是海南养老度假的兴起,成为海南旅游的一个新亮点。每年一到冬季,许多北方老年人到海南来过冬避寒,一些老年人每年都来,冬季常住海南的非本岛居民数量达几十万人,成为海南的"候鸟老人"。

(四)特殊的区位优势

海南位于中国最南端,是中国的第二大岛屿,与越南隔海相望,与东南亚毗邻。近傍香港,遥望台湾,内靠珠江三角洲,外邻东南亚。海南靠近东亚与东南亚之间的国际深水航道,南海是我国通往东南亚、印度洋直到非洲、欧洲的海上通道,海上交通便利。海南地处南海国际海运要道,处于泛珠三角"9+2"与东盟自由贸易区"10+1"的结合部,3 小时航程范围内包括港澳台、珠三角、长三角、东南亚等地区。

我国提出了建设 21 世纪海上丝绸之路的倡议,得到了东南亚各国的积极响应,海南在建设 21 世纪海上丝绸之路进程中,具有不可替代的地位和作用。南海,这条自古以来海上丝绸之路的"黄金水道",在新的历史时期和宏观战略引导下,将进发新的生机和蓬勃生命力。自唐宋以来,海南就是中西商船往来的避风港、补给港以及大陆、东南亚国家及本岛特产的重要中转集散地。明朝郑和下西洋,七经海南岛;海南历代渔民手中的《更路簿》,悠悠记录古代海上丝绸之路的重要航经;南海大量古代中外沉船和出水文物,是古代丝绸之路的历史见证者。正因为扼守古代海上丝绸之路之要冲,海南无可争辩地成为古代海上丝绸之路的重要开拓者、参与者和管理者。

海南具有无可替代的区位优势。海南是往来"两洲"(亚洲、大洋洲)和"两洋"(太平洋、印度洋)的必经之地,也是通往"两亚"(东南亚、东北亚)的"十字路口"。作为连接亚太地区与世界最主要的海上运输通道之一,每年经过南海海域的船舶就多达 10 万艘,其中万吨级船舶 4 万多艘,我国四分之三的外贸出口货物、全球三分之一以上的国际贸易要通过南海航线,这决定了海南作为海上丝绸之路的关键节点,是中国面向东盟地区的"桥头堡",也是"环南海经济圈"的核心地区。

(五)不断完善的基础设施

海南是中国航权开放试点省份,拥有海口美兰国际机场和三亚凤凰国际机场,已开通国内外航线422条,其中国际航线30条。通往国内外90多个城市和地区。

海南已经建成从南到北的西环铁路,通过火车轮渡与中国铁路网连接。已开通三亚至北京、上海、广州旅客列车,全长308公里的东线城际快速客运铁路已于2010年10月建成,时速可达200公里/小时。海南西环高铁已基本建成,预计2015年11月试运行。海南西环高铁将与已开通运营的东环高速铁路连接,形成环岛高速铁路,并快速连接海口美兰机场和三亚凤凰机场,对推进海南省国际旅游岛建设,适应海南西部沿海地区经济发展,完善综合交通运输体系,构建海南环岛高速铁路具有重要意义,同时也将给外地游客和本地群众出行带来极大的便利。

海南已建成由环岛高速公路和南北3条、东西4条干道组成的骨干公路网,三级公路通达全省乡镇。

海南现有大小港口24个,海口港、洋浦港、八所港等共有万吨级泊位27个。海口港是国家一类开放港口,万吨级泊位7个。洋浦港是国家一类开放港口,万吨级泊位5个。八所港万吨级泊位7个。三亚客运港可停靠10万吨级大型邮轮。

海南全省电力装机容量214万千瓦,已建成220KV环岛电网,110KV电网覆盖全省各市县及开发区,35KV线路延伸到每个乡镇,横跨琼州海峡的海底电缆敷设完毕,使海南电网与华南电网连为一体。海南昌江核电已经开工建设,计划建设4台大型核电机组。1号机组2010年4月开工,2015年并网发电,2号机组2010年11月开建,计划于2016年投入商业运行。

海南岛周边海域油气资源丰富,已探明开发的有崖 13—1 气田、东方气田、乐东气田、陆地福山油气田。已建成三亚—东方—洋浦—海口的天然气管道。至 2010 年,全省天然气供气规模将达到 50 亿立方米。

三、道德支持是海南国际旅游岛建设的内在要求

从海南发展的历史经验、海南发展的现状以及海南发展的未来来看,道德支持对海南的发展都是必不可少的,道德支持是确保海南发展沿着科学发展的轨道前进的重要保障。

(一)从历史经验来看,道德支持对于海南发展不可缺少

中央对海南特区发展曾寄予很大期待。1987 年 6 月 12 日,中国改革开放的总设计师邓小平首先提出了创建海南特区的战略思想。[①] 邓小平创建海南经济特区的战略思想主要内容有:一是海南具有重要的战略地位和丰富的资源,特别有利于实行更加开放的政策。邓小平在宣布建立海南经济特区时,特别强调海南岛"有许多资源,有富铁矿,有石油天然气,还有橡胶和别的热带亚热带作物"。二是创建海南特区是落实"一国两制"构想、完成祖国统一大业的战略举措。海南特区的参照系我国台湾省,海南特区如果能达到当时台湾省的水平,其政治意义更加重大。三是利用海南特有的优势,开辟一个更高层次的改革开放试验场,以推动全国的改革开放。四是通过建立经济特区让海南岛迅速发展起来,让海南人民尽快富裕起来。邓小平强调指出:"如果能把海南岛的经济迅速发展起来,那就是很大的胜利","海南岛好好发展起来,是很了不起的"。

---

① 鲁兵、徐冰:《中国大特区的十年变革》,中共中央党校出版社 1998 年版,第 21—25 页。

中央为海南特区勾画了基本框架。中央〔1987〕24号和26号文件，为海南特区未来发展勾画了基本框架，其主要内容是：一是海南为全国最大的经济特区，实行比现行经济特区更加灵活、更为优惠的政策和拥有更多的经济活动自主权。二是海南经济特区的开发建设要大力吸引外资，逐步建立起海南特色的外向型经济结构。三是海南经济特区的发展，不要盲目照搬其他地区的模式，必须立足于自己的资源优势，探索自己的发展路数。四是海南特区的改革可以有更大的灵活性，政府机构设置，要突破其他省、自治区现在的机构模式，也要比现在经济特区的机构更精干、有效一些，实现"小政府、大社会"。五是海南经济特区要紧紧把握住发展生产力这个中心。发展经济必须立足于开发利用丰富的湿热带自然资源、海洋资源、矿产资源和旅游资源，大力加强基础设施建设，逐步建立具有海南特色的产业结构。经济发展的战略目标是：争取在三五年内赶上全国平均水平，到20世纪末达到国内发达地区水平，进而为赶上东南亚经济较发达国家和地区的水平而努力。

1988年，海南建省办经济特区，海南特区成为中国最大的经济特区，海南发展迎来了第一次重大历史机遇。1988年8月和9月，在海口先后召开了海南省人民代表会议第一次会议和中共海南省委第一次代表大会，这次"两会"是海南建省办经济特区之后召开的第一次最重要的会议，这两个重要会议确定了海南特区发展的基本思想、基本思路和发展战略。海南特区发展最初确立的基本思想是急于求成、快速致富，基本思路是超常规发展，基本举措是建设立足引进外资和发展以外向型经济为主的对外开放体制，建立第二关税区，在海南进行"再造香港"试验，实行适应海南特区外向型经济发展的社会主义市场经济新型经济体制，基本目标是建设发展以外向型经济为主的综合经济特区。战略目标是力争用20年或稍长一点时间，使海南人均国民生产总值达到2000美元以上，进入东南亚比较发达国家和地区的行列。

海南初期发展照搬深圳特区的经验，走的贸、工、农的发展路数。

1992年,海南片面发展房地产业,当年海南地区生产总值年增速高达40.2%,1994年以后,海南发展陷入了困境,经济持续低迷、房地产泡沫破灭、金融危机爆发,1995年,海南地区生产总值增速下降至4.3%。1996年,海南提出"一省两地"战略,即建立新兴工业省,热带农业基地、海岛旅游业基地。1999年,海南提出建设生态省思想并开始建设生态省的实践。1999年以后,海南的经济发展才逐步走向复苏。

海南20年发展的历史证明,海南的发展并没有如预期的那样实现高速度、超常规、跨越式和外向型。2000年,海南人均地区生产总值为6894元,而全国平均水平为7078元,①海南尚未达到全国平均水平,更别说是国内发达地区水平。海南仍是欠发达地区,海南的发展未达到中央设定的战略目标,海南发展的第一次战略机遇,海南未能把握好。

回顾海南的发展历程,道德支持未能有效发挥应有的正确导向作用。中央对海南发展的指导思想是正确的。但是,海南发展在指导思想上存在着急于求成、快速致富的问题;在基本思路上脱离了海南社会发展的实际;在发展路数上也没有实现中央的要求,探索出海南特色的发展路数,而是照搬深圳特区的发展模式;在发展实践中盲目求快、片面发展房地产业,偏离了建省初期制定的开放促开发、重点开发海南优势资源的正确路线图,也没有形成海南特色的产业结构。海南发展在指导思想的偏差以及发展实践中的偏离轨道,是海南未能完成中央要求的重要原因之一。

(二)从现实状况来看,道德支持是海南国际旅游岛建设的导航仪

2008年,建设海南国际旅游岛成为海南省的发展战略。2008年9月,《中共海南省委、海南省人民政府关于加快推进国际旅游岛建设的意见》提出:建设国际旅游岛,就是要把海南建成旅游国际化程度高、生态

---

① 中国统计年鉴,2001年。

环境优美、文化魅力独特、社会文明祥和的世界一流的海岛型国际旅游目的地。这就是建设海南国际旅游岛的基本内涵。① 2008 年 5 月,海南省人民政府发布了《海南国际旅游岛建设行动计划》。

2009 年 12 月,海南国际旅游岛建设正式上升为国家战略。国家版的海南国际旅游岛建设与海南版的海南国际旅游岛建设有着明显的差异。

一是突出科学发展的理念。国家版的海南国际旅游岛建设突出了科学发展的理念,科学发展观要求全面、协调、可持续发展,国家要求海南国际旅游岛建设要形成以旅游业为龙头、现代服务业为主导的服务型、开放型、生态型经济结构,这与海南版的海南国际旅游岛建设内涵只强调旅游业为主导的旅游型经济结构显然不同。国家版弱化了旅游业为主导,强调以现代服务业为主导。海南国际旅游岛建设的龙头、主导和主体的关系在国务院的文件中十分清晰,体现了全面、协调和可持续的科学发展理念。

二是凸显满足国内消费需求的理念。海南国际旅游岛建设的服务对象是国内旅客还是国际旅客,这是海南国际旅游岛建设的重大方向性问题。海南版的海南国际旅游岛建设突出的是国际旅游,针对的消费群体主要是国际旅客。《海南国际旅游岛建设行动计划》中为此还提出了明确的目标:2013 年,入境游客占全省旅游接待人数的 10%以上,旅游外汇收入占旅游总收入的 20%以上。2018 年,入境游客占全省旅游接待人数的 20%以上,旅游外汇收入占旅游总收入的 30%以上。到 2028 年,建成世界一流的国际旅游岛。2028 年,入境游客占全省旅游接待人数的 30%以上,旅游外汇收入占旅游总收入的 40%以上。② 海南版的海南国际旅游岛建设方案明显偏离了国家建设海南国际旅游岛的本意。中国只有一

---

① 陆志远:《建设海南国际旅游岛》,《新东方》2009 年第 5 期。
② 海南省人民政府关于印发《海南国际旅游岛建设行动计划》的通知,法律教育网,2008 年 5 月 26 日。

个海南岛,海南国际旅游岛建设要首先满足中国经济结构转型的需求,满足提高中国国内消费的需求,满足中国旅游业转型升级的需求,满足国内旅客的休闲度假需求,满足中国人的养老度假需求。国家版的方案明显弱化了海南国际旅游岛的"国际性",强调了满足国内消费需求的理念,这也与中国转变经济发展方式,以国内消费需求为导向的方向是高度契合的。

通过简单比较,我们可以发现,在海南建设国际旅游岛2年以后,国家将海南国际旅游岛建设上升为国家战略,对海南国际旅游岛建设的内涵和外延都作了明确界定,实际上也纠正了海南在国际旅游岛建设方面出现的偏差,为海南国际旅游岛建设指明了正确的航向。

(三)从未来发展来看,道德支持是海南国际旅游岛建设的指南针

2009年12月,国务院正式发文,海南国际旅游岛建设正式上升为国家战略。国务院文件明确了海南国际旅游岛建设的指导思想,明确了海南国际旅游岛建设的基本内涵,明确了海南国际旅游岛建设的发展方向,明确了海南国际旅游岛建设的战略定位,明确了海南国际旅游岛建设的战略目标。

国务院文件为海南国际旅游岛建设提供了坚强的道德支持,它是海南国际旅游岛建设未来的发展指南。

海南国际旅游岛建设要坚持科学发展的理念。科学发展观强调以人为本,全面、协调、可持续发展。在海南国际旅游岛建设中,以人为本,就是以海南人民的根本利益为本,通过海南国际旅游岛建设让海南摆脱欠发达地区的困境,使海南早日迈入发达地区的行列,实现国家设立海南经济特区的战略目标。在海南国际旅游岛建设中要注重全面发展,统筹兼顾旅游业与现代服务业和服务业的关系,形成以旅游业为龙头、现代服务业为主导的服务型、开放型和生态型经济结构。在海南国际旅游岛建设

中,要协调城乡发展,更加关注民生,更加注重保护生态,实现海南经济的可持续发展。

海南国际旅游岛建设要突出海南特色。国务院文件特别强调在海南国际旅游岛建设中要突出海南特色,在文件指导思想中有两处提到海南特色。一是积极发展服务型经济、开放型经济、生态型经济,形成以旅游业为龙头、现代服务业为主导的特色经济结构。到2020年,我国将形成以服务业为主体的经济结构,服务业将成为我国的第一大产业,我国经济将形成以内需为主的服务型经济。到2020年,海南经济结构要形成以旅游业为龙头、以现代服务业为主导、以服务业为主体,这是海南经济结构的特色之一,是经济结构的海南特色。二是发展模式的海南特色,我国发展模式是由工业型经济转变为服务型经济,走的是传统发展模式,海南则要在工业化未完成的条件下直接向服务型经济转型,是一种新的发展模式,这是发展模式的海南特色。三是海南特色的旅游产业体系。国务院文件指出:着力提高旅游业发展质量,打造具有海南特色、达到国际先进水平的旅游产业体系。旅游业是海南经济的龙头,其龙头表现在要提高发展质量,改变粗放经营方式,打造具有海南特色、达到国际先进水平的旅游产业体系。旅游业的海南特色就是要适应中国人的旅游消费需求,建设多层次的旅游产业体系,而不是专门为高端的国际旅客提供休闲度假服务。

四、海南国际旅游岛建设道德支持的重大价值

道德支持是海南国际旅游岛建设的精神支柱,是海南国际旅游岛建设的行动指南。道德支持对于提升海南国际旅游岛建设的凝聚力是必不可少的。

(一)道德支持是海南国际旅游岛建设的精神支柱

唯物史观认为,社会历史是人的活动过程和结果,总是受一定的动

机、愿望、思想等精神因素的支配和调节,在一定条件下,精神可以转化为历史发展的强大动力,尽管这种精神动因是第二位的。随着社会的发展,人类活动的自觉性日益增强,反映历史潮流的时代精神和科学思想作为历史进步的精神动力,其作用更趋明显,物质力量和精神力量越来越协调地结合起来。

所谓精神支柱,就是人们在精神上的某种信仰、寄托和依靠。精神支柱是由理想、信念、意志、向往、追求等构成的、人类社会所特有的、在人们生活中起着重要作用的精神因素。海南国际旅游岛建设的核心价值是海南国际旅游岛建设的灵魂,是海南国际旅游岛建设的精神动力。

西方著名学者马克斯·韦伯在其《新教伦理与资本主义精神》一书中指出,近代以来西方资本主义经济的发展,得益于新教伦理的推动,新教伦理构成资本主义经济发展的人文动力。其中,"天职"观念形成的职业伦理,"蒙恩"观念构成的经济合理主义,"节欲"观念构成的积累精神,是资本主义市场经济发展的三个基本人文动力,它通过"资本主义精神"的中介,推动了资本主义经济的发展。由此可见,经济增长并不是仅仅依靠人们追求物质利益的发轫动力,从更深的层次上来看,经济增长的发生有赖于支持它的道德信念的形成。道德信念一旦形成,经济增长就有了稳定而持久的人文动力。

《公民道德建设实施纲要》指出:"坚持社会主义道德建设与社会主义市场经济相适应。要充分发挥社会主义市场经济机制的积极作用,不断增强人们的自立意识、竞争意识、效率意识、民主法制意识和开拓创新精神。正确运用物质利益原则,反对只讲金钱、不讲道德的错误倾向,在实践中确立与社会主义市场经济相适应的道德观念和道德规范,为改革开放和现代化建设提供强大的精神动力与思想保证。"[1]我国改革开放使

---

① 《公民道德建设实施纲要,建设与社会主义市场经济相适应的思想道德体系》,红旗出版社 2013 年版,第 268 页。

经济建设取得了巨大成就,实事求是、改革创新的道德理念为改革开放提供了强大的精神动力和思想保证。

海南国际旅游岛建设需要强大的道德力量支持。对于一个地区发展来说,发展的思想路线就是一个地区发展的精神支柱。海南国际旅游岛建设的发展思路就是海南未来发展的精神支柱。科学发展、富民兴琼的道德理念,求真务实、开拓创新的道德品质,公平正义、文明诚信、和谐生态的道德特征是海南国际旅游岛建设的核心价值,它是海南国际旅游岛建设共同的思想道德基础。海南国际旅游岛建设的核心价值体现了海南发展的道德理念,将为海南国际旅游岛建设提供持久而稳定的精神动力和思想保证。

(二)道德支持是海南国际旅游岛建设的行动指南

国务院文件关于海南国际旅游岛建设的指导思想中蕴含着丰富的道德底蕴,体现了深刻的道德理念,是海南国际旅游岛建设道德支持的核心价值。它指引着海南国际旅游岛建设的方向,是海南国际旅游岛建设的行动指南,国务院文件指出的生产发展、生活富裕、生态良好的科学发展之路,蕴含着深刻的道德理念。在海南国际旅游岛建设的整个过程中,都要始终坚持生产发展、生活富裕、生态良好的科学发展之路。海南由于发展滞后,生态环境相对较好,在海南国际旅游岛建设中,海南要始终坚持生态立省的可持续发展思路,在保护好生态的基础上大力发展生产力,只有大力发展生产力,海南才能摆脱欠发达地区的困境,海南的老百姓才能实现富裕安康。世界上的发达国家、我国的发达地区大都是走的生产发展、生活富裕、生态破坏的老路,走的是先污染、后治理传统发展路径。海南国际旅游岛建设就是要走出一条生产发展、生活富裕、生态良好的新的发展模式和新的发展路径。只有走科学发展之路,海南才能建成生态环境优美、文化魅力独特、社会文明祥和的开放之岛、绿色之岛、文明之岛、和谐之岛。

国务院文件关于生态文明的要求,蕴含着绿色发展的道德理念。绿色发展是一个新的发展理念,这种理念倡导经济发展与生态发展良性互动,发展要实现低碳、循环和可持续。绿色发展的理念和海南建设生态省的理论与实践是基本上吻合的。海南从 1998 年开始,在全省开展生态省建设,生态文明的理念在海南已经成为共识,生态省建设也取得了明显的成效,海南的生态环境保持在较好的水平。但是,海南的发展相对滞后,如何在保护生态的基础上加快海南发展,实现绿色发展,始终是海南人待破解的一大难题。既要绿水青山,又要金山银山是绿色发展的最高境界。海南国际旅游岛建设为海南的产业发展指明了新的方向,就是要建成以旅游业为龙头、以现代服务业为主导的经济结构。海南国际旅游岛建设要坚持生态文明的理念,尊重自然、顺应自然、保护自然,在保护中发展,在发展中保护。

国务院文件关于海南国际旅游岛建设要坚持城乡协调发展的理念,蕴含着和谐发展的道德理念。和谐发展就是要实现城乡一体化发展,以城市发展来吸纳农村劳动力,实现农村劳动力有序向城市转移,实现城乡协调发展。由于我国长期实行的城乡二元分置制度,城市发展与农村发展长期割裂,城市发展以牺牲农村发展为代价。农村劳动力不能向城市有序转移,进城务工的农民工不能在城市落户,享受不到市民待遇,形成人的城镇化与户籍城镇化的严重偏离,影响了社会的公平与正义,也影响了农村的发展。海南国际旅游岛建设就是要努力实现和谐发展,要处理好农村发展与城市发展关系,实现城乡一体化发展。要让农民工在城市中就业并有序落户,这样可以有序转移农村剩余劳动力,提高农业的劳动生产率,实现城乡共同发展。

科学发展主要是协调生产、生活与生态的关系,绿色发展主要是协调经济发展与生态环境的关系,和谐发展主要是协调城乡关系。科学发展、绿色发展、和谐发展的最终目标是富民兴琼。

（三）道德支持提升海南国际旅游岛建设的凝聚力

海南国际旅游岛建设是海南发展的第二次重大历史机遇，需要海南人民团结一致，共同奋斗。在海南建省办经济特区第一次重大发展的历史机遇中，海南发展偏离了中央规定的路线图，未能实现中央确定的战略目标，未能摆脱不发达的困境。在海南国际旅游岛建设的第二次重大发展机遇面前，海南必须凝聚道德共识，坚定科学发展、富民兴琼的道德理念，坚定中央确定的正确方向，不辜负中央对海南的新的期望。要凝聚全省之力，积极发展服务型经济、开放型经济、生态型经济，形成以旅游业为龙头、现代服务业为主导的特色经济结构，努力实现中央的战略目标。

海南国际旅游岛建设是一个全新的事业，没有现成的模式和经验，需要海南人民开拓创新、探索实践。海南是一个欠发达的地区，如何跨过工业型经济向服务型经济升级的传统路径，实现直接向服务型经济转型，仍需要凝聚全省人民的智慧，凝聚全省人民的力量，不断探索，大胆实践，创新发展模式。

海南应当以海南国际旅游岛建设核心价值为指导，团结海南全省人民，以科学发展、富民兴琼为旗帜，始终沿着科学发展、绿色发展、和谐发展的路径，努力探索具有海南特色的经济结构，努力探索具有海南特色的发展路数，努力将海南建设成为一个经济相对发达、生态环境优美、文化魅力独特、社会文明祥和的开放之岛、绿色之岛、文明之岛、和谐之岛。

第四章

海南国际旅游岛建设道德支持状况

海南国际旅游岛建设上升为国家战略以来,海南省委、省政府积极作为,领导全省人民,全面落实海南国际旅游岛建设的战略部署,积极营造海南国际旅游岛建设的社会和人文环境,得到了海南人民的广泛支持,确保了海南国际旅游岛建设的良好开局和稳定起步。

一、海南国际旅游岛建设道德支持的现状

海南国际旅游岛建设开局之年,海南出现了房价暴涨、土地暴涨、酒店客房价格暴涨等危险苗头,海南省委、省政府大胆决策,冷静应对,积极出台了一些有针对性的举措,有效稳定了海南社会的预期,确保了海南国际旅游岛建设的良好开局。大力推动海南国际旅游岛建设的社会人文环境建设,努力塑造海南国际旅游岛建设的良好人文形象,提升了海南民众对海南国际旅游岛建设的信心。

(一)冷静应对,确保海南国际旅游岛建设良好开局

2010年1月,随着海南国际旅游岛建设上升为国家战略,海南房地

产遭遇爆炒,一时间全国各路资金蜂拥而至,海南楼价暴涨,三亚独领风骚,海南个别地方也出现了土地过量投放的苗头。对此,海南海南省委、省政府头脑冷静、果断应对。2010 年 1 月 15 日,海南省委、省政府作出"两个暂停"的决定,明确规定在 2010 年 3 月底之前,暂停商业性开发土地出让,暂停审批新的房地产开发项目,新的土地成片开发和大型主题旅游公园项目要待国家发改委正式批准《海南国际旅游岛建设发展规划纲要》后再行启动。这是海南国际旅游岛建设上升为国家战略后,海南省委和省政府出台的最有冲击力和影响力的举措,与应对 20 世纪 90 年代初房地产热相比,海南省委、省政府驾驭市场经济的能力也由此得到了充分展示。政策出台非常及时果断,有利于海南省土地资源的合理开发利用和保护,有利于海南的长远发展,有效保证了海南国际旅游岛建设的良好开局。

20 世纪 90 年代初期海南过量、失控供应土地,造成房地产市场泡沫破裂,爆发海南金融危机,拖累海南经济发展,是导致海南错失第一次重大发展机遇的重要原因。在新的历史发展机遇面前,海南领导头脑冷静、果断处置,有效化解了可能发生的房地产泡沫,为海南国际旅游岛建设创造了良好的发展环境。海南大学教授曹锡仁说,这次有效抑制房价过快上涨,两个暂停起了重要作用。与应对 20 世纪 90 年代初的房地产热相比,通过出台两个暂停等"非常政策",省委、省政府表现了应对突发经济事件的大幅提升的执政能力,凸显了多年执政经验下省委、省政府政治上的成熟。这次应对突发经济事件的成功,有利于进一步扭转消费者和企业的一夜暴富心态,将促进海南整个社会经济的规范发展。①

(二)关注民生,保障海南当地民众住房需求

在《国务院关于推进海南国际旅游岛建设发展的若干意见》公布以

---

① 《海南"两个暂停"解禁显政府执政能力》,琼海房产网,2010 年 4 月 4 日。

来,海南部分市县商品房项目出现了哄抬房价、捂盘惜售等违规现象,部分楼盘价格甚至日涨五千,引起海南市民的恐慌。对此,海南省委、省政府冷静分析形势,一方面采取措施遏制房价过快增长,另一方面切实加大保障性住房建设力度,作出了全面解决城乡居民住房问题的规划,计划用三年时间改造、建设 30 万套各类保障性住房,实现每一户中低收入家庭和财政供养人员家庭有一套合适的住房。海南省委、省政府把这项惠民工程作为民生一号工程保证资金,优先供地,不但消除了岛内广大群众的顾虑,还调动了全省人民支持海南国际旅游岛建设的积极性。只有切实、不断地改善民生,国际旅游岛建设才能得到广大人民群众的支持和参与,国际旅游岛建设的战略目标才能最终得以实现。

(三)多措并举,改善海南旅游环境

2010 年春节前后,海南酒店房价疯涨,部分景区高端酒店的客房价格像是坐了"火箭",过万元的比比皆是,比平时上涨 3—5 倍。高得离谱的客房价格让人咂舌,甚至"吓"走了不少游客,严重破坏了海南国际旅游岛的形象。

为了给酒店房价"降温",从 2010 年"五一"起,海南开始对酒店客房价格实行临时干预。为彻底"驯服"天价客房这匹"野马",2011 年 1 月 14 日,海南出台《海南经济特区旅游价格管理规定》(以下简称《规定》)。《规定》要求,在主要节假日对酒店客房价格实行政府指导价,海南酒店价格调控长效机制初步形成。2011 年春节,三亚酒店客房价格比去年同期下降 23.49%,去年春节普遍过万元的高档酒店房价均降到 6000 元左右,2000—4000 元/天的客房占客房总量的 80%。

2011 年春节前,海南相继出台《海南国际旅游岛建设发展条例》《海南省旅游景区景点管理规定》《海南经济特区导游人员管理规定》《海南经济特区旅行社管理规定》,使景区景点、导游、旅行社、旅游价格等涉及旅游市场管理的敏感问题、热点问题的解决从立法上得到保障。

（四）文明行动,塑造海南国际旅游岛建设的人文环境

海南目前的道德环境与海南国际旅游岛建设的要求还存在不少差距,海南省领导也认识到这些问题,也出台了一系列措施来加以改进。

2009 年 7 月 16 日,中共海南省委办公厅、海南省人民政府办公厅联合发文《关于提高公民文明素质 塑造国际旅游岛人文环境的实施意见》,其工作目标是以"齐心塑造国际旅游岛人文环境"为主题,以"当好文明东道主,共建国际旅游岛"为创建理念,重点针对语言行为、环境卫生、服务质量、交通秩序等方面存在的突出问题,开展系列创建活动,全面提升全省公民的文明素质,塑造"讲文明、重礼仪、诚信友爱、热情好客"的良好形象,形成与"国际化程度高、生态环境优美、文化魅力独特、社会文化祥和"的旅游标准相适应的国际旅游人文环境。

2011 年 10 月 31 日,海南省召开"文明大行动"动员大会,提出用三年左右时间,把海南打造成为公共场合礼让有序、公共环境整洁有序、公共交通安全有序、旅游出行和谐有序、诚信经营文明有序的良好社会环境,实现公民文明素质和文明程度的全面提升。

目前,海南省政府已经认识到公民道德素质和社会文明程度对于国际旅游岛建设的重要意义,近年来政府所公布的一系列措施也有针对性,在短期内也有一定成效,对于改善海南的道德环境也具有积极意义。但是从长远来看,还需要坚持不懈的努力。文明有序的良好社会环境的形成,需要多层次道德制度体系的制度保障,需要多元的道德运行机制的机制支撑。公民素质的提升和社会文明程度的提高并不是在短期内就能够解决的,需要长期的习惯养成。

（五）民众支持,海南国际旅游岛建设获得广泛的民意支持

海南国际旅游岛建设获得了海南民众的广泛认同和支持。根据海南省统计局的随机调查结果显示:中央关于建设海南国际旅游岛的决定,得

到了海南人民的广泛支持与拥护,海南民众对海南国际旅游岛建设的支持率为95.74%,对海南国际旅游岛建设的信心度为94.5%,九成以上的民众愿意参与海南国际旅游岛建设。[①] 调查结果表明,中央关于海南国际旅游岛建设的决定,得到了海南人民的广泛支持和拥护,海南民众对海南国际旅游岛建设充满了信心,这表明海南国际旅游岛建设具有广泛的社会心理基础。九成以上的民众愿意参与海南国际旅游岛建设,这也为推进海南国际旅游岛建设提供了坚实的社会群众基础。

海南民众对海南国际旅游岛建设也充满了期待。当问及"海南建设国际旅游岛,您的心愿是什么"时,87.38%的民众回答社会治安环境好,安全感充实;85.13%的民众回答交通设施完善,交通便利快捷;83.5%的民众回答居民住房条件极大改善;78.5%的民众回答文化娱乐生活丰富;71.63%的民众回答商品购买能力不断增强。[②]

总之,海南国际旅游岛建设上升为国家战略以来,海南国际旅游岛建设的开局是良好的,海南的社会环境和人文环境都有一定程度的改善,海南民众对海南国际旅游岛建设是高度认同的,海南民众也积极投身海南国际旅游岛建设,同时,海南民众对海南国际旅游岛建设也充满了美好的期待。

二、海南国际旅游岛建设道德支持存在的主要问题

海南民众对海南国际旅游岛建设存在的主要问题有着自己的见解。当问及"您认为当前阻碍海南国际旅游岛建设的主要问题有哪些"时(多选题),74.88%的民众回答人才严重缺乏,人才成长和发挥作用的环境有待改善;74.13%的民众回答公民素质不高;71.5%的民众回答旅游市场

---

① 《法制时报》2010 年 9 月 20 日。
② 《法制时报》2010 年 9 月 20 日。

秩序混乱,宰客欺客现象严重;68.88%的民众回答环境综合整治不佳;64.25%的民众回答自然生态环境没有得到充分开发利用;62.25%的民众回答缺乏深厚的本土文化内涵,回头率低;61.75%的民众回答领导干部创新意识不强,缺乏开拓精神;56.25%的民众回答旅游"旺丁不旺财",贱卖资源;6.38%的民众回答其他。① 海南民众对海南国际旅游岛建设存在的问题认识是深刻的,也是完全切合海南实际的。归纳起来,海南民众认为海南国际旅游岛建设存在的主要问题,一是人才缺乏,二是社会环境不佳,三是人文环境不良,四是领导干部开拓精神不足。上述问题,归根到底就是海南国际旅游岛建设的道德支持仍然不足,海南社会人文环境与海南国际旅游岛建设仍不适应。

(一)道德支持系统各个要素尚不健全

海南国际旅游岛建设上升为国家战略以来,海南国际旅游岛建设道德支持系统的建设也随之而来。海南国际旅游岛建设道德支持是一个系统,从系统构成的要素来看:海南国际旅游岛建设道德支持的核心价值仍需要深化,海南国际旅游岛建设道德支持的规范体系还未建立,海南国际旅游岛建设道德支持的制度体系仍不健全,海南国际旅游岛建设道德支持的运行机制仍不完善,海南国际旅游岛建设道德支持的实施途径也需要建立和完善。

海南国际旅游岛建设成为国家战略以后,国务院文件对"什么是海南国际旅游岛"和"如何建设海南国际旅游岛"的重大战略问题已经给出了十分清晰的答案,事实上已经明确了海南国际旅游岛建设的核心价值。但是,海南地方上对海南国际旅游岛建设的内涵和外延在认识和理解上仍存在一些偏差,在实践中也存在着方向不明的摇摆不定。因此,对海南国际旅游岛建设核心价值的认识、理解和实践都有待深化。

---

① 《法制时报》2010 年 9 月 20 日。

在海南国际旅游岛建设上升为国家战略后,海南国际旅游岛建设各个行为主体的道德规范仍未建立。海南国际旅游岛建设道德规范是指导并约束海南国际旅游岛建设的各个主体的重要行为指南,是确保海南国际旅游岛建设战略顺利执行的基础。

海南国际旅游岛建设道德支持的制度体系仍未建立。海南国际旅游岛建设道德支持的制度体系是从制度上保障海南国际旅游岛建设的基础条件,它具有长期性、稳定性和根本性,它是保障海南国际旅游岛建设道德支持的制度条件。

海南国际旅游岛建设道德支持的运行机制仍不健全。海南国际旅游岛建设道德支持的运行机制是从机制上确保海南国际旅游岛建设的稳定运行,是确保海南社会文明有序的基本保证。

海南国际旅游岛建设的实施途径也需要建立和完善。海南国际旅游岛建设的核心价值和道德规范需要具体落实到各相关行为主体上,各个行为主体只有明确其在海南国际旅游岛建设中的具体作用和相关责任,并真正实践和践行海南国际旅游岛建设的道德规范,海南国际旅游岛建设的道德规范才能真正落到实处。

由于海南国际旅游岛建设道德支持系统的各个要素都不健全,因此,海南国际旅游岛建设道德支持的系统功能难以发挥。

(二)精神文明建设的基础薄弱

科技、教育、文化、卫生、体育、社会等事业,是海南精神文明建设的基础,直接关系到海南人的科学文化素质和健康素质,直接关系到海南的社会文明程度。经过 20 多年的发展,海南的科技、教育、文化、卫生、体育、社会等各项事业取得了明显进步。但是,作为海南精神文明的基础建设,仍然显得比较薄弱,而且长期滞后于海南的经济发展。

海南科技和教育水平落后于全国,海南文化事业发展滞后。公共文化事业基础设施长期投入不足,不能满足人民群众日益增长的精神文化需求。文化产业发展虽然起步较早,但是,没有形成规模和品牌。旅游景点文化含量不高,对黎苗文化、历史文化、海洋文化、生态文化的挖掘利用不高。

海南卫生、体育、社会事业也比较落后。公共卫生、公共体育体系不健全,城乡二元结构明显,城乡社会事业发展差距大,公共服务产品供给不足,不能满足人民群众日益增长的健康和安全保障需求。

(三)社会不和谐因素仍然突出

经过 20 多年的发展,海南取得了历史性的进步,大大消除了历史上形成的一些不和谐因素,但是,在发展进程中,还存在一些不和谐因素。

海南正处在社会转型期,社会转型时期是社会矛盾的多发时期。海南社会不和谐因素主要表现在以下方面:一是由城乡二元结构造成的社会结构不和谐。经过 20 多年的建设,海南城乡结构有了明显变化,城镇化率在逐步提高,但是,人的城镇化率仍不高,城乡差距仍较大,市民和农民的社会待遇差别仍较大,这是海南在国际旅游岛建设中面临的最严重的社会问题,不有效解决城乡二元社会结构,就难以建成海南国际旅游岛。二是由社会不公引发的矛盾越来越突出。分配不公是海南较为突出的社会问题。不劳而获及少劳多获,是社会痛恨的分配不公;多劳少获,甚至劳而不获,是最大的社会不公;同劳不同获,是使人感到无奈的社会不公。其他的社会不公,如起点不公、机会不公、对待不公、规则不公、结果不公等,影响了社会不同群体对制度正义的信心。三是腐败现象仍然存在,影响人民群众对海南国际旅游岛建设的信心。官员腐败、司法腐败是海南腐败的主要表现,只有根治腐败,才能树立起党的威信,才能树立起政府的权威。

(四)社会诚信缺乏

调查显示:在问及"您对当前海南社会诚信状况怎么评价"时,将近一半(49.7%)的受访者选择"一般";选择"很满意"(5.2%)的和"满意"(18.5%)的总和仅为23.7%;"不太满意"者占15%,另有9.1%的受访者"不满意",两者合计为24.1%。①

海南建省以来,特别是党的十六届三中全会以来,省委、省政府贯彻中央精神,采取了一系列措施,广泛开展创建诚信海南活动,诚信建设迈出了新的步伐,但由于社会道德制度不健全,诚信缺失现象仍然广泛存在,成为海南社会的一大毒瘤:制假贩假、以次充好、合同欺诈、逃避债务、黑幕交易、价格陷阱,海南社会诚信差、信用度低,这些现象犹如毒瘤侵蚀着海南经济肌体,大大增加了社会的交易成本,扰乱了市场秩序,降低了市场运行效率,成为海南市场经济健康发展的重大障碍,给消费者、企业、政府和整个社会带来巨大的损失。诚信缺失行为不仅表现在经济领域,而且还表现在政治领域,一些官员贪污腐败,以权谋私,一些执法人员有法不依,执法不严,违法不究,在人民群众中造成了很恶劣的影响,使公众对政府的信任度下降。

(五)社会公德失范

《公民道德建设实施纲要》颁布以来,海南省委和省政府重视社会公德建设,海南人民的公德意识有所增强,社会风气有了一些改善。但是,海南社会公德失范现象仍举目可见:不遵守公共秩序,闯红灯,随地吐痰,乱抛废物;乘车你拥我挤,争抢座位;在公交汽车上和商店等公共场所,因一点小事就发生冲突,恶语相向;遇到坏人坏事,围观起哄的多,见义勇为的少;盗窃国家公共财物;公共场所乱贴广告、乱涂乱画、私搭乱建,阻碍交通;商贩营业场所脏、乱、差;旅游景点遍地垃圾;等等,社会不文明现象比较普遍。许多人对违反社会公德的现象熟视无睹,采取了事不关己、放

---

① 李辽宁:《国际旅游岛建设与海南公民道德素质提升研究》,中国社会科学出版社2012年版。

任自流、漠视的态度,还没有形成人人谴责违反社会公德的舆论。对违反社会公德的行为,缺乏必要的制度约束,缺乏相应的社会引导,缺乏必要的社会赏罚和有效的社会监督,未能有效遏制不遵守社会公德现象的滋生和蔓延。

(六)公民道德素质不高

国务院 2001 年颁布的《公民道德建设实施纲要》指出,公民道德素质主要包括社会公德、职业道德、家庭美德和个人品德四个方面。社会公德是人们在长期社会生活实践中逐渐积累的、为社会公共生活所必需的公共生活准则,它是人们在社会公共生活中应当遵守的公共秩序、文明礼仪、公共环境等其他影响人们社会生活的行为规范。职业道德是人们在履行本职工作中所应遵守的行为准则和规范。家庭美德是指公民在家庭生活中应当遵守的基本行为准则。个人品德是一定的社会道德在个体思想和行为中的表现,是社会道德文化的个体化特性,是社会公德、职业道德、家庭美德的基础。

调查显示:当问及"您认为当前海南公民道德状况如何"时,24.4%的受访者认为当前海南公民道德素质状况"很好"和"比较好";51.3%的受访者认为"一般";另外,20.3%的受访者认为"较差"和"很差"。[①]

公民道德素质不高的具体表现主要有:在公共场所不讲秩序,不守规矩,行为不文明。政府机关工作人员服务态度不好,服务行业服务质量不高。

三、海南国际旅游岛建设道德支持
存在问题的主要原因

海南国际旅游岛建设是一项全新的事业,事关海南未来的发展及人

---

① 李辽宁:《国际旅游岛建设与海南公民道德素质提升研究》,中国社会科学出版社2012 年版。

民的福祉。海南国际旅游岛建设仍处在起步阶段,海南经济基础薄弱,海南国际旅游岛建设给海南人民带来了又一次的历史性发展机遇,海南人民对海南国际旅游岛建设有着较高的预期。海南国际旅游岛建设必须立足现实,积极作为,长期努力。

(一)海南经济基础薄弱

海南仍是一个欠发达的省,工业化水平低、城镇化水平低、人民收入水平低、经济总量小,海南国际旅游岛建设道德支持的经济基础仍然薄弱。

人类文明史表明,物质文明是精神文明的基础和前提,物质文明决定并制约着精神文明的发展。海南现实生产力水平低,经济实力较弱,精神文明建设的物质基础薄弱。海南经济发展水平和程度在一定程度上决定了海南精神文明建设的状况,海南教育、科技、卫生、体育、社会等精神文明建设的基础条件直接受制于海南的经济实力,由于海南经济实力较弱,因而对精神文明建设的基础建设投入严重不足,造成社会公共服务供给不足,这在一定程度上制约着海南的精神文明建设。

(二)海南精神文明建设历史短

精神文明建设是一个长期发展的历史过程。物质文明建设在十几年里,可以看到明显成效,而精神文明建设看到明显成效,则需要更长的历史时间。从某种意义上说,物质文明建设是"十年树木",而精神文明建设则是"百年树人",精神文明建设需要一代又一代人的传承、积累、发展和创造,是一个历史筛选、积淀的过程,也是一个承前启后、除旧布新的过程。提高海南人的科学文化素质,提高海南人的道德素质,提高海南整个社会的文明程度,都需要较长的历史时间,由于海南建省的历史不长,海南精神文明建设的历史较短,海南精神文明建设的时间累计效应还未充分显示。

海南精神文明建设历史上欠账较多,在 20 年的时间里,不可能将所有历史欠账全部还清,这是海南目前精神文化公共产品供应不足的重要原因。

(三)社会转型期产生的道德困惑

海南正处在一个深刻的社会转型时期,在社会转型时期,随着物质生活的变化,必然会带来人们精神生活的变化。社会转型的过程也是人们的职业道德、价值规范、行为模式发生分化和重组的过程。

在社会转型期,海南国际旅游岛建设道德支持系统的建设也面临着一些新的困难。一是海南已经初步建立起社会主义市场经济体系,但是,适应社会主义市场经济的思想道德体系尚未建立;二是社会主义市场经济体系不完善,反映在思想道德领域则是诚信缺失、欺骗欺诈、违法乱纪、贪污腐败;三是社会主义与市场经济还不协调,市场经济本身也存在一些缺陷,市场经济注重效率,强调竞争,在公共服务领域失灵,海南政府在公共服务领域缺位,政府的主要职能还没有完全转到公共服务领域,因此,造成公共服务供给不足,人们的精神文化需求没有得到有效满足。反映在精神生活领域则是有些人精神空虚、精神迷茫,人们对社会主义的信心产生动摇,社会主义的优越性并没有充分体现。

(四)海南国际旅游岛建设道德支持系统尚未建立

海南国际旅游岛建设上升为国家战略以来,海南国际旅游岛建设道德支持系统仍未建立。海南国际旅游岛建设道德支持的核心价值、规范体系、制度体系、运行机制和实施途径都在建立之中。

海南国际旅游岛建设成为国家战略以来,人们对海南国际旅游岛建设的政策支持、法律保障、物质基础等各个方面都展开了系统研究,但是,人们对海南国际旅游岛建设的道德支持尚缺乏系统研究。

海南国际旅游岛建设成为国家战略以来,人们对海南国际旅游岛建设道德支持的认识还存在着认识不清、认识不到位的问题。人们对海南国际旅游岛建设与道德支持的关系存在着片面认识,对海南国际旅游岛建设中道德支持的地位和作用认识模糊。

海南国际旅游岛建设成为国家战略以来,人们对海南国际旅游岛建设道德支持在实践上也存在着被动应对的局面。海南国际旅游岛建设以来,发生了一系列事件,这些经济社会事件表明,海南社会深层存在着一些道德困惑和道德迷失,一夜暴富的投机意识和快速致富的投机行为仍然影响着海南国际旅游岛建设的进程。对海南国际旅游岛建设进程中可能出现的问题、难点和困难,海南仍缺乏清醒的认识。在实践中,海南政府和各级行政管理者往往是被动应对,并不是主对应对。海南只看到海南国际旅游岛建设为海南带来的机遇和有利一面,对海南国际旅游岛建设存在的问题和困难认识不足。

(五)道德制度体系不健全

海南还没有建立起多层次的道德制度体系,道德立法薄弱,道德制度体系建设严重滞后,道德评价体系不完善,道德教育体系实效性不高,多层次道德体系之间也缺乏协调和配合,还没有形成协同合力。

社会诚信缺失最主要的原因是:首先,缺乏完善的信用记录体系和强有力的信用监督体系。在一个社会中,一方面,如果不讲信誉、不守信用的行为能够带来利益,例如,假话、假数字可以升官,假合同、假冒伪劣产品可以牟取暴利;另一方面,讲诚实、守信用还要付出高额成本,要以利益损失为代价的话,这必然是一种不利于诚信建设的氛围。要想人人都讲诚信,就不能使讲信用、重信誉的人成为吃亏者,这就必须辅之以相应的制度与法律、法规建设,建立各种形式的诚信档案,及时把个人、企业、团体的诚信与失信记录公之于世。其次,失信成本低。我们对失信者惩罚过轻,这样就助长了失信者继续失信的心理,也影响了其他守信企业的经营,甚至出现失信者取代守信者的逆淘汰现象。由于法律和道德制度具有刚性约束的特点,因此,借助法律的手段,使造假者不能以假乱真,借助道德制度的建设,使不遵守道德者、不讲信用者不但不能受益,而且受到损失或者惩罚,把诚实守信变成一种强制性的行为规范,成为社会的基本制度,诚信建设才会真正取得实效,诚信才会成为社会的普遍风尚。

(六)道德运行机制不完善

当前,海南社会的道德运行机制也极不完善,与海南国际旅游岛建设的要求极不适应。海南国际旅游岛建设道德支持需要良好有效的道德运行机制来保证,海南社会道德调节机制、社会引导机制、社会赏罚机制、社会监督机制均不完善,而且各机制之间也缺乏有效的协调和配合。

中国留学生在德国的就业经历就充分表明道德运行机制在保证道德规范的落实方面具有的独特作用。在德国,一些城市的公共交通售票是自助的,也就是你想到哪个地方,根据目的地自行买票。没有检票员,甚至连随机性的抽查都非常少。一位中国留学生发现了这个管理上的漏洞,于是,很庆幸自己可以不用买票而坐车到处溜达,在几年的留学生活中,他一共因逃票被抓过3次。

毕业后,他试图在当地寻找工作,他向许多跨国公司投了自己的材料,虽然这些公司都在积极地开发亚太市场,可他都被拒绝了。一次次的失败,使他愤怒。他认定公司有种族歧视的倾向,排斥中国人。最后一次,他冲进了人力资源部经理的办公室,要求经理对于不予录用他给出一个让人信服的理由。

经理说:我们并不是歧视你,相反,我们很重视你。因为公司一直在开发中国市场,我们需要一些优秀的本土人才来协助完成这个工作。所以你一来求职的时候,我们对你的教育背景和学术水平很感兴趣,老实说,从工作能力上,你就是我们要找的人。我们拒绝你的理由是,我们查了你的信用记录,发现你有3次乘公车逃票被处罚的记录。

经理进一步解释说:此事证明了两点:一是你不尊重规则,不仅如此,你还长于发现规则中的漏洞并恶意使用;二是你不值得信任,而我们公司的许多工作的进行必须依靠信任,如果你负责了某个地区的市场开发,公司将赋予你许多职权。为了节省成本,我们没有必要设置复杂的监督机构,正如我们的公共交通系统一样。所以我们没有办法雇佣你,可以确切地说,在这个国家甚至欧盟,你可能找不到雇佣你的公司,因为没人会冒这个险的。①

中国留学生在德国就业的经历说明,信用是一个人的第二身份证,社会赏罚机制是保证道德规范有效落实的机制保证。海南社会赏罚机制不健全,扬善惩恶还缺乏有效的机制保证。

当前,海南国际旅游岛建设存在的一些问题,一些是历史原因形成的,如海南精神文明建设的基础薄弱、社会不和谐因素仍然突出,这些问题通过海南国际旅游岛建设、通过海南经济的持续发展会得到逐步解决。另一些是现实原因,如道德支持系统各个要素尚不健全,社会诚信缺失、社会公德失范、公民道德素质不高等,则必须通过道德支持系统建设、道德制度体系建设、道德运行机制建设来解决。

海南20多年的道德建设实践证明,要有效解决海南社会存在的社会诚信缺失、社会公德失范、公民道德素质不高等现实问题,仅靠教育和宣传,仅靠短时期的道德活动,仅靠一些专项治理活动是难以从根本上解决的。要长期有效地从根本上解决海南社会存在的道德问题,需要健全和完善道德支持系统,需要健全多层次的道德制度体系,需要完善多元的道德运行机制。

2011年,海南省委、省政府开展了文明大行动,计划用三年时间,将海南建设成为文明有序的社会。至今三年时间已过,海南并没有呈现出文明有序的景象。这种有布置、有目标、有声势的文明大行动,由于缺乏

---

① 《思想道德修养与法律基础(教师参考书)》,高等教育出版社2006年版,第177页。

制度保障、机制维护,实际效果可想而知。海南国际旅游岛建设以来的事实再一次证明,没有检查、没有考核、没有评估、没有监督、没有问责的文明大行动,并没有从根本上推进海南社会的文明建设。海南社会的文明建设,需要转变思路、需要在健全长期制度、需要在完善长效机制上下大力气,做实功,求实效。

第五章
新加坡考察的启示与借鉴

在海南国际旅游岛建设中,学习和借鉴发达国家的成功经验是十分有益的。他山之石,可以攻玉,结合海南国际旅游岛建设的实际,吸收和借鉴新加坡道德建设的经验,对于构建海南国际旅游岛建设道德支持系统、推动海南国际旅游岛建设都有着重要意义。

一、新加坡考察的初步印象

2014 年 3 月 12 日至 17 日,笔者赴新加坡实地考察了新加坡的道德状况,通过在新加坡短短五天的实际考察,笔者对新加坡的道德状况有了初步的了解和认识。

新加坡的旅游生态道德建设,公民的社会公德,公民的文明素养,优良的社会风气,社会文明进步等方面都给笔者留下了很深的印象。

(一)旅游生态道德建设成效显著

新加坡自然旅游资源比较贫乏,因为其国土面积狭小,约为 699 平方公里,加上国家历史不长,历史古迹不多。但就是这样一个旅游资源相对匮乏的小小岛国,在短短几十年的时间里塑造成为世界著名的旅游胜地之一,旅游产业十分发达。2004 年,新加坡被国际著名旅游杂志《旅行者》评为世界最佳旅游城市。新加坡旅游业发展能取得如此举世瞩目的成绩,与新加坡持续进行旅游生态道德建设密切相关。

新加坡是一个城市型的国家,常年坚持城市绿化活动是政府打造"花园城市"的重要举措之一。早在 1963 年,新加坡前总理李光耀就亲自倡导植树造林。1971 年,新加坡将每年的 11 月 7 日定为"植树节",1973 年政府通过"公园及树木法令"。从 20 世纪 90 年代开始,新加坡政府每年都举办一次"清洁与绿化周"活动,每年投入达数千万新加坡元。

新加坡为实现其花园城市的目标,制定了完善的法律规章,并严格实施。新加坡规定没有绿化规划任何工程不得开工,任何人不得随意砍树,包括自家土地上的老树。住宅小区的绿化必须达到总用地的 30% 至 40%。正是由于新加坡政府对于城市绿化工作的高度重视以及严格的法律规范,迅速改善了城市旅游环境,85 万多株花草树木遍布全岛以及多达 4868 公顷的公园绿地使其全国绿化率高达 70%,新加坡成为一个名副其实的花园城市。新加坡的旅游景区和旅游景点都十分重视生态保护,十分重视生态理念与旅游景区和景点的融合,十分重视生态道德与旅游道德的有机结合,国内外游客都自觉注重旅游环境建设,没有国内旅游景区常见的随地吐痰、乱丢垃圾的现象,旅游环境整洁卫生,旅游秩序文明有序。

旅游业职业道德令人感叹。新加坡旅游业给外来游客的共同印象是:清洁、安定、文明、亲和。在这样一种安静的国度里,游客觉得非常安全,非常惬意,植入他们心底的不仅仅是阳光花园式的美景,还有让人心醉的人文环境。旅游业涉及机场、酒店、餐饮、商店、地铁、景点等多个环节,旅游业的各个环节笔者都进行了实际体验,文明服务、热情待客、井然有序都给笔者留下了深刻印象。

游客文明素质高。去新加坡旅游的国际游客很多,这些游客的文明素质都较高。在新加坡也能见到不少中国游客,中国游客也都能自觉遵守当地的规定。在新加坡的几天考察中,旅客文明旅行,都给笔者留下了美好印象。在上下地铁时,先下后上,秩序良好。在地铁高峰时期,也没有见到上下拥挤现象。在地铁上,文明礼让,主动自觉地给老人和小孩让座十分普遍。在地铁中,大家都十分安静,没有发现游客大声说话现象。在景点,未发现游客乱丢垃圾现象,旅客在吃完东西后,都主动将包装物品投入垃圾桶。在喝完瓶装水后,都主动将空瓶投入垃圾桶。旅游景点的环境十分整洁,在餐厅,没有大声地喧闹,也未发现有剩饭的现象。

(二)优良的社会风气

城市美丽、整洁,花的世界、树的海洋,空气湿润、清新,负离子充沛,被誉为花园国度;秩序井然:整个城市交通快捷、顺畅、有序。无论是购物、乘车还是就餐,人们自觉地、安静地排队,很多人还相互间送去真诚的微笑;尊老爱幼:公共汽车和地铁上青年人给老、弱、病、残、孕者让座,青年人搀扶这些人过马路;助人为乐:如果有人在路边突然晕倒,一定会有人前来义务救助,直到把病人送到医院,通知家人为止;家庭和谐:孝敬父母,善待妻子,抚育子女;崇尚节俭:无论公家或私人很少有到饭店大吃大喝的现象。自助餐如果饭菜剩得太多,就要付双倍的饭费,以示惩戒。由于缺少水资源,人们对水涓滴不弃;诚实守信:商业信誉好,不掺假,不赚黑心钱。公民诚实:用自己的良心作尺码。如社区给收入低的公民补助交通费用,只要自己申报就能得到。社区同志说:"只要他良心上能过得去,我们就给。"然而,从未出现谎报和举报现象。

社会文明进步。经过几十年的发展,新加坡已经从一个第三世界不发达的经济体上升为第一世界的发达经济体。新加坡是亚洲美丽而整洁的城市,是亚洲社会秩序、社会治理最好的地区之一,也是亚洲犯罪率、官员腐败率最低的地区之一。

二、新加坡考察的几点启示

新加坡能够在短短 50 年的时间内,从一个落后的小小岛国,发展成为一个经济高度发达、环境优良整洁、社会文明进步的发达国家。新加坡的成功表明,经济发展可以和环境优美、道德文明协调发展,新加坡的成功经验对于海南国际旅游岛的建设有着重要的启示。

(一)高度重视道德建设

20 世纪 70—80 年代,随着对外开放和经济的迅速发展,西方世界的价值观念和意识形态也随之进入了新加坡,潜移默化地影响了新加坡人民特别是青少年的思想。个人主义、唯我独尊等消极思想观念使部分新加坡人变得轻视家庭,轻视社会责任,凡事只顾自己,把家庭、父母、子女都看得很淡薄。对此现象如不加以预防和抵制,长此下去,后果不堪设想。新加坡前总理李光耀以他政治家的敏感和洞察力很快就认识到这种变化的危险性。他警告说:"一个国家如果只有富裕的物质生活和高超科技,而缺少一股使全国人民凝聚在一起的精神力量,那是很危险的。"那样的国家"将难以抵御天灾人祸,最后必然走向瓦解和崩溃"。"如果政府再不与这些不适合东方人的思想作斗争,再过 10 年或 20 年,我们将有一个完全不同的新加坡。表面上看很繁荣,但是事实上,社会没有凝聚力,家庭破裂,人人为自己,孩子受不到良好的教育,新加坡将成为既不像西方,也不像东方的社会,这是最大的危机。"

新加坡政府认识到,新加坡是一个自然资源短缺的国家,人力资源是其最为宝贵的财富,道德教育之成败,影响国家之盛衰。1989 年,新加坡教育部秘书岑仲坚指出:"良好的教育是以道德教育为基础,而道德教育的成败,不仅关系到人性的善恶、生活的素质,也关系国家的盛衰。新加坡是民主的法制国家,但民主与法制如不建立在道德的基础上,恐将无法健全发展。"①新加坡前总理李光耀认为:"如果伦理和道德价值观的水准低落,新加坡就会日渐走下坡。因此,我们是否能够维持稳定和保持我们的优势,问题不在经济发展方面,而是在于社会的道德结构。"②

新加坡把道德建设作为重要战略。新加坡在发展经济的同时,高度重视道德建设,做到了经济建设与环境建设、道德建设协调发展。新加坡政府先后公布了共同道德价值观、社会道德规范,并强化了道德制度体系建设。新加坡人的文明道德素质、社会道德风尚都有显著改善。新加坡政府认为,新加坡今天能够在经济领域以及社会治理等多方面取得如此令人瞩目的成就,都与新加坡人的道德素质内在相关。

海南国际旅游岛建设不能只是经济建设,应该包括道德建设。在海南国际旅游岛建设中,我们应当力争经济建设与道德建设协调发展,互相促进。在经济发展的同时,道德建设也能同步发展,海南人的道德素质能够不断提高,海南的社会道德风尚能够不断改善。

(二)构建共同道德价值观

新加坡作为一个新兴国家,政府首要考虑的是确立一个共同价值观,作为整个国家的精神支柱。

1991年,新加坡政府正式发表《共同价值观白皮书》。其具体内容是:国家至上,社会为先;家庭为根,社会为本;社会关怀,尊重个人;协商共识,避免冲突;种族和谐,宗教宽容。

国家至上,社会为先。国家至上就是把国家放在至高无上的地位,而社会为先,是指社会高于个人,国家整体利益是社会利益的总代表,个人服从社会的利益,也就是服从国家的利益。白皮书指出,把社会和国家利益置于个人利益之上,一直是新加坡成功的主要因素。1988年,时任总

---

① 岑仲坚:《道德教育之成败,影响国家之兴衰》,载《联合早报》1989年9月7日。
② 李光耀:《伦理道德水准若低落,我国就会日渐走下坡》,载《联合早报》1994年8月14日。

理吴作栋正式提出"国家意识"的建议,并把这种"国家意识"作为所有新加坡人都赞同并赖以生存的共同价值观。现任总理李显龙认为,这种"国家意识"是一种国民独特的气质和精神,是一个视其有而又与他人和其他国家不同的核心价值观,它是一种巩固社会和政治制度的信念。国家至上,社会为先要求每个新加坡人把国家的利益、社会的共同利益放在首位,个人的利益放在第二位。新加坡政府把"国家至上,社会为先"作为共同价值观的核心写在首要位置,并要求全国人民严格遵照执行,极大地增强了新加坡人民特别是青少年关于祖国的观念和意识,使他们真正把新加坡看作是自己可爱的祖国和毕生生活的可爱家园,把它看作自己生存的基础、发展的依托和希望之所在。新加坡的巩固、安全和发展等问题也从根本上得到了保证。

家庭为根,社会为本。新加坡高度重视家庭在社会道德中的作用,新加坡强调,家庭是社会的基本单位,家庭和睦,国家和社会的团结稳定才有保障。虽然家庭重要,但家庭是根,社会才是本,社会比家庭更为重要。每一个国民在社会上做一个好公民;在家庭做一个好儿女、好丈夫、好妻子、好父母,只要家庭和睦,社会就会和谐、安详、团结和稳定。

社会关怀,尊重个人。新加坡在倡导国家至上,社会为先;家庭为根,社会为本时,也强调个人价值,每一个人在新加坡社会中所享有的权利是不容侵犯的,是受到尊重的。国家必须为每一个公民提供平等的机会,使每一个人在工作和生活上有良好的起点,经济发展所带来的财富也应该公平和广泛地分配,社会不仅要奖励在工作和生活竞争中的优胜者,也要兼顾成就较差的人群。新加坡注意在社会上使不同阶层的人的利益取得平衡,关爱弱势群体,帮助遇到天灾人祸的人们渡过难关。为此,国家为每一个新加坡公民提供平等的条件和机会,使每一个人都能健康、愉快地生活;尽可能地公平分配经济发展带来的社会财富。新加坡各个阶层和群体都对党和政府比较满意。新加坡前总理吴作栋说过:"新加坡是一个国家,如果一个人掉了队,我们不会不管他。我们会帮助他,使他重新建立起生活的信心。我们很幸运,新加坡就好像一个大家庭,我们社会向来很重视同舟共济的优良美德。"①

协商共识,避免冲突。新加坡在处理各种关系和解决问题时,本着维护社会稳定和国家统一的原则,通过广泛讨论,形成共识。新加坡用协商来达成一致意见和看法,缓解以致消除新加坡不同种族、宗教信仰的人民群众之间的矛盾和分歧,每决定一项关系新加坡发展方向和处理关系全体新加坡人民切身利益的重大问题,都要通过各种形式,在各族和不同宗教信仰的群众间广泛征求意见,并反复修改,争取能使绝大多数群众满意。如有不同意见和看法,允许保留,实现了最大限度的民族团结。

种族和谐,宗教宽容。白皮书指出,种族与宗教和谐是新加坡生存的基础,除非各种族与宗教和谐相处,否则无论是占人口多数的华族还是任何少数种族都无法取得繁荣和进步。新加坡是一个多元种族和多元宗教的社会,其特点之一是印度教徒、伊斯兰教徒、佛教徒和基督教徒并肩信仰宗教,而不是敌对或妒忌,这就是宗教的宽容精神。而倘若没有这样的宽容精神,新加坡就无法继续存在。各宗教之间不仅要和平共处,而且能够互补。为此,新加坡政府在制定和贯彻各项方针政策时,都融入了这种指导思想。例如,在实施组屋政策时,就规定实行各种族杂居的政策,即各种族按一定比例在同一个小区分配住房,使他们居住在一起,共同生活,交流感情,增进了解,达到团结的目的。再比如,新加坡政府还在各个居民小区里规划和建造了一些清真寺、佛庙和基督教的教堂等活动场所,为他们进行宗教活动提供了方便条件。

新加坡的共同道德价值观,对个人、家庭、社会和国家的关系给出了清晰明确的解答,其核心精神是,通过家庭、种族、宗教之间的和谐来维系和巩固国家的安定团结与和谐发展。

海南国际旅游岛建设也需要核心价值观,也需要明确个人、家庭、社

---

① 载《联合早报》1992 年 8 月 11 日。

会、国家的关系,也需要海南国际旅游岛建设的各相关参与者的道德规范。只有形成道德共识,形成海南国际旅游岛建设的核心价值,海南国际旅游岛建设才能形成凝聚力,海南国际旅游岛建设才能有坚强的精神支柱,海南国际旅游岛建设才能顺利实施并最终走向成功。

(三)确立社会道德规范

新加坡深入挖掘儒家伦理的核心资源,新加坡认为,儒家伦理的核心是"忠、孝、仁、爱、礼、义、廉、耻",他们结合新加坡的具体国情,赋予了新的时代内涵。

"忠",就是要忠于祖国,有国民意识。具体包括归属感、国家利益第一和群体意识。即每个新加坡人都应意识到自己是新加坡人,归属新加坡,承认新加坡是自己的祖国和家园;都要树立新加坡国家利益至高无上的思想,肯于为祖国的利益牺牲一切;都要树立集体主义精神,懂得新加坡的成就是新加坡人民集体奋斗的结晶,集体主义精神是国家繁荣和社会进步的法宝,识大体、顾大局,坚决反对小团体主义和个人英雄主义。

"孝",就是要孝顺长辈、尊老敬贤。家庭是最神圣不可侵犯的,是巩固国家、民族永存不败的基础。要形成尊敬老人、关怀老人和孝顺老人的社会风气。

"仁"与"爱",就是要富有同情心和友善精神,关心、爱护和帮助他人。要做"仁人君子",古道热肠,富有人情味,友爱互助。

"礼",就是讲礼貌。以此调节人们的相互关系,促进其经济、政治和社会的发展。

"义",就是正义的事业和信义,做符合大多数人民群众利益的公益性活动;政府和人民之间、新加坡各族人民之间、每个人之间都要坦诚守信,不欺诈,不见利忘义。

"廉",就是清正廉洁。新加坡政府领导人将廉政定位为全体公职人员必须具备的德行和操守,并将其发展为新加坡的一种宝贵的政治文化。

"耻",就是有知耻之心。李光耀说:"如果一个国家的公民美丑不分,对文明的行为不以为美,对丑恶的行为不以为丑,那么,这个国家距离垮台已为时不远了。"

经过改造充实的儒家伦理,已成为新加坡的社会道德规范,新加坡良好的社会道德风气是与新加坡人对社会道德规范的高度认同以及在社会生活中切实遵守直接相关。

海南国际旅游岛建设也需要形成社会道德规范,用社会道德规范来规范和约束人的行为,用社会道德规范来引领海南人的行为,用社会道德规范来塑造海南人的形象,使每一个海南人在社会生活中有规可循,使海南社会进入文明有序的社会环境中。

(四)加强道德制度建设

注重法制建设,以法制促进道德建设。新加坡按照依法治国、从严治国的要求,制定了一系列法规、条例、禁令,规定了公民在道德建设方面的义务与责任,并严格执行。在新加坡随地吐痰、乱扔烟头杂物、乱写乱画,在公共场所吸烟、嚼口香糖,在地铁吃东西、18岁以下人员喝酒、上厕所不冲水、乱过马路、涂抹钞票、放鞭炮、从楼上往楼下扔垃圾等都要课以罚款或被判鞭刑、拘留甚至坐牢。可以说,加强法制建设对于建立良好的社会道德起到了保证和促进作用。

健全道德制度,以制度促进道德建设。新加坡在独立之初,也是一个脏、乱、差的城市国家,人们住的是棚屋,原来的移民多来自农村,没有讲卫生的习惯,随地吐痰现象到处可见。为了改变人们的不良卫生习惯,新加坡政府在开展形式多样的文明礼貌活动的同时,制定了一套行之有效且运转良好的公共法则和制度,对于违反法规及社会公德的不良行为予以重罚。在公共场所,随地吐痰、乱丢垃圾、妨害交通等不良行为都要受到处罚。如果是第一次初犯,只是罚款;如果是第二次,则加重罚;如果是第三次,则罚劳动改造半个月。随地吐痰,罚款1000元;上厕所不冲,罚款 1000 元;过马路闯红灯,罚款 20 元;在高速道上开车超速,罚款 800 元。新加坡在法规和道德制度实施前,都要经过大量反复的宣传教育,前期从宽,后期从严。新加坡维持公共秩序和公共卫生的法规和制度,通过坚持不懈的执行,起到了良好的社会效果,不仅提高了国民的社会道德意识,而且也有效地维持了社会秩序。新加坡人爱护环境,注重清洁卫生的良好行为,已经到了自觉习惯的程度,在新加坡的大街上行走,在新加坡的旅游景区,很少见到打扫卫生的环卫工人。

海南国际旅游岛建设同样面临着维持良好的公共秩序、培育市民良好的公共卫生习惯的现实难题。在海南国际旅游岛建设中,我们完全可以学习新加坡的成功经验,通过健全道德制度体系来维持良好的社会秩序,来培育海南市民良好的卫生习惯。

(五)加强廉政建设

加强政风建设,带动社会道德建设。新加坡政府认为,政府官员的行为对社会道德建设具有明显的引导作用。因此,要求其国家公职人员廉洁奉公,通过在社会上树立公职人员廉洁、公正、高效的形象,带动社会道德水平的提高。新加坡政府通过制定法律、法规,保证政府官员的廉政道德养成。从 1965 年独立以来,先后制定了个人财务申报制度、品德考核制度、法院宣誓制度、行为跟踪考评制度等,并多次修改完善了《反贪污条例》,设立贪污调查局,依法监督与查处贪污行为。法律明文规定,公职人员不得接受馈赠和宴饮邀请,如有违反,则以贪污论处。对于有贪污行为的官员,不仅要判刑,而且要处以大量罚款,并没收其在职期间的全部公积金。由于对国家公职人员的廉政、高效建设既有道德伦理约束,又有法律作保证,所以,新加坡的公职人员廉洁守法,勤业高效,给国民树立了榜样,有效地促进了社会道德建设。国际贪污监督机构"国际透明度"在 2000 年的报告书中指出,新加坡是全球第六廉洁的国家。

在海南国际旅游岛建设中,也需要加强廉政建设,以政见好转带动社会风气的好转。要严格规范公务员的道德行为,要严肃查处违反公务员道德行为规范的行为。海南公务员应当成为履行海南社会道德规范的表率,成为推动海南道德建设的先锋,为海南人民树立榜样。

三、借鉴新加坡道德建设的成功经验

新加坡与海南在民族和文化传统上有很深的渊源,新加坡的华人有许多是海南籍,新加坡的饮食中有不少都具有海南特色,新加坡道德建设的成效为世人所公认。在海南国际旅游岛建设中,借鉴新加坡在道德建设方面的成功经验,推进海南国际旅游岛建设,努力将海南建设成为经济发达、生态良好、文明道德、人民幸福的开放之岛、绿色之岛、文明之岛、和谐之岛。

(一)将道德建设作为海南国际旅游岛建设的基础支撑

海南国际旅游岛建设既要靠经济发展的"硬实力",也要靠道德文明的"软实力"。如果只有经济发展,而缺少道德文明的支撑,就不可能是科学发展,很容易导致畸形发展。新加坡的成功经验表明,在经济发展中,绝对不能牺牲生态环境,也绝对不能牺牲道德环境。经济发展可以与生态环境、道德环境协调发展,良好的生态环境与道德环境是促进经济发展的动力。

新加坡认为:社会的道德水准,关系到国家的兴衰。因此,从这个角度来看,社会的道德水准,也关系到海南国际旅游岛建设的成败。1986年,邓小平就曾经指出:"抓精神文明建设、抓党风,社会风气好转,必须狠狠地抓,一天不放松地抓,从具体事件抓起。风气如果坏下去,经济搞成功又有什么意义?会在另一方面变质,反过来影响整个经济变质,发展下去会形成贪污、盗窃、贿赂横行的世界。"在海南国际旅游岛建设中,要始终将道德建设作为重要的战略任务来抓,海南的道德水准将是海南国际旅游岛建设成败的一个重要标志。

在海南国际旅游岛建设中,各级党委、政府都要高度重视道德建设,将道德建设作为海南国际旅游岛建设成败的重要标准。首先,要充分认识道德建设的重要性、艰巨性、长期性和紧迫性,将其列入重要工作日程。其次,各级党委、政府要深入实际,了解道德建设的现状,要积极研究道德建设的客观规律,使道德建设科学、有序发展。再次,各级党组织和政府要真抓实干,狠抓落实,强化执行力,将道德建设的举措真正落实。

道德建设是一个社会系统工程。在海南国际旅游岛建设中,我们要积极构建海南国际旅游岛建设道德支持系统,以形成对海南国际旅游岛建设的系统支持。我们要完善海南国际旅游岛建设道德支持的核心价值,以形成对海南国际旅游岛建设的精神支撑。我们要建立海南国际旅游岛建设道德支持的规范体系,为海南国际旅游岛建设提供行动规范和准则。我们要建立和完善海南国际旅游岛建设道德制度体系,为海南国际旅游岛建设道德支持提供制度保障。我们要健全和完善海南国际旅游岛建设道德支持运行机制,为海南国际旅游岛建设道德支持提供机制保证。我们要完善海南国际旅游岛建设道德支持的实施途径,着力提高人的道德素质,积极培育良好的社会道德风尚。关于构建海南国际旅游岛建设道德支持系统的构想,笔者在本书的第六章至第十一章中进行了专门研究。

(二)构建海南国际旅游岛建设道德支持的核心价值

按照人们对核心价值观的理解:第一,核心价值观是社会诸多价值形式中被选择和确立起来居于核心地位、具有主导作用的一种或几种价值形式的有机体系,是广大民众价值共识的凝结。第二,核心价值观是民族国家的凝聚力、黏合剂和导航器,任何政府都应始终注重核心价值观建设,以此来凝聚社会价值共识,熔铸社会精神支柱。第三,在社会转型期,核心价值观建设任务更具有艰巨性和紧迫性。第四,核心价值观应具有尊重差异、包容多样的品质,能对现存的诸多价值形式及价值冲突进行统摄、抑制、平衡与协调,起到价值定向与社会团结的作用。新加坡的共同道德价值观,全面阐明了国家、社会、家庭、个人的相互关系,凝聚了新加坡人民的最大共识,也成为新加坡经济发展、社会文明进步的重要因素。

海南国际旅游岛建设道德支持的核心价值,是海南国际旅游岛建设的精神支柱,海南国际旅游岛建设道德支持的核心价值要说明未来我们要建设一个什么样的海南,怎样建设海南这样两个核心问题。

建设一个什么样的海南,国务院文件给出了明确的答案,就是开放之岛、绿色之岛、文明之岛、和谐之岛。开放、绿色、文明、和谐是海南国际旅游岛建设的目标,也说明了要建设一个什么样的海南这个核心问题。

怎样建设海南,国务院文件明确指出了走科学发展之路。也就是说海南国际旅游岛建设必须要走出一条新的发展道路,不能走我国沿海地区发展走过的道路,我国沿海发达地区大多走的是经济发展、环境恶化、道德下行、人民生活改善的道路,他们的发展做到了经济发展和人民生活改善,但却造成了日益严重的环境问题和道德问题,海南国际旅游岛建设绝对不能走传统的发展道路,必须要走出一条经济发展、环境优良、道德良好、人民生活改善的新的发展道路。应该说,海南国际旅游岛建设负有探索新路的历史使命。新加坡走过的道路就是最好的借鉴。

海南国际旅游岛建设是在海南经济不发达、生态环境良好、道德水平不高、人民生活水平不高的基础上展开的,因此,海南国际旅游岛建设道德支持的核心价值必须兼顾经济发展、生态保护、道德文明、人民生活水平的相互关系,在保护环境、提升道德文明的条件下发展经济,改善人民生活,走出一条科学发展的新的道路来。关于海南国际旅游岛建设道德支持核心价值的研究在本书第六章专门进行了研究。

(三)建立社会道德规范

建立社会道德规范是对社会进行有效治理的前提。社会道德规范是维持社会秩序、保证社会有序运转的基础。在海南国际旅游岛建设中,我们必须建立起海南国际旅游岛建设的社会道德规范。社会道德规范要与社会主义市场经济相适应,与社会主义法律体系相协调,与中华民族传统美德相承接,要借鉴世界上发达国家道德建设的成功经验,要符合海南的道德现实。

我国已经建立起社会主义市场经济,但是,社会主义市场经济仍不完善,突出表现就是适应社会主义市场经济要求的社会诚信体系仍未建立。建立健全社会信用体系,是完善社会主义市场经济的内在必然要求,也是规范市场经济秩序的治本之策。社会诚信体系建设是道德建设的基础制度建设,在传统社会,社会诚信的实现基本上系于每一个社会成员对诚信观念的坚守和道德自律的水平。市场经济的发展导致了人们经济活动的半径空前扩大和经济活动环节的空前增多,与此同时整个社会经历着由熟人社会向陌生人社会的转变,仅靠传统的方式很难实现社会诚信,必须建立和健全现代社会诚信制度,通过制度规范实现社会诚信。

我国已经基本建立了社会主义法律体系,但是与社会主义法律体系相协调的社会主义道德规范体系仍未建立。在一些领域道德失范,就是还没有相应的道德规范来约束人们的行为,在一些领域道德无序,就是还没有形成或制定相应的道德制度来规范人们的行为。依法治国,就是要将最基本、最普遍的道德规则加以法律化和制度化,并通过法律的力量、制度的力量确保这些规则的有效实施。

中华传统美德是中华民族在长期的历史发展过程中形成的,社会主义道德规范要与中华传统美德相承接。新加坡前总理李光耀在1994年国际儒学联合会的成立大会上的致辞中说:"从治理新加坡的经验,特别是1959年到1969年那段艰辛的日子,使我深深相信,要不是新加坡大部分的人民都受过儒家价值观的熏陶,我们是无法克服那些困难和挫折的。"新加坡的经验表明,中华传统道德的精华,无论是对于现代个体完善,还是对于现代国家治理,都是很有价值的。

建立社会道德规范要借鉴世界上发达国家在道德建设上的成功经验。世界上发达国家普遍重视道德建设,其主要经验有:一是用法治来推动道德建设,通过完善法律体系,将一些道德规范上升为法律,也就是道德的法律化,将道德治理上升为法律治理,也是新加坡的重要经验。二是用制度来推动道德建设,建立健全和完善道德制度体系,将一些道德规范上升为制度规范,增加道德规范的刚性,将道德治理上升为制度治理,用制度来落实道德规范。三是加强法律和道德制度的执行力,确保道德规范的有效实施。法律和制度的生命力在于执行,只有执行,法律和制度才能具有约束力,社会道德规范才能最终形成。

建立社会道德规范要符合海南实际。社会道德规范要从海南实际出发,要认真研究海南人的道德水平,要仔细分析海南社会的道德状况,海南社会目前主要问题是社会诚信度低、社会道德水平不高、公民道德素质不高,当前,应主要解决海南社会存在的现实道德问题,为海南国际旅游岛建设提供坚强的道德支撑。

社会道德规范一般可分为禁止性道德规范和倡导性道德规范,禁止性道德规范是对每一个公民的道德要求,是每一个公民都应遵守的最低道德要求。对于禁止性道德规范,我们必须通过道德制度来进行落实,我国道德建设的实践经验反复表明,仅靠道德教育和宣传,而没有相应的道德制度建设进行配套,社会道德规范是很难真正落实的。

(四)健全道德制度

新加坡的经验表明,如果没有严格的制度、有效的管理,良好的社会秩序是很难建立起来的。新加坡能有今日之清洁、干净及花园城市之美誉,确实是以剥夺少数人的自由为代价,而换来的则是大多数人的舒适和幸福!

在海南国际旅游岛建设中,我们可以借鉴新加坡的成功经验,着力在建立健全道德制度上下功夫,研究适应海南实际的具体道德要求,将一些道德规范转化为制度规范,用制度规范来治理海南社会。我们要以法律为依据,建立起完备的道德制度体系,结合海南国际旅游岛建设的实际,建立健全相关的道德制度体系,并严格执行,形成制度约束力。

在海南国际旅游岛建设中,一方面要改革旧的不合理的制度,如改革城乡二元治理结构,改革户籍制度,让有条件的农村居民有序转移并在城市定居,并享受城市居民的待遇,实现社会制度的公平与正义,实现社会制度的伦理化。

在海南国际旅游岛建设中,另一方面要建立和健全一些新的制度规范,通过制度建设来重建道德秩序,充分发挥道德制度对公民道德行为的约束、引导、示范和激励作用。如建立社会诚信制度,有效治理社会失信现象,建设一个诚信社会。如建立社会秩序管理制度,有效治理社会公共秩序混乱现象,构建文明有序的社会秩序。如建立社会公共卫生管理制度,有效治理社会公共卫生方面存在的问题,构建环境整洁、卫生的社会环境。

(五)强化廉政建设

一个政党,一个政权,其前途和命运最终取决于人心向背。领导干部手中的权力是人民赋予的,必须为民所用,如果公器私用,以权谋私,必然身败名裂,为人民所唾弃。腐败像毒液一样不断损害着党的形象,对党同人民群众的血肉联系最具杀伤力。如果管党不力、治党不严,纪律松弛、组织涣散,正气上不来、邪气压不住,人民群众反映强烈的党内突出问题得不到及时有效解决,那么我们党迟早会出大问题,失去人民群众的支持,失去党赖以生存的执政基础。

在当今社会,要树立良好的道德风气,干部必须发挥表率作用。在新加坡,谈起公务人员的廉政建设,人们很少有微词,这对于社会道德建设具有极大的影响力。要建立健全必要的法律、法规条例,规范干部队伍的行为,使其廉洁、清正、高效。对于违反党纪国法和社会道德规范的,要严厉查处,绝不手软。

在廉政建设方面,新加坡的经验也值得海南借鉴,一是要用制度约束干部的行为,根除干部腐败的条件;二是在干部选用方面要强化道德约束,对干部的道德要求一定要严于一般群众;三是在干部的任职期间,要优先考核其道德行为,对于违反干部道德行为规范要求的,要进行道德追责;四是要强化社会监督,形成党内监督、社会监督的监督机制。

第六章
海南国际旅游岛建设道德支持的核心价值

海南国际旅游岛建设道德支持的核心价值是海南国际旅游岛建设共同的思想道德基础,由道德理念、道德品质和道德特征所构成,是海南国际旅游岛建设的行动指南。

一、道德理念

海南国际旅游岛建设的道德理念就是科学发展、富民兴琼。

(一)科学发展

发展是当代世界的主题。从全人类的角度看,发展是世界范围内实现现代化的过程。发展是当代中国的主题。从中国的国情看,发展则是一个实现社会主义现代化,实现中华民族伟大复兴的过程。

发展也是当今海南的主题。海南仍是一个欠发达省区,发展是海南摆脱欠发达省区,走向发达省区的必由之路。而海南国际旅游岛建设则是海南改变欠发达的现实,走向发达省区的一个阶段性发展战略。

2003 年 7 月 28 日,时任中共中央总书记胡锦涛在讲话中首次提出

"坚持以人为本,树立全面、协调、可持续的发展观,促进经济社会和人的全面发展"的科学发展观,在中国共产党第十七次全国代表大会上将科学发展观写入党章,成为中国共产党的指导思想之一。科学发展观,第一要务是发展,核心是以人为本,基本要求是全面协调可持续发展,根本方法是统筹兼顾。

科学发展观的理论内涵极为丰富。科学发展观强调以人为本,强调实现经济社会全面协调可持续的发展。坚持以人为本,就是以实现人的全面发展为目标,从人民群众的根本利益出发谋发展、促发展,不断满足人民群众日益增长的物质文化需要,切实保障人民群众的经济、政治和文化权益,让发展的成果惠及全体人民。全面发展,就是以经济建设为中心,全面推进经济、政治、文化与社会建设,实现经济发展和社会全面进步。协调发展,就是统筹城乡发展、统筹区域发展、统筹经济社会发展、统筹人与自然和谐发展、统筹国内发展和对外开放,推进生产力和生产关系、经济基础和上层建筑相协调,推进经济、政治、文化、社会建设的各个环节、各个方面相协调。可持续发展,就是促进人与自然的和谐,实现经济发展和人口、资源、环境相协调,坚持走生产发展、生活富裕、生态良好的文明发展道路,保证一代接一代地永续发展。

《国务院关于推进海南国际旅游岛建设发展的若干意见》中要求,要深入贯彻落实科学发展观。科学发展观为海南的发展指明了方向,对海南未来发展道路、发展模式、发展战略和发展实践都将产生根本性、全局性的重大影响。海南国际旅游岛建设的道德理念就是科学发展,它决定了海南国际旅游岛建设的方向,将指导海南国际旅游岛的实践。

科学发展就是统筹生产、生活和生态的全面发展。生产发展是海南实现科学发展的基本要求。海南国际旅游岛建设是在海南现有的基础上发展的,海南的现实状况是,海南仍是一个欠发达省区。因此,改变海南欠发达的状况,实现由欠发达到发达的转变是海南发展的首要任务,而生产发展则是海南改变欠发达状况的必由之路,海南只有大力发展社会生产力,才能从根本上改变海南欠发达的现实。生活富裕是海南实现科学发展的目的。海南国际旅游岛建设的目的是不断提高海南人民的物质和精神文化生活水平,实现生活富裕。生活富裕是海南人民的渴望和期盼,也是海南人民对海南国际旅游岛建设的期盼。生态良好是海南实现科学发展的基础。海南生态环境在全国是比较好的,经过10多年的生态省建设,海南基本上实现了在保护生态的基础上文明发展,在海南国际旅游岛建设中,海南更要注意保护好生态,实现生态保护与经济发展协调发展。

科学发展就是要实现生产发展、生活富裕、生态良好的良性健康发展。科学发展是在生态良好基础之上的文明发展,而不是破坏生态环境的野蛮发展,科学发展是尊重自然规律的可持续发展,而不是破坏自然规律的不可持续发展。科学发展是在生态良好、生产发展的基础上,以人为本的发展,是实现海南人民生活富裕的和谐发展,是富民兴琼的发展,是人民群众得实惠的发展。

科学发展是国家对海南国际旅游岛建设的根本要求,也是海南国际旅游岛建设的正确选择。海南国际旅游岛建设只有坚定不移地执行科学发展的道德理念,海南国际旅游岛建设才能取得成功。

(二)富民兴琼

富民兴琼是海南国际旅游岛建设的目的和归宿,是检验海南国际旅游岛建设实际成效的试金石。国务院文件和海南省规划纲要都对富民兴琼提出了具体和明确的目标。《国务院关于推进海南国际旅游岛建设发展的若干意见》国发〔2009〕44号指出:到2020年,力争全省人均生产总值、城乡居民收入和生活质量达到国内先进水平。海南省编制的《海南国际旅游岛建设发展规划纲要(2010—2020)》明确指出:到2020年,全省人均生产总值、城乡居民收入和生活质量力争达到国内先进水平。①

---

① 《海南国际旅游岛建设发展规划纲要(2010—2020)》。

从海南人均地区生产总值来看,2000 年,海南人均地区生产总值为6894 元,全国平均水平为 7078 元,①海南是全国的 97%,2012 年,海南人均地区生产总值为 32377 元,全国平均水平为 38420 元,②海南是全国的84%。一个地区的人均地区生产总值反映了一个地区的经济发展水平,是一个地区经济实力的体现。从海南人均地区生产总值的比较表明,经过 10 多年的发展,海南与全国平均水平的差距事实上是在扩大的,海南与全国平均水平的差距由 2000 年的 3%扩大为 2012 年的 16%。国务院文件和海南省规划纲要都要求在 2000 年力争达到国内先进水平,而国内先进水平应该高于全国平均水平。

从海南城乡居民收入来看,2000 年,海南城镇居民家庭人均可支配收入为 53568 元,农村居民家庭人均纯收入为 2231 元,③全国城镇居民家庭人均可支配收入为 6280 元,农村居民家庭人均纯收入为 2253元,④,海南分别是全国的 85.3%和 99%。2012 年,海南城镇居民家庭人均可支配收入为 20918 元,农村居民家庭人均纯收入为 7408 元,⑤全国城镇居民家庭人均可支配收入为 24566 元,农村居民家庭人均纯收入为7917 元,海南分别是全国的 85.2%和 93.6%。城乡居民收入反映的是城乡居民的收入水平,从上述比较不难看出,海南城乡居民收入水平与全国平均水平也有相当差距,近 10 多年来,海南城镇居民收入水平与全国平均水平的差距基本上没有变化,维持在 15%,而海南农村居民收入水平与全国平均水平的差距却在扩大,由 1%扩大至 6%。2012 年与 2000 年相比,海南城乡居民收入水平与全国水平的差距仍然存在,而且有扩大态势。

从海南人民的生活质量来看,海南的空气、水等与人生存直接相关的

---

① 中国统计年鉴,2001 年。
② 中国统计年鉴,2013 年。
③ 海南统计年鉴,2013 年。
④ 中国统计年鉴,2013 年。
⑤ 海南统计年鉴,2013 年。

质量较高,海南的空气质量处于全国领先水平。但是,海南许多直接关系群众幸福感的生活因素,如住房、物价、居民收入、教育、社会治安、公民文明素质等方面海南与全国比较还有较大的差距,海南的百姓是不满意、有意见的。海南是我国四大特区中面积最大的但发展却是最为缓慢的特区,是我国东部地区的唯一欠发达省区,海南总体上收入低、物价高、房价贵,人民生活水平仍不高。

海南的现状与我国平均水平比较,仍有相当大的差距,与 2020 年的海南国际旅游岛建设的目标比较,要实现富民兴琼的任务仍然是十分艰巨的,距 2020 年只有几年时间了,时间是非常紧迫的。海南国际旅游岛建设的最终目的就是要实现富民兴琼,不断缩小海南在发展水平与人民生活水平方面与全国的差距,与全国人民一起实现全面小康。在海南国际旅游岛建设中,我们要始终不能忘记科学发展的目的和归宿是提高人民生活质量,要把海南国际旅游岛建设的成果用在改善民生上,把海南建设成为海南人民的幸福家园。

在海南国际旅游岛建设中,我们要始终坚持科学发展、富民兴琼的道德理念,高举科学发展、富民兴琼的旗帜。科学发展与富民兴琼是辩证统一体,它回答了海南国际旅游岛建设"举什么旗、走什么路、达到什么目的"等重大问题。科学发展回答了发展的方向道路和发展路径等基本问题,富民兴琼则回答了发展的目标和目的问题。科学发展是富民兴琼的引领和前提,富民兴琼是科学发展的取向和归宿。

二、道德品质

海南国际旅游岛建设的道德品质是求真务实、开拓创新。

(一)求真务实

求真务实的内涵十分丰富。根据《辞海》的解释,求,就是探索、争取、创造、思考;真,就是本源、真实、真理、规律;务,就是用心做事、努力工作;实,就是真实、成果、实在、实效。概括起来,求真务实就是追求真理,探索规律,结合实践,讲求实效。

求真务实的哲学内涵也十分丰富。作为哲学概念,"求真务实"具有很高的概括性,能够综合地反映马克思主义世界观和方法论的主要特征,承载辩证唯物主义和历史唯物主义一以贯之的科学精神。它体现了认识世界与改造世界的统一,理论与实践的统一。"求真"侧重于揭示马克思主义认识世界的使命,体现的是科学性的品格,是要按照世界的本来面目来认识世界,着力揭示世界的真相和本质,发现世界的客观规律,特别是人类历史发展的规律。"务实"侧重于揭示马克思主义改造世界的使命,体现的是实践性的品格,是在正确认识世界的基础上,采取实际行动,按照人民群众的愿望和要求来改造世界,使世界变得更加美好。从前的哲学只是着力于解释世界,马克思主义哲学不仅致力于认识世界,而且更致力于改造世界。把"求真"和"务实"结合起来,正是马克思主义哲学的突出特征。

求真务实是党的思想路线的核心内容。求真务实是辩证唯物主义和历史唯物主义一以贯之的科学精神,是我们党思想路线的核心内容,也是共产党人应该具备的政治品格和思想作风、工作作风。我们党80多年的奋斗历程充分证明,什么时候坚持求真务实,党和人民的事业就顺利发展;什么时候背离了求真务实,党和人民的事业就遭受挫折。海南建省以来的历史实践也充分证明,什么时候坚持求真务实的道德品质,海南的发展就顺利,人民的生活水平就提高,什么时候背离了求真务实,海南的发展就走弯路。

在海南国际旅游岛建设中,我们要始终坚持求真务实的道德品质,求海南是一个欠发达省区之实,务坚持长期艰苦奋斗之实。我们应当充分认识到海南发展起步晚的事实,在新中国成立前,我国东部地区经过近100年的发展,已经成为中国比较富裕的地区,而海南仍未开发,在新中

国成立 30 多年的发展中,海南仍是海防前线,仍未得到发展,海南的真正
发展是在建省以后,在建省 20 多年的时间内,要赶上发达省区的几十年
甚至近百年的发展水平是不现实的。我们还应充分认识到海南发展起点
低的事实,1987 年,海南建省时,海南的生产力发展水平仅相当于我国
1952 年的水平,海南与全国平均水平相差 30 年。海南仍是一个欠发达
省区,海南社会生产力发展水平落后于全国平均水平,海南人民的生活水
平落后于全国平均水平,这就是海南的实际。我们要认清省情,立足于海
南的实际,集中精力大力发展生产力,只有大力发展海南的社会生产力,
才能逐步缩小与全国发展水平的差距。只有求真务实地准确定位海南的
基本省情,才不至于头脑发热,脱离实际,超越阶段,才能深刻认识海南发
展的艰巨性、复杂性和长期性。在海南国际旅游岛建设中,我们一定要求
真务实,认清海南的真实现状,坚决摈弃快速致富、迅速崛起的心态,做好
长期艰苦奋斗的思想准备,脚踏实地、扎实推进海南国际旅游岛建设。

在海南国际旅游岛建设中,我们要始终坚持求真务实的道德品质,求
海南国际旅游岛建设规律之真,务科学发展、富民兴琼之实。按照国际经
验和我国发达地区的规律,大力发展服务业是在经济发达基础上的经济
结构升级,是在工业经济充分发展基础上的产业升级,是符合世界发达国
家和我国发达地区的一个普遍经济规律。而海南是一个工业经济未得到
充分发展、农业经济仍占较大比重的一个欠发达地区,在欠发达地区,如
何发展服务业,特别是现代服务业,走一条不同于发达国家和我国发达地
区的新的发展道路,需要探索出一条特殊的经济规律,这需要海南人民求
真务实,在实践中不断探索,探寻海南国际旅游岛建设的规律。

在海南国际旅游岛建设中,我们要始终坚持求真务实的道德品质,求
尊重海南人民群众的历史地位和作用之真,务发展海南人民的根本利益
之实。我们一定要尊重海南人民群众,保护好海南人民群众的根本利益,
发展好海南人民的根本利益,在生态保护、经济发展的基础上,不断提高
海南人民群众的生活水平,使海南国际旅游岛建设的成果真正惠及海南

广大人民群众。

(二)开拓创新

开拓创新就是开拓进取、勇于创新。开拓创新,是我们事业不断发展
壮大的动力和保证,离开了开拓创新,不以敢为人先的精神状态去大胆地
闯、大胆地试,创造性地开展工作,而是安于现状、不思进取,就只能导致
停滞不前,甚至倒退衰败。开拓创新,就是在科学理论的指导下,在遵循
客观规律的基础上,不满足于已有的成绩,不自缚于陈旧的框框,不拘泥
于过去的经验,解放思想,大胆探索,努力地将工作提高一个新的层次,把
事业推向一个新的水平,使思想进入一个新的境界。

在西方经典创新理论中,人们首推熊比特的技术创新理论。1912
年,著名美籍奥地利经济学家熊彼特在其成名作《经济发展理论》中首次
提出了“创新理论”。熊比特创立的创新概念是相当广泛的,它包括一切
可以提高资源配置效率的创新活动。按照熊彼特的观点,“创新”是指新
技术、新发明在生产中的首次应用,是指建立一种新的生产函数或供应函
数,是在生产体系中引进一种生产要素和生产条件的新组合。熊彼特强
调指出,创新是个经济范畴而非技术范畴,他不仅是指科学技术上的发明
创造,而更是指把已发明的科学技术引入企业之中,形成一种新的生产能
力。熊比特的创新理论具有开创意义,它首次从理论上论证了创新是经
济发展的根源,首次从理论上较系统、圆满地回答了科学技术与经济发展
的关系问题。

自从美国学者熊比特首次提出创新理论以来,国内外研究者分别从
技术创新、产业创新、制度创新、管理创新等方面对创新进行了深入研究。
随着知识经济的到来,创新作为知识经济的核心特征更加引起国内外研
究者的关注。1995 年 5 月,江泽民在全国科学技术大会上指出:“创新是
一个民族进步和灵魂,是国家兴旺发达的不竭动力。”这是对创新的社会
功能和历史地位的高度概括,已成为中国创新观的经典表述。

创新是人类社会发展的动力,创新能力是一个国家发展的核心竞争力,创新能力的大小直接关系到我国的可持续发展,关系到中华民族的伟大复兴。中国是一个文明古国,四大发明对人类发展作出了杰出贡献,为重振华夏文明,中国提出了建设创新型国家的战略目标,创新已成为中国的国家战略。

海南国际旅游岛建设战略的确立本身就是一个理论创新。按照国际经济学的普遍规律和我国发达地区的经验与实践,由工业经济为主导的经济结构转变为以服务业为主导的经济结构,通常都是在发达经济条件下,在工业经济充分发展的基础上实现的,而海南国际旅游岛建设的战略则规定海南要在经济欠发达的条件下,在工业经济未充分发展的基础上实现以旅游业为龙头、现代服务业为主导,服务业为主体的经济结构,这在理论上是一个创新,它已经突破了传统的经典理论。

开拓创新是海南国际旅游岛建设宝贵的道德品质。开拓创新在尊重科学的基础上,不迷信传统、书本、权威,不因循守旧,墨守成规,死守教条,敢想、敢说、敢干。海南国际旅游岛建设是一项全新的伟大事业,书本上没有,在中国尚没有先例,需要海南人民去开拓、去探索,去实践,大胆地试,大胆地闯,在海南国际旅游岛建设的实践中开拓创新,走出一条具有海南特色的新的发展路数。

开拓创新是海南国际旅游岛建设不可缺少的道德品质。开拓创新就是要有敢为天下先大无畏的胆略和气魄,敢说前人没有说过的话,敢走前人没有走过的路,敢创前人没有开创的新事业。如果我们仍然在旧模式、旧观念中兜圈子,靠老办法、老经验对待新事物,甚至抱残守缺,墨守成规,缺乏开拓创新的勇气和突破常规的胆略,就必然会错失发展的机会。海南国际旅游建设是在一个欠发达省的基础上建设的,海南只有依靠开拓创新,在实践中不断摸索,在总结经验中不断前进。

开拓创新是海南国际旅游岛建设成功的道德品质。海南国际旅游岛建设在中国并没有成功的模式可以直接借鉴,也没有现成的路可走,要真正建成海南国际旅游岛,海南人民只有开拓创新,在开拓创新的实践中学习,在不断进取中积累经验,通过实践逐步认识海南国际旅游岛建设的规律,并最终建成海南国际旅游岛。

求真务实和开拓创新是紧密相连的,开拓创新是在求真务实指导下的开拓创新,只有敢于开拓创新,才能真正做到求真务实。

三、道德特征

海南国际旅游岛建设的道德特征是公平正义、文明诚信、和谐生态。

(一)公平正义

《辞海》中对公平的解释为:"作为一种道德要求和品质,指按照一定的社会标准(法律、道德、政策等),正当的秩序合理的待人处事,是制度、系统、重要活动的重要道德品质。"《现代汉语词典》对正义的解释如下:正义指公正的义理,指社会正义、政治正义和法律正义等。公平正义,在《现代汉语大词典》(1999年版)中的意思就是说公正而不偏袒没有偏私,一般来说,反映的是人们从道义上、愿望上追求利益关系特别是分配关系合理性的价值理念和价值标准。公平和正义,是千百年来人类不懈追求的一种美好社会理想和愿望,是人类社会共同的向往和追求。从人们向往和追求的角度来讲,公平正义的朴素含义包括惩恶扬善、是非分明、处事公道、态度公允、利益平衡、多寡相匀等内容。

公平正义是人类社会文明进步的重要标志,是社会主义的本质要求。2005年,时任总书记胡锦涛在省部级主要领导干部提高构建社会主义和谐社会能力专题研讨班的讲话中指出:"公平正义,就是社会各方面的利益关系得到妥善协调,人民内部矛盾和其他社会矛盾得到正确处理,社会公平和正义得到切实维护和实现。"

公平指的是一种合理的社会状态,它包括社会成员之间的权利公平、机会公平、过程公平和结果公平。权利公平,是指公民的权利不因职业和职位的差别而有所不同,其合法的生存、居住、迁移、教育、就业等权利得到同等的保障与尊重。机会公平,是指公民能普遍地参与社会发展并分享由此而带来的成果。过程公平,是指公民参与经济政治和社会等各项活动的过程公开透明,不允许某些人通过对过程的控制而谋取不当利益。结果公平,则主要指在分配上兼顾全体公民的利益,防止过于悬殊的两极分化,以利于共同富裕的实现。

公平正义是海南国际旅游岛建设道德支持核心价值的道德特征之一。经过 20 多年的发展,海南社会经济有了很大的发展,但是,随着市场经济的发展,社会结构的变动,利益关系的多元化,在社会生活的各个领域都还不同程度地存在着社会不公现象,贫富差距、城乡差距、区域差距仍然存在,经济社会发展不协调,在这些现象的背后都存在着社会不公的影子。随着人们物质生活水平的不断提高,人们对公平与正义的渴望也更加强烈。

《国务院关于推进海南国际旅游岛建设发展的若干意见》中指出:注重保障和改善民生,大力发展社会事业,加快推进城乡和区域协调发展。国务院文件为我们指明了在海南国际旅游岛建设中维护和实现社会公平正义的路线图。

在海南国际旅游岛建设中一定要注重保障和改善民生。海南是一个欠发达省区,财政收入有限,如何将有限的财政收入最大限度地用于保障和改善民生是在海南国际旅游岛建设中必须解决的问题,海南人民绝对收入水平并不高,但是,海南的房价高、物价高,这样,海南人民的相对收入水平就不高。因此,在海南国际旅游岛建设中,只有真正维护好海南人民的切身利益,才能真正调动海南人民建设海南国际旅游岛的积极性,只有切实保障和改善海南人民的生活水平,使海南人民享受到海南国际旅游岛建设的实惠,才能切实维护好公平正义。

在海南国际旅游岛建设中一定要大力发展社会事业。海南社会事业发展滞后于海南经济发展,公共服务水平不足与公共资源配置不均衡并存,因此,大力发展社会事业是维护和实现海南社会公平正义的重要举措。一是要加大社会事业的投入,补上社会事业发展的短板。二是均衡配置公共资源,新投入的社会事业发展资源多向薄弱地区和薄弱环节倾斜。

在海南国际旅游岛建设中一定要加快推进城乡与区域协调发展。城乡差距与区域差距是影响海南社会公平正义的重要因素,只有加快城乡和区域协调发展,才能真正维护和实现海南的社会公平正义。在海南国际旅游岛建设中,海南应大力推进城镇化,吸引农村剩余劳动力向城镇转移,使更多的农民享受到城市居民的待遇,以促进海南社会的公平和正义。在海南国际旅游岛建设中,海南应注重区域协调发展,海南也存在着东、中、西部的区域发展差距,东部地区相对发达,西部地区欠发达,中部地区相对落后,通过海南国际旅游岛的建设,充分发挥东、中、西部的比较优势,促进区域协调发展,实现海南社会公平正义。

公平正义是中国特色社会主义的重要特征,也是海南国际旅游岛建设道德支持的核心价值之一。维护和实现海南社会公平正义是海南国际旅游岛建设的基本要求,也是衡量和检验海南国际旅游岛成效的重要标准之一。

(二)文明诚信

在现代汉语中,文明是指一种社会进步状态,与野蛮一词相对立。文明是人类社会的进步状态,是人类良好的生活方式和精神风尚。社会文明则反映社会的进步程度和社会建设的积极成果。社会文明一般包括社会主体文明(自然人、公民、法人)、社会关系文明(家庭关系、邻里关系、人际关系、社团关系、群体关系)、社会观念文明(社会理论、社会心理、社会风尚、社会道德)、社会制度文明(社会制度、社会体制、社会政策、社会法律)、社会行为文明(社会活动、社会工作、社会管理)等方面的总和。

　　诚信是一个道德范畴,是社会主体的第二个"身份证",是人们日常行为的诚实和正式交流的信用的合称。即待人处事真诚、老实、讲信誉,言必信,行必果,一言九鼎,一诺千金。在一般意义上,"诚"即诚实诚恳,主要指主体真诚的内在道德品质;"信"即信用信任,主要指主体内诚的外化。"诚"更多地指"内诚于心","信"则侧重于"外信于人"。"诚"与"信"的组合,就形成了一个内外兼备,具有丰富内涵的词汇,其基本含义是指诚实无欺,讲求信用。千百年来,诚信被中华民族视为自身的行为规范和道德修养,是做人的基本要求。

　　文明诚信是海南国际旅游岛建设道德支持核心价值的道德特征之一。海南国际旅游岛建设是在海南现实社会基础上建设的,目前,海南社会文明诚信状况不佳,人们的文明诚信意识淡薄,社会不文明现象随处可见,社会诚信度不高,这在一定程度上影响了海南国际旅游岛的形象。因此,提高海南社会主体的文明诚信水平,提高海南社会的文明诚信水平是海南国际旅游岛建设的基本要求,也是海南国际旅游岛建设的主要内容。

　　诚信是社会的基石,文明是社会的基础,文明诚信则是社会的通行证。《国务院关于推进海南国际旅游岛建设发展的若干意见》指出:"逐步将海南建设成为生态环境优美、文化魅力独特、社会文明祥和的开放之岛、绿色之岛、文明之岛、和谐之岛。"①

　　文明诚信是海南国际旅游岛建设的基础。一是社会主体要文明诚信。从海南国际旅游岛建设的主体海南国际旅游岛建设的领导者、管理者、经营者、从业人员、当地居民,都应该是文明诚信的实践者,只有海南国际旅游岛建设的各个社会主体都做到文明诚信,海南社会的文明诚信水平才能真正提高。二是社会关系要文明诚信。每一个海南人都是海南国际旅游岛建设的参与者,在海南社会中存在着家庭关系、邻里关系、人际关系、社团关系、群体关系,文明诚信是保持社会关系稳定和谐的基础。

---

　　①　中央政府门户网站,www.gov.cn,2010 年 1 月 4 日。

三是社会观念要文明诚信,要树立文明诚信的社会观念,确立文明诚信的社会风尚,为全社会的文明诚信提供精神支柱和道德支持。四是社会制度要文明诚信。在海南国际旅游岛建设中,要不断完善制度、法律和政策,为文明诚信提供良好的制度环境。五是社会行为要文明诚信。海南国际旅游岛建设的主体在行为上都必须做到文明诚信,做到言行一致。只要海南社会各个层面都信仰文明诚信,并实践文明诚信,海南社会的文明程度就能提高,海南国际旅游岛就一定可以成为一个社会文明祥和的和谐之岛。

文明诚信应当成为海南国际旅游岛建设的一张名片。海南生态环境优美,空气质量十分高,优美的环境已经成为吸引外地人来海南旅游的一张名片,成为海南本地居民人引以为荣的资本。海南的独特文化也是海南的特色之一,成为吸引不少旅客的景观之一。但是,海南的社会文明水平还不高,社会文明祥和成为海南目前的短板,这已经严重地影响了海南的整体形象。因此,通过海南国际旅游岛的建设,提高海南人的文明素质,提升海南社会的文明程度,这对于提升海南的整体形象,提高海南国际旅游岛的吸引力,吸引更多的人来海南旅游、度假、养老、置业、创业,使海南国际旅游岛不仅成为中国人旅游休闲度假的天堂,成为海南人的幸福家园,也能成为世界投资家的投资热土。

(三)和谐生态

和谐是对立事物之间在一定的条件下,具体、动态、相对、辩证的统一和谐关系,是不同事物之间相同相成、相辅相成、相反相成、互助合作、互利互惠、互促互补、共同发展的关系。中国古代就有"和而不同"的理念,中国古代人就认为,事物是对立统一的,即具有差异性的不同事物的结合、统一、共存。和谐是人类对自然和人类社会变化、发展规律的认识,是人们所追求的美好事物和处事的价值观、方法论。社会和谐是中国特色社会主义的本质属性,是国家富强、民族振兴、人民幸福的重要保证。反映了建设富强民主、文明和谐的社会主义现代化国家的内在要求,体现了全党、全国各族人民的共同愿望。

在我国进入全面建设小康社会,加快推进社会主义现代化建设的新的历史阶段,党中央提出了构建社会主义和谐社会的伟大目标。和谐社会是人类社会的共同理想,社会主义和谐社会建设在人类历史上是一个划时代的伟大创举。社会主义和谐社会是我党总结中外不同国家发展经验,吸收人类优秀文明成果,结合中国特定发展阶段而提出的创新理念,它标志着我党对中国特色社会主义的认识不断升华,中国特色社会主义的宏伟蓝图更加清晰。

社会主义和谐社会的命题对于中国共产党来说是一个崭新的命题。社会主义与和谐社会相融合构成社会主义和谐社会这无论从理论上还是从实践上都是全新的课题,从理论上看,社会主义和谐社会的提出在社会主义发展史上还是首次;从实践上看,人类尚无社会主义和谐社会的成功实践。因此,社会主义和谐社会建设在人类历史上都是具有划时代的意义。

社会主义和谐社会是对人类优秀文明成果的继承和发展。和谐社会根源于中国传统文化的天下大同的理想,社会主义根源于欧洲的社会主义理论,社会主义和谐社会的命题赋予了中西方优秀文化以新的时代内涵。正如胡锦涛指出:"实现社会和谐,建设美好社会,始终是人类孜孜以求的一个社会理想,也是包括中国共产党在内的马克思主义政党不懈追求的一个社会理想"。

生态一词,通常指生物的生存状态,指生物在一定的自然环境下生存和发展的状态。生态关系一般指生物之间以及生物与生存环境之间的相互关系。生态道德是指协调人与自然关系,保护人自身的生存环境时所必须遵循的道德准则和行为规范,反映了人对自然界,对人类社会应承担的责任和义务。生态道德是人类对待生态环境的一种文明尺度或文明准则。进而言之,为人处世要讲求道德,对待自然环境也要讲求道德,也要规范自己的行为,决不可随意乱来,甚至胡作非为,对生态环境造成危害。

《国务院关于推进海南国际旅游岛建设发展的若干意见》中明确要求:海南国际旅游岛建设要形成生态型经济,要建成绿色之岛、和谐之岛,国务院文件中蕴涵着和谐生态的理念。和谐生态就是人与自然和谐共存,人与人和谐共处,当前发展与长远发展和谐共融,和谐生态是海南国际旅游岛建设道德支持的道德特征之一。

和谐生态要求人与自然和谐共存。海南国际旅游岛建设就是要探索一条可持续发展道路,让生态环境与经济发展完美结合,实现经济效益、社会效益与环境效益的有机统一。海南是中国第二大岛,由于其特殊的地理位置和独立的地理单元,海南的生态系统具有明显的脆弱性,一旦遭受破坏,将难以恢复。由于海南的经济发展相对滞后,目前,海南的生态环境保存得相对良好。在经济发展与环境保护的关系中,传统发展模式是"先污染后治理",一些发达国家和我国发达地区大多是采用这种发展模式,海南作为欠发达省区,海南的发展必须走出一条新的发展模式,海南国际旅游岛建设为我们展示了光明的前景,海南国际旅游岛建设就是要以可持续发展为前提,走出一条经济、社会、人口、资源、生态环境相互协调和相互促进的发展道路,走出一条人与自然和谐共存的和谐生态的发展道路。

和谐生态要求人与人之间和谐共处。海南国际旅游岛建设就是要探索一条社会祥和、人与人和谐共存的和谐发展道路。海南是一个欠发达省区,海南仍存在着贫富差距、城乡差距,在海南国际旅游岛建设中,如何解决本来就存在的贫富差距和城乡差距是海南国际旅游岛建设中必须解决的现实问题。在海南国际旅游岛建设中也带来了一些新的问题,如外地人的购买能力推高了海南当地的房价和物价,海南当地居民的实际利益难免受到不同程度的影响,引起了海南当地居民的不满。因此,在海南国际旅游岛建设中,必须兼顾外地人与海南本民居民的利益关系,努力做到不同利益群体之间和谐共处,共同建设全中国人民的幸福家园。

　　和谐生态要求当前发展与长远发展和谐共融。海南国际旅游岛建设就是要探索一条当前发展与长远发展和谐共融的发展道路,实现近期效益与远期效益的有机统一。海南的发展是一个长期的历史过程,海南国际旅游岛建设是要建设开放型、生态型、服务型的经济结构,形成以旅游业为主导,以现代服务业为主体的经济结构,这是一条适合海南自然资源条件,发挥海南比较优势的发展战略,是当前发展与长远发展和谐共融的发展道路。

第七章
海南国际旅游岛建设道德支持的规范体系

在海南国际旅游岛建设中,我们必须建立起一整套适合海南国际旅游岛建设道德支持的规范体系,为海南国际旅游岛建设各相关道德主体提供一个明晰的行为准则。"一个国家,如果没有国民素质的提高和道德的力量,绝不可能成为一个真正强大的国家,一个受人尊敬的国家。"①

在海南国际旅游岛建设道德支持的规范体系中,有两个层面,一个层面是海南国际旅游岛建设的社会道德规范,另一个层面是海南国际旅游岛建设相关参与者的道德规范,前者属于社会道德规范,后者属于个人道德规范。

一、道德支持规范体系的层次

在海南国际旅游岛建设中,存在着社会利益与个人利益的关系,单一的道德规范是难以调节多层次复杂的利益关系的,因此,必须有多层次的道德规范来调节。根据道德规范的主体来划分,有社会道德和个人道德,

---

① 《温家宝在与国务院参事座谈时讲话》,中国新闻网,2011 年 4 月 17 日。

社会道德是规范社会道德行为的规范,个人道德是规范个人道德行为的规范。

(一)社会道德与个人道德

对社会道德和个人道德,国内学者进行了广泛深入的研究。中国人民大学教授罗国杰认为:"把被组织起来的全体人——社会看作为道德的主体或载体,其内部各要素的结连构架模式,即所谓道德的社会结构模式。道德的个体结构模式即是道德的个性结构模式,也可以称为个人的道德素质结构模式,指道德以个体的人作为主体或载体,其内部各要素依某种关系结连构架的模式。"①这是从系统论结构学说的角度来阐述社会道德和个人道德的。李春秋主编的《新编伦理学教程》对社会道德和个人道德概念作了界定。"社会道德是相对于个体道德而言的,它是指一定社会在其运行和发展过程中为协调各社会群体、各社会成员之间的利益关系而形成的道德规范体系、道德价值观念及其道德实践活动的总和。社会道德包括社会道德规范体系、社会道德风俗习惯、社会道德观念和意识、社会道德实践活动等。""所谓个体道德是指在一定社会生活中起一定社会作用的个人,为实现自我发展、自我完善的目标,并适应一定社会利益关系的客观要求而形成的道德意识和指导自身道德行为选择的内心准则以及个体道德行为实践的总和"。② 上述定义从系统结构和功能的角度明确了社会道德与个人道德。

实际上,社会道德与个人道德是依据社会和个体的关系作出的一种道德分类。社会道德也称群体道德,指社会实际的道德状况。个体道德也称个人道德,指个人实际所具有的道德或品行。社会道德与个体道德既相互区别,又相互联系;既相互对立,又相互统一;同时还相互渗透和相

---

① 罗国杰主编:《伦理学》,人民出版社 1989 年版,第 61—65 页。
② 李春城:《新编伦理学》,高等教育出版社 2002 年版,第 210—211 页。

互转化。社会道德是由每个人的个体道德有机结合的统一体,没有不包含个人、与个人道德不相关联的社会道德。个体道德是社会道德有机体中的一份子,没有脱离社会、与社会道德毫不相关的个体道德。

海南国际旅游岛建设社会道德规范反映了海南国际旅游岛建设的社会整体利益、愿望和要求,反映的是海南国际旅游岛建设的整体道德状况,而海南国际旅游岛建设相关参与者的道德规范,则分别规范海南国际旅游岛建设领导者、管理者、经营者、从业人员、当地居民的道德行为。

(二)社会道德与个人道德的区别

社会道德与个人道德是不同的,其不同主要有以下几点。一是主体不同。社会道德的主体是社会,而个人道德的主体是个人。二是客体不同。社会道德依靠社会道德制度来规范和实施,主要依靠社会道德他律。个人道德主要依靠个人自觉遵守,依靠道德自律来实施。三是规范不同。社会道德规范的是社会秩序,而个人道德规范的是个人道德行为。四是功能不同。社会道德的功能是协调各社会群体、各社会成员间的利益关系,维持社会的安定有序,是借助社会道德制度来实现的。而个人道德则是个人为实现社会生存,实现自我发展和自我完善而自主选择的道德行为。五是主从不同。在社会道德与个人道德的关系中,社会道德处在主导的位置,个人道德必须服从于社会道德。

在传统社会中,并无社会道德与个体道德的区别,道德既是社会伦理,具有共同性和普遍性,又是个体内在的品性修养,具有特殊性和差异性。伦理与德性是紧密联合在一起的,或者说是一体化的。只是到了近代社会,以社会伦理为核心的制度伦理,在发展过程中,与个体道德产生了一种巨大的张力,道德才分化为社会道德与个体道德。两者之间的张力既推动了社会的发展与人的解放,同时也产生了现代社会中个人道德与社会道德的冲突。

个人道德集中点存在于个人的内在生活中,社会道德集中点存在于维持人类社会生活中。由此可见,社会与个体的道德冲突主要表现在前者立足于"公正",是对社会群体的外在安排,意在用强制性的制度规范来维护整个社会群体的秩序与发展,有牺牲个体道德需求的可能;后者则立足于"良心",是对个体自觉的内在要求,意在依照个体独有的品性、人格处理与他人、与社会之间的关系,其张扬有可能会侵犯社会整体的道德规范。

(三)社会道德与个人道德的联系

社会道德与个体道德是相互依存的。人类社会是一个大系统,主体有着许多层次,每一层次担当着各自的职能,缺少社会道德,或是缺少个体道德,社会都将无法运转。社会是以一定的物质生产活动为基础而相互联系的人类生活共同体,社会是无数个人交互作用的产物。社会道德与个体道德之间相互影响、相互转化的。社会道德只有为个体所接受,并内化为个体道德,才能真正得以体现,个体道德只有不断从社会道德中吸取先进的具有生命力的成分才能不断得到提升。社会道德向个体道德的转化是社会道德原则和规范经过个体的认同实现内化而完成的,社会道德对于了解社会、适应社会的个人来说首先是一种既成的现实,社会道德是个体道德发展的环境和空间,个体道德只有在社会道德之中才有存在的可能和发展的必要。社会道德与个体道德根源于社会的物质经济关系,两者都是以现实的利益或利益关系为基础,表达现实的利益关系的客观要求。一般来说,社会道德是社会共同利益、意志和要求的反映,个人道德是个人利益、意志和要求的反映,当个体道德行为符合社会道德要求时,他就能获得社会的认同,产生一种归属感和安全感,正是这种积极的心理状态,推动他积极地投身于一定的社会生活中。

二、社会道德规范

海南国际旅游岛建设道德支持的社会道德规范有公平正义、安定有序、诚信友善、环境优美。

(一)公平正义

公平正义自古以来就是人类孜孜以求的崇高理想,同时也是人类世代相传的价值目标和道德原则。党的十六届六中全会决议指出:"坚持以科学发展观统领经济社会发展全局,按照民主法治、公平正义、诚信友爱、充满活力、安定有序、人与自然和谐相处的总要求,以解决人民群众最关心、最直接、最现实的利益问题为重点,着力发展社会事业、促进社会公平正义、建设和谐文化、完善社会管理、增强社会创造活力,走共同富裕道路,推动社会建设与经济建设、政治建设、文化建设协调发展"。[①] 2007年2月26日,新华社发表国务院前总理温家宝题为《关于社会主义初级阶段的历史任务和我国对外政策的几个问题》的重要文章中指出:"巩固和发展社会主义,必须认识和把握好两大任务:一是解放和发展生产力,极大地增加全社会的物质财富;一是逐步实现社会公平与正义,极大地激发全社会的创造活力和促进社会和谐。"[②]在社会主义初级阶段新的历史条件下,首次把"实现公平正义"和"发展生产力"一起并列为我国社会主义初级阶段的两大任务。党的十七大报告明确提出:实现社会公平正义是中国共产党人的一贯主张,是发展中国特色社会主义的重大任务。党的十八大报告提出:公平正义是中国特色社会主义的内在要求,加紧建设对保障社会公平正义具有重大作用的制度,逐步建立以权利公平、机会公平、规则公平为主要内容的社会公平保障体系,努力营造公平的社会环境,保证人民平等参与、平等发展权利。党的十八届三中全会关于全面深化改革的决定指出:全面深化改革要"以促进社会公平正义,增进人民福祉为出发点和落脚点"。在新的历史条件下,我们党把保障社会公平正

---

① 《中共中央关于构建社会主义和谐社会若干重大问题的决定》,新华网,2006年10月18日。

② 温家宝:《关于社会主义初级阶段的历史任务和我国对外政策的几个问题》,新华网,2007年2月26日。

义摆到了更加突出的位置。强调在经济发展的同时,在注重效率的同时,更加兼顾公平,让发展成果更多地惠及全体人民。更加注重改革发展的制度性、体制性和机制性障碍,切实保障社会的公平与正义。

在海南国际旅游岛建设中也存在社会不公平现象,社会贫富差距不断扩大,社会资源分配不公平,社会机会不平等,海南社会存在的不公平现象,影响了海南国际旅游岛的建设,由于不公平现象而导致的社会问题也不断增多,影响了海南的社会和谐。

在海南国际旅游岛建设中,我们要以社会公平正义作为社会道德规范,促进发展成果惠及海南全体人民。正如前任总书记胡锦涛所明确指出的,"公平正义就是社会各方面的利益关系得到妥善协调,人民内部矛盾和其他社会矛盾得到正确处理,社会公平和正义得到切实维护和实现。"社会公平正义就要求必须以人为本,以社会利益关系调节为重点,以正确处理社会矛盾为着力点,以社会道德规范来协调、规范个人利益与社会利益的关系,在社会各个层面体现和推进公平正义。在经济层面上,就是要统筹城乡发展、推动区域协调发展、推进基本公共服务均等化等;在政治层面上,就是要从各个层面、各个领域扩大公民的有序政治参与、保障公民合法权益等;在文化层面上,就是大力倡导公平、弘扬正义、注重人文关怀等;在社会层面上,就是要着力构筑以"权利公平、机会公平、规则公平、分配公平"为主要内容的公平保障体系。

坚持科学发展、富民兴琼,为实现海南社会公平正义奠定坚实的社会物质条件。在海南国际旅游岛建设中,我们要坚持经济发展与社会发展协调发展的方针。经济发展和社会发展如同现代社会的两个轮子,经济发展是社会发展的基础,社会发展为经济发展提供动力支持。社会发展状况是衡量经济增长质量和社会福利增量的基本方面。制定经济社会政策时,首先要考虑人民的需要,把满足人民的需要作为政府经济政策的核心;在发展中综合考虑效率与公平,正确处理效率与公平的关系;健全和完善社会保障体系,从经济上给予困难群体关怀和扶助;千方百计扩大就业,把促进就业作为解决贫困的根本措施;充分发挥税收政策的调剂杠杆作用,增加低收入群体的收入;把缩小城乡社会发展差距放在经济社会协调发展的核心地位;推进教育体制改革,使城乡共享教育资源;改革和完善医疗卫生体系,保障人民健康。

加强制度建设,促进海南社会公平正义。制度,即在一定的历史条件下形成的政治、经济、文化、社会等各方面的体系,要求成员共同遵守的、按一定程序办事的规程。以往我们过分注重优胜劣汰、促进效率的制度,忽视人民生存保障、注重公平的制度。制度是社会公平正义的根本保证,是一种普照的阳光。以制度建设保障社会公平正义,充分体现了党执政兴国的民主性、规范性和科学性。制度是社会的普遍价值和发展保障。什么是发展? 联合国可持续发展委员会提出了四个方面的指标:社会、环境、经济、制度。制度是经济社会发展之母,是社会公平正义的根本保证。当前,需要健全和完善民主权利保障制度、法律制度、司法体制机制、公共财政制度、收入分配制度、社会保障制度,以制度建设促进社会公平正义。

全面深化改革,消除社会不公的社会根源。在海南国际旅游岛建设中,海南要按照中央全面深化改革的部署,加快海南的改革步伐,推动经济更加公平、可持续的发展;要紧紧围绕更好保障和改善民生,促进社会公平正义;要改革收入制度,促进共同富裕;要健全更加公平、可持续的社会保障制度。首先,调整城乡关系,创造公平正义的社会关系。要下大决心逐步消除由城乡二元结构造成的人的身份地位的不平等和不公正。不合理的城乡二元结构造成的不仅是人的起点与机会的不公正,而且在过程和结果上也是产生巨大社会差异的根源。海南提出要将海南作为一个大城市来规划,就必须在改革城乡二元户籍制度方面迈开步伐,废除不公平的城乡户籍制度,建立新的社会管理制度,使城乡居民享受到公平待遇。在海南国际旅游岛建设中,海南一些农民会失去土地,如何在土地流转过程中,切实保护好农民的权益,避免产生一些新的社会矛盾,对维持海南社会的公平正义至关重要。其次,理顺市场与政府的关系,破除行业垄断。

行业垄断造成资源配置不合理,形成社会特殊的利益群体,成为社会不公正的社会基础。垄断企业由于其特殊的地位,造成他们在市场竞争中对各类资源的垄断,包括物质资源、资本资源、人力资源、文化资源等,破除行业垄断就是要形成公平竞争的社会基础。再次,厘清政府与社会的关系,维护社会公平正义。政府与社会的界限不清,国家权力过分干预、介入和包办经济与社会事务,一方面是国家公权力滥用造成的政府风险和信任危机,另一方面是权力与利益的结合,形成社会的权贵阶层,社会的弱势群体的权利、利益得不到应有的维护,从而导致民众对政府的信任危机与风险。

全面依法治国,为海南社会公平正义提供法制保障。依法治国,是党领导人民治理国家的基本方略,是国家长治久安的重要保障。法律公正的形式内容在于其具有合法性和正当性,其实质则在于它所调整和建构的社会关系和社会秩序的公正。因此,维护公平正义,就是要在依法治国的理念下,妥善协调各方面的利益关系,正确处理各方面的社会矛盾,厘清社会各个层次的利益诉求,调整社会各个阶层的利益结构,从而建构一种合理、良性、公正的社会关系和社会秩序。

健全社会矛盾调节处理机制。一要建立社会收集舆情分析机制,畅通社情民意的反映渠道,以便及时、全面、准确地搜集分析群众的思想动态、心理情绪、愿望心声以及带倾向性的社会动态等。为正确决策、化解矛盾、维护稳定打好基础。二要健全社会利益协调机制,引导群众以理性合法的形式表达利益要求,解决利益矛盾,确保人民群众合理合法的利益要求得到保护和满足。三要健全正确处理人民内部矛盾工作机制,完善信访工作责任制,畅通党和政府方针政策传递给群众的渠道,拓宽群众向党和政府反映意见和建议的路径。健全依法、合理地处理群众反映的问题的长效机制,及时、有效地化解各种社会矛盾。四要加强和完善社会治安综合治理工作机制,切实防止和打击各种破坏社会治安、扰乱公共秩序的违法犯罪活动。

要正确处理新形势下的人民内部矛盾。要妥善处理人民内部矛盾特别是涉及人民群众切身利益的矛盾,坚持把最广大人民群众的根本利益作为制定政策、开展工作的出发点和落脚点,正确反映和兼顾不同方面群众的利益。要高度重视和维护人民群众最现实、最关心、最直接的利益,扎扎实实为人民群众办实事、办好事,特别是要重视和维护下岗职工、农民工、特困户、残疾人等困难群众和弱势群体的利益,解决好他们的生产生活问题。把就业、再就业工作放在更加突出的位置,完善就业服务体系。规范企业用工行为,保障劳动者合法权益,切实解决拖欠和克扣农民工工资问题。做好新形势下的群众工作,教育引导广大干部群众正确处理个人利益和集体利益、局部利益和整体利益、当前利益和长远利益的关系。健全正确处理人民内部矛盾的工作机制,健全矛盾纠纷排查调处机制。高度重视群众来信来访,完善信访工作责任制,综合运用政策、法律、经济、行政等手段和教育、协商、调解等方法,依法及时合理地处理群众反映的问题,努力把问题解决在基层、解决在萌芽状态。增强全社会的法律意识和诚信意识,加快社会信用制度和社会信用服务体系建设。大力倡导团结互助、扶贫济困的风尚,倡导社会成员之间的谅解与宽容,营造平等、友爱、融洽的人际环境。

(二)安定有序

安定有序是指社会安全、稳定、有序的有机统一体,就三者的关系而言,稳定是安全的前提,稳定保障安全,又是有序的前提,有序反过来促进稳定、保障安全。2005 年 6 月 26 日,胡锦涛在省部级主要领导干部提高构建社会主义和谐社会能力专题研讨班上指出:"安定有序,就是社会组织机制健全,社会管理完善,社会秩序良好,人民群众安居乐业,社会保持安定团结。"①

---

① 胡锦涛:《在省部级主要领导干部提高构建社会主义和谐社会能力专题研讨班上的讲话》,新华网,2005 年 6 月 26 日。

安全有国家安全、社会公共安全和个人安全。国家安全是指作为安全主体的国家不受外来侵害的状态,包括领土安全、主权安全、国民安全、国家财产安全。社会公共安全是指社会成员所生活的共同领域内的人员及财产安全。个人安全是指社会成员个体的安全,即社会成员的人身、财产等权利能够得到保障,不受侵犯。稳定是指通过人们的自觉干预、控制和调节而达到的社会生活的动态平衡状态。有序,就是有秩序。秩序表现为社会关系的稳定性、进程的连续性、行为的规则性。任何社会秩序都是由稳定的社会制度、确定的社会关系、反复体现于行为中的行为规则或称为社会规范来体现的,其中,社会规范是社会秩序的核心,社会秩序是社会存在和发展的必要条件。亨廷顿曾说:"首要的问题不是自由,而是重建一个合法的公共秩序。很显然,人类可以无自由而有秩序,但不能无秩序而有自由。"①安定有序是海南国际旅游岛建设道德支持的社会道德规范之一,也是海南国际旅游岛建设的重要社会目标之一。

在海南国际旅游岛建设中,破坏社会安定的主要诱发因素涉及土地征用、房屋拆迁、下岗失业、司法不公、环境污染和干部腐败等,这些诱发因素是破坏社会安定有序的直接因素。随着经济下行压力的增大,也加剧了社会的不安定感,政治风险、经济风险、社会风险日益增多,就业问题、腐败问题、分配不公问题、公共安全问题、社会治安问题、社会秩序问题、公共卫生问题,也成为当前人民群众关注的热点,也是社会所潜伏的不稳定因素的表现。社会不安定的主要表现为:政府威信的急剧下降和政策的失灵,社会生活的失序,社会经济生活脱离正常的轨道。当前海南社会总体上来讲是安定有序的,但是,一定要高度重视那些内在暗含的危害安定有序的因素。

正确处理改革、发展和稳定的关系。发展是实现社会安定有序的基

---

① [美]塞缪尔·亨廷顿:《变革社会中的政治秩序》,华夏出版社 1988 年版,第8页。

础,因此,要不断提高生产力水平,增加物质财富,为社会安定有序奠定物质基础。社会富裕不一定能带来社会安定有序,但社会贫困是造成社会不安定的根源之一。科学发展是消除贫困、实现社会安定有序的根本途径。改革是社会发展的动力,在海南国际旅游岛建设中,我们要保持社会稳定与改革、发展相统一,坚持用发展的思想、改革的办法解决前进中的问题,努力做到把改革的力度、发展的速度和社会可接受的程度统一起来。

切实维护社会安全。一是政治安全。政治安全是首要问题,要坚决防止重大政治问题的发生,要加强党的执政能力建设,改善党的领导,对敌对势力和错误思潮保持高度警觉。要加强对互联网的监控和管理,坚决封堵、及时删除有害信息。对反恐怖工作要高度重视和长抓不懈。二是治安安全。维护社会安全,必须控制好治安局势,确保良好的治安秩序。应始终保持对严重刑事犯罪的高压态势,坚持"打防结合,预防为主"的方针,大力加强治安防控体系建设。全面落实社会治安综合治理的各项措施,把治安防范、治安管理、集中整治、社会控制等有机结合起来,建立全方位、多层次的打击、防范、控制工作机制。三是公共安全。要切实加强安全生产工作,严格落实责任制,堵塞漏洞,清除隐患,杜绝重特大安全事故的发生。加强治安管理交通秩序治理,有效避免和杜绝爆炸、投毒、重大火灾、重大交通事故等恶性事件的发生。认真探索新形势下维护公共安全的特点和规律,坚持防范在前,加强制度和机制建设,加快建立确保公共安全的长效机制,提高人民群众的安全感。四是经济安全。应坚持不懈地整顿和规范市场经济秩序,依法严厉打击各类危害社会主义市场秩序的犯罪活动,严厉查处国家工作人员贪赃枉法、滥用职权的犯罪。

要建立完善的社会管理格局。党的十六届四中全会提出要建立健全党委领导、政府负责、社会协同、公众参与的社会管理格局。这一格局意味着我们的管理理念在更新、管理方式在创新、服务领域在拓宽,意味着我们对于各种社会管理资源进行全新的整合,意味着社团、行业组织和社会中介组织将在社会管理中发挥越来越重要的作用。我们在进行体制设计、机制创新、制度安排时,一定要充分考虑到这些新的变化,切实形成社会管理和社会服务的合力,有效协调各方面的利益关系,充分利用一切社会资源,调动一切积极因素,努力实现社会安定有序。

建立健全社会预警体系,提高保障公共安全和处置突发事件的能力。第一,建立完善的社会信息反馈网络,健全突发事件报告制度,完善信息保证系统,健全预警预报责任制,使政府和领导干部及时把握社会动态和形势。第二,形成统一指挥、功能齐全、反应灵敏、运转高效的应急机制。如对卫生、信息、能源、粮食等方面的安全保障切实予以加强,建立公共安全的预警和决策分析机制,提高应对各种突发事件和风险的本领。第三,建立完备的突发事件管理制度和紧急状态法律法规。突发事件应急机制,包括信息采集和自动汇总机制、网络应急指挥机制、资源动员机制、社会治安保障机制等。设立调查制度,公正甄别突发事件的诱因。把应对突发性灾难所需经费纳入年度财政预算,保障平时和突发性灾难时期的经费投入。建立突发性灾难应对基金监管、物资储备、民间援助和社会救济等方面的制度。

要健全社会组织。健全的社会组织,是实现社会安定有序的保障。我国改革开放以来,大量的"单位人"变为了"社会人"和"社区人",大量与公民相关的社会公共事务,将由政府与企业之外的非政府组织、社会团体、中介组织等"第三部门"来承担。与发达国家相比,我国"第三部门"的发育还很不健全,法制还不完善,管理上也存在不少问题,以致于"第三部门"所具有的协调、"减压"、缓解社会矛盾的功能不能充分发挥。从这个意义上说,积极培育各类社会组织,加强和改进对各类社会组织的管理和监督,完善社会化服务网络,努力形成社会管理和社会服务的合力,形成社会保险、社会救助、社会福利和慈善事业相衔接的社会保障机制,同样是建立新型社会管理体系不可或缺的内容。

要加大反腐倡廉力度。一些人利用手上的资源或者公权力,对人民群众吃、拿、卡、要,所谓"不给好处不办事,给了好处也不办事"。这些人败坏了公务员的形象、党的形象,人民群众对其深恶痛绝。腐败是社会存在的毒瘤,是导致社会不和谐、不稳定的重要因素,它直接降低了人民群众对党和政府的认同度。因此,实现社会安定有序,必须做好反腐倡廉工作。通过反腐倡廉,社会利益得到公平分配,人民群众应得到的经济利益得到合理实现。存在于个别领导干部中的腐败行为在经济上的主要表现是对财物的占有和挥霍,它实质上是对社会生产关系的侵犯,侵占人民群众的经济利益,破坏党和群众的血肉联系,制造干群矛盾,激化人民内部矛盾。因此,开展反腐败斗争,就是通过查处腐败分子,维护人民群众的物质利益,保证财富合理、公正地分配,促进社会安定有序。

(三)诚信友善

诚信,即待人处事真诚、老实、讲信誉,就是"言必行,行必果",一言九鼎,一诺千金;友善,即对人亲近和睦,就是与人为善,团结友爱,和谐相处。诚信友善是海南国际旅游岛建设道德支持的社会道德规范之一。

在当今社会,诚信已不再局限于传统的个体道德修养层面,它更是现代公民的社会公德和公共领域的交往规矩以及政府机构的行事准则。政府不讲诚信将逐渐失去公信力而为人民抛弃,企业不诚信经营将走向破产,人与人之间不讲诚信将会失去朋友。诚信是国家、社会建设的基本要求,只有国家、社会都讲诚信,诚信才能成为维系整个社会的纽带,才能成为整个社会普遍存在的状态。

诚信就是诚实无欺,讲求信用,内诚于心,外信于人。诚信表现为诚信律己、诚信待人、诚信处事、诚信奉职。诚信律己,即将诚信贯穿于自我修养的各个方面,不欺于中,不昧于心,不口是心非,而是表里如一、言行一致,诚实无伪。诚信待人,即以诚恳之心待人,与人交往有信誉,一诺千金。诚信处事,即凡事讲求信用,说真话,办实事,"言必信,行必果"。诚信奉职,即将诚信贯穿于自己的职业领域、工作职责之中,无论从政、经商、为医、事农、治学,都遵循诚信之则,不朝令夕改,不假公济私,不以次充好,不短斤缺两,不妄言臆断。人人以诚信处事奉职,则与我们每一个人都息息相关的政府诚信、司法诚信、商业诚信、学术诚信等社会各领域的诚信建设便会具有更坚实的基础。

对于一个国家而言,"诚信"是立国之本。国家的主体是人民,国家的主权也归于人民。中国自古就有"民惟邦本,本固邦宁""得民心者得天下,失民心者失天下"的明训,这些话至今仍然是至理名言。"诚信"就是取信于民、团结人民的人文精神和道德信念。对于一个单位、行业、职业而言,"诚信"是立业之本。无论从事什么职业的人,要成为一名合格公民,都必须自觉做到有章必循、有诺必践,以诚为本、以信立业,用诚实劳动获取合理收益,而不能见利忘义。"诚信"作为一项普遍适用的道德规范和行为准则,是建立行业之间、单位之间以及人与人之间互信、互利的良性互动关系的道德杠杆。

在海南国际旅游岛建设中,海南也面临着社会诚信缺失的困扰。海南社会诚信缺失包括企业信用缺失、个人信用缺失、政府信用缺失、司法公信力缺失等问题,每个领域的信用缺失问题都造成十分严重的后果,企业信用缺失会造成巨大的经济损失,个人信用缺失则会加剧社会不信任,政府信用缺失会影响政府公信力,而司法公信力缺失滋生腐败犯罪。因此,加强社会诚信建设是海南国际旅游岛建设的应有之义。

一是健全诚信法律制度。市场经济是信用经济,也是法治经济。信用是市场经济的基础,法治是信用的保障。在市场经济条件下,仅靠良心和道德,不可能有效约束债权人的经济行为,必须依靠法律的力量,把一切信用活动纳入法治的轨道,才能维护和培育良好的信用秩序,形成有法可依、执法必严、违法必究的法治环境,为市场经济建立必要的法治基础。因此,必须积极推动与诚信相关的立法工作,健全诚信法律制度,使社会形成"诚信得益、失信失利"的健康局面,为社会诚信提供法制保障。

二是建立诚信道德制度建设。诚信道德制度建设就是建立社会诚信评价制度，使道德规范上升为制度规范，用制度规范来规范社会的诚信行为。社会诚信道德制度很大程度上依赖于社会诚信档案和社会诚信评估制度的建立。社会诚信档案准确完整地记录政府机关、企业和个人的诚信信息，用于社会诚信评估。社会诚信评估根据社会诚信记录和社会诚信评估标准，对社会上个人、企业、社团的诚信行为作出客观评估，并进行警示、奖惩，为社会诚信提供制度保障。

三是完善诚信监督体系。由于我国社会信用体系还在逐步完善中，不讲信用的行为被发现和追究责任的可能性还较低，对失信行为的惩罚严厉程度还不够，失信成本远没有起到应有的震慑作用，因此，建立和健全一套完善的诚信监督体系用以有效地震慑不守信者，就势在必行了。诚信监督主要分为政府信用监管和社会舆论监督。政府信用监管是指政府对社会信用的监督与管理，这是整个社会诚信文化建设体系的关键与核心，直接制约着企业诚信和个人诚信的发展，因为政府及其工作人员有没有信用、讲不讲诚信对企业和个人具有直接的示范、引导作用。近年来，社会舆论监督在诚信文化建设中的作用也日益凸显。社会舆论监督有利于及时发现社会上存在的失信问题，及时报道政府部门、企业或个人的违法乱纪行为，对政府和社会组织及公民个人在人际交往、经济交往中的失信现象及时披露，有助于法律、法规的有效执行。在我国传媒事业飞速发展的今天，尤其是互联网这种现代传媒的诞生，以迅速、便捷、广泛、互动优势为舆论监督提供了更加广泛的平台。

友善是人与人之间和人与自然之间的亲近和谐。友善不仅包括人与人之间的友善，也包括为人谦恭庄重、待人宽厚和气，处事诚实刚正、行事勤快敏捷、常怀慈善之心等等，还包括人与自然的友善。友善是人际交往中的道德规范。友善就是善待亲人、善待朋友、善待他人、善待自然、善待社会。友善是爱心的外化，一个充满爱的世界才是美好的世界。友善有改变人的力量。友善是与他人态度真诚的交往，友善是对陌生人的一个微笑,友善是在别人遭遇困难时你伸出的一只手,友善是社会生活中存有善良之心。

友善是人类大家庭中的成员求得共同生存和共同发展必不可少的要求。人类心灵的满足不仅需要有最起码的物质基础保障,更需要用一种与人为善、相互帮助和提携的精神理念支撑。友善是中华民族的传统美德。中华民族历来提倡厚德载物、和谐共处,强调与人为善、助人为乐,如"己所不欲,勿施于人""勿以恶小而为之,勿以善小而不为""老吾老,以及人之老;幼吾幼,以及人之幼"……"友善"已渗透到了我们民族心理和思维方式之中,并在人们的社会生活中不断得以发展和完善,成为维系人类社会的道德秩序、道德关系及人们应遵守的行为准则和规范,成为中华民族一种深厚的民族传统意识。

友善有助于人与人之间的和谐。社会生活是一张无形的网,每个人都是这张社会关系之网上的一个网结。不论自觉不自觉,抑或愿意不愿意,每个人每时每刻都要处理各种各样的人际关系。在家庭生活中,要处理父母子女之间的关系;在单位,要处理上级和下级之间的关系以及同事之间的关系;在商场,要处理顾客同营业员之间的关系;上了飞机,要处理乘客同乘务员的关系,如此等等。可以说,我们每走一步,每办一件事,都需要处理各种各样的人际关系。而只有人际关系和谐,我们的身心才会愉悦,我们的生活质量和工作效率才能不断提高。可见,友善贯穿于社会公共生活领域、家庭生活领域、职业生活领域的各个方面,是促进不同领域人际关系和谐的道德基础。

友善有助于人与自然的和谐。友善不仅表现在人类社会,还应该体现在人与自然环境相处的关系上。近代以来,人们一直将自然界当成征服的对象,无休止地、野蛮地、疯狂地掠夺自然界的财富,造成今天地球大气、海洋和土地的污染日趋严重,森林缩小、土地沙漠化。人类和自然界之间不应该是一种掠夺和被掠夺的关系,而应该是一种友好相处的关系,我们应该善待自然,实现人与自然和谐共存、和谐发展。

友善有助于社会信任的增加。友善往往是信任的催化剂。我们与别人交往时,只有相信对方不会伤害我们,感觉到对方尊重自己、善待自己,才能消除对他们的戒心,建立起相互信任。然而,最近几年突发的食品安全问题、制假造假问题、社会欺骗问题都暴露了我们社会的信任危机。社会信任危机的产生一方面是由于信任制度的不完善,更重要的原因则是社会关系的异化。友善要求人们能够像对待自己一样对待他人,友善将牵引人们在社会生活中真诚地对待他人,履行对他人的责任和承诺,这样,友善就能在社会成员中传递友爱和真情,从而加深相互之间的信任程度,为社会成员互信提供心理基础。

为营造友善的社会氛围,社会需要包容性发展。

一是相互尊重。随着社会分工越来越细,行业与行业、人与人的依赖性越来越强,整个社会形成了一个交互作用的有机体。特别是在市场经济条件下,由于市场经济本质是交换经济,作为人格平等的社会个体要想在社会上实现自己的价值,彼此进行交换、交往是必要的,而彼此尊重则是交往乃至交换的前提。社会心理学研究也表明,每个人都有自己的人格尊严,也都希望别人尊重自己,这是人的天性。

二是理解宽容。生活中因相互不能理解而引发的矛盾或冲突难免会产生。当自己的利益与他人利益发生矛盾时,如果克己奉友,就不会遇事斤斤计较;当遭到别人误解或不相容时,如果有宽广的胸怀,就不会"以其人之道还治其人之身"。换句话说,只有心胸豁达才能容人,只有平心容人,才能客观地评价他人、理解他人,与他人友好相处。常言说得好,比海洋更宽阔的是天空,比天空更宽阔的是人的胸怀。这种胸怀体现的就是一个人的精神境。社会中的人由于在知识、能力、经验、水平等方面存在着差异,因而自身既有优点,也有缺点和弱点,可谓寸有所长,尺有所短。因此,在社会交往中,要求既能宽容别人的过失和缺点,不求全责备,也能容忍理解别人的优点和长处。当然,提倡宽容理解,并非是非不分、袒护他人错误或毫无原则地忍让,这样必然会失去人格和尊严。

三是协调合作。竞争作为市场经济的重要特征具有两面性,一方面能促进人的发展,促进社会的发展;另一方而又容易引起对抗和冲突,导致人际关系的紧张。过度竞争还会引起行为的扭曲和资源的浪费,由此给人与人之间带来巨大的心理压力,从而使竞争从发展动力变为发展阻力。但是,社会化大生产又要求整个社会必须分工协作。在现代社会,协调合作的真谛就在于促进人和人之间基于理解信任上的和谐与融洽,有效地减少因竞争而产生的矛盾和冲突,从而有利于社会的发展、个人能动作用的发挥和社会经济效益的提高。

(四)环境优美

环境优美指自然环境优美,人们要生活在一个山青、水绿、天蓝、气纯的自然环境之中,也包括社会活动环境优美,如公共场所的卫生、整洁、绿化。环境优美重点是公共场所的卫生。首先,要卫生。公共场所的环境和条件都要合乎卫生要求,都要有利于预防疾病,增进人民健康。对城市而言,要搞好"三废"(即废气、废水、废渣)的处理,清除空气、饮水中的有害物;在农村要搞好"一管三改"(即管理粪便,改善饮水条件,改造厕所,改造畜禽栏圈)的工作。农村的粪便可以统一的放在一个地方,制造沼气方便人们生活,防止疾病的蔓延和传播,保证人民的身体健康。其次,要整洁。就是要使周围的环境达到整齐美观、井然有序,空气清新、卫生清洁的要求,要让人看后形成一种舒适、洁净、愉悦、优美的感觉。再次,要绿化。要求人们在庭院街道、村屯以及一切能栽种树木的地方多栽草木,搞好园林绿化,提高绿化覆盖率。城镇还要搞些花坛、公园、街心花园、草坪等。

在人与自然的关系上,人类奉行改造自然、征服自然的价值观,破坏了人与自然的和谐共生、和谐共荣的关系。长期以来,人们在经济发展的过程中,没有意识到保护自然的重要性,对自然资源野蛮索取,致使生态平衡遭到破坏,导致人类生存环境趋于恶化,危及人类自身的生存和发展。因此,保护自然环境,是维持人类的共同利益和长远利益的体现,于是人类对自然环境的保护就具有道德意义。

环境问题成为世界共同关注的问题。1972年,在斯德哥尔摩召开了联合国"人类环境会议",1992年,在里约热内卢召开的联合国"环境与发展大会",提出人口、资源、发展、环境协调发展的可持续发展观。中国仍处在发展之中,资源和环境制约日益显现,空气污染、水污染危害公众的健康,保护生态环境和治理环境污染成为中国在经济发展中必须破解的难题。

海南由于开发较晚,对于自然生态环境的破坏比较少,海南由于工业发展严重滞后,因此,对自然生态环境的污染也相对较少。从1992年开始,海南在全省范围内大规模开展生态省建设,使海南的生态环境得到一定程度的修复。海南从整体上看,自然环境优良,但是,海南社会活动的环境仍不乐观。随着城市规模的扩张,城市环境问题日益突出,城市环境秩序不佳,城市公共卫生状况不佳,城市环境治理难度较大。在海南农村,随着海南农村文明生态村的建设不断推进,农村的环境状况有了一定的改观。但是,海南的社会活动环境离环境优美仍有一定距离。因此,在海南国际旅游岛建设中,仍需要将环境优美作为社会道德规范之一。

首先,必须树立尊重自然、顺应自然、保护自然的生态文明理念。人类与自然是平等的,人类不是自然的奴隶,人类也不是自然的上帝,在开发自然,利用自然中,人类的行为方式必须符合自然规律。我们要按照人与自然和谐发展的要求,在经济发展中,充分考虑自然条件和资源环境承载能力。在海南国际旅游岛建设中,必须坚持保护与发展的协调关系,在保护中发展,在发展中保护,确保生态红线,确保海南的生态环境始终处于优良状态,以造福于海南子孙后代。

其次,着力推进绿色发展、循环发展、低碳发展。海南国际旅游岛建设仍然需要发展,但是一定要转变发展方式,着力在绿色发展、循环发展和低碳发展上下功夫。在经济发展中,要采用先进的科学技术,要尽可能减少资源消耗和能源消耗,要减少污染物排放,要减少废弃物的产生。要积极发展循环经济,提高资源利用效率。在海南国际旅游岛建设中,海南应大力发展新兴产业,特别是大力发展现代服务业,形成开放型、生态型和服务型的经济结构。

再次,加大环境污染治理。海南城市和农村的环境污染也较为严重,人们的生活产生了大量的垃圾,污染了生活环境。海南工业虽然不太发达,但是也存在一些落后技术,造成工业污染。海南应加大污染治理,对废水、废气和工业废弃物进行综合治理,最大限度地减少环境污染。

最后,治理城市不文明行为。在海南城市中,不文明行为仍比较普遍,在大街上、在公共场所、在一些旅游景区和景点,乱扔垃圾、乱扔废弃物仍比比皆是,这些不文明行为,不但破坏了环境整洁,也危害着人们的健康,更有损海南国际旅游岛的形象。在海南国际旅游岛建设中,海南应探索长期有效的制度和机制,消除一切影响海南国际旅游岛形象的不文明行为,给国内外旅客以环境优美的形象。海南不仅要有蓝天、大海、青山、绿水等自然风光之美,而且也要有环境整洁、卫生、绿色的社会生活之美。

三、相关参与者的道德规范

海南国际旅游岛建设中有各个行为主体,具体有领导者、管理者、经营者、从业人员和当地居民。道德规范体系就是各个行为主体的具体行为准则。

(一)海南国际旅游岛建设领导者的道德规范

海南国际旅游岛建设的领导者承担着领导海南国际旅游岛建设的重要责任,他们应当具有把握全局的能力,领导海南国际旅游岛建设始终沿着正确的方向前进。同时,海南国际旅游岛建设的领导者应具有高层次的道德水准。

海南国际旅游岛建设领导者的道德规范,是指海南国际旅游岛建设的领导者在领导海南国际旅游岛建设的活动中,应当具备的思想品德和应该遵守的行为规范。

1. 勤政为民

全心全意为人民服务是党的根本宗旨,也是海南国际旅游岛建设领导者道德规范的核心内容和本质要求。首先,在人民群众与领导者的关系中,人民群众是历史的主体和社会的主人,领导者则是人民群众的公仆,是人民群众的勤务员。毛泽东同志指出:"我们一切工作干部不论职位高低,都是人民的勤务员。我们所做的一切,都是为人民服务。"在海南国际旅游岛建设中,海南人民是海南国际旅游岛建设的主体和主人,海南国际旅游岛建设领导者是海南人民的公仆,是海南人民的勤务员,只有全心全意为海南人民服务,努力做到勤政为民,才能成为一个合格的领导者。其次,海南国际旅游岛建设的领导者,其权力是人民群众赋予的,这种权力只能用在勤政为民上,用在为海南人民群众办实事、办好事上,用在推进海南国际旅游岛建设的伟大事业中。勤政为民应当成为海南国际旅游岛建设领导者的道德追求和自觉行动,权为民用、利为民谋、情为民系应该成为海南国际旅游岛建设领导者的天职。

2. 廉洁奉公

海南国际旅游岛建设的领导者必须要有更高的思想境界和道德要求,海南国际旅游岛建设的领导者必须做到廉洁奉公、淡泊名利、大公无私、无私奉献。按照目前我国道德发展的层次水平,道德水平可以分为三个层次:第一个是高层次的道德水平——即大公无私、公而忘私、忘我奉献的先进思想和行为;第二个是基本层次的道德水平——即先公后私、先人后己、利人与利己相结合的道德底线;第三个是低层次的道德水平——

即自私自利、损公肥私、以权谋私等不道德的思想和行为。海南国际旅游岛建设的领导者,作为海南人民的公仆和合格的领导者,必须具备社会道德的高层次准则,应当成为海南社会的道德表率。

3.公道正派

注重人品修养、追求高尚人格,是个人品德的基础,也是海南国际旅游岛建设领导者从政道德的基础。公道正派,是领导者人格力量的重要体现。领导者的公道正派主要体现在对待"权""功""过"三个字上。对待"权",要慎用权,要树立为人民而掌权的"权力观";对待"功",要不争功,要摆正领导与群众、集体领导与个人分工的关系,把成绩归功于群众和集体,不要夸大个人的作用;对待"过",要不诿过。要冷静处理工作中出现的问题和失误,不怨天、不怨地、不怨人、不文过饰非。要主动承担责任,更不能把责任推给下级。领导者要在人民群众中树立威信,就要对下级和群众"一诺千金"讲信用,切忌讲假话、讲大话、讲空话、讲套话、讲不着边际的话。说到做到,不放空炮。要求别人做到的,首先自己做到。领导者必需以党的利益、国家的利益、人民的利益作为出发点和落脚点。在处理人际关系上,不为权势所迫、不为私情所累,襟怀坦荡、光明磊落;在执行用人路线上,要任人唯贤,搞五湖四海。领导者只有立公心、求公正、做公仆,才能真正赢得海南社会和人民的公论。

4.勇于担当

勇于担当是海南国际旅游岛建设领导者必需的道义责任和行为规范。海南国际旅游岛建设是一个新的事业,作为海南国际旅游岛建设的领导者应当承担起领导者的责任,带领全省人民共同建设海南国际旅游岛,共同建设海南人民的幸福家园。

在海南国际旅游岛建设的开局之年,海南各地借海南国际旅游岛建设上升为国家战略之际,一些人借海南国际旅游岛之名,哄抬地价和房价,引发海南当地居民的担忧。面对危机,海南省领导勇于担当,果断应对,及时作出"两个暂停"的决定,此举有力地改变了人们对海南房地产市场的预期,有效保证了海南国际旅游岛的顺利开局,充分体现了海南国际旅游岛建设领导者勇于担当的品格,此举也得到了海南人民的一致称赞。

(二)海南国际旅游岛建设管理者的道德规范

海南国际旅游岛建设管理者在海南国际旅游岛建设中充当执行者的角色,他起着承上启下的作用,对上他要执行海南国际旅游岛建设领导者的指示,对下要具体管理海南国际旅游岛建设的经营者。海南国际旅游岛建设管理者的角色决定了其道德规范。

海南国际旅游岛建设者的道德规范,是指海南国际旅游岛建设的管理者在管理海南国际旅游岛建设的活动中,应当具备的思想品德和应该遵守的行为规范。

1.依法行政

依法行政是依法治国的必然要求,依法行政的本质是有效制约和合理运用行政权力,它要求一切国家行政机关和工作人员都必须严格按照法律的规定,在法定职权范围内,充分行使管理国家和社会事务的行政职能,做到既不失职,也不越权,更不能非法侵犯公民的合法权益。

海南国际旅游岛建设的管理者要以法律为准绳,以事实为依据,严格执行法律,依法执行公务,努力做到履职到位、依法办事,不滥用职权,不以权代法,不以言代法,更不能徇私枉法。海南国际旅游岛的管理者在执法时必做到执法有据,坚决做到法无授权不可为,必须做到公正执法,按照法律规定和法定程序公正执法,文明执法,一定要做到自觉接受社会监督,做依法行政的实践者。

2. 秉公执法

秉公执法就是秉持公正之心,严格执行法律,平等待人,不徇私情,不畏权势。海南国际旅游岛建设的管理者承担着行使国家公权力的责任,在执行公务活动时,应当秉公执法。海南国际旅游岛建设的管理者必须克己奉公,为海南国际旅游岛建设的整体利益着想,为海南国际旅游岛建设积极进取,奉献自己的力量和智慧。海南国际旅游岛建设的管理者应当做到执政为民、用权为公、坚持原则、公道正派、奉法循理、正直无私。在处理海南国际旅游岛建设中碰到的具体公务时,要努力做到:处理问题,秉以公心;解决纠纷,主持公道;遇到干扰,铁面无私。海南国际旅游岛建设的管理者要正确地行使人民所赋予的权力,切实做到秉公执法,不徇私情,不谋私利,决不能徇私枉法,损公肥私。

3. 清正廉洁

海南国际旅游岛建设的管理者应当一身正气、两袖清风、洁身自好。不贪财,不利用职务和工作的便利接受馈赠,不利用职权索贿受贿、贪赃枉法、中饱私囊。真正做到为政清廉,不谋私利。海南国际旅游岛建设的管理者要按照自重、自省、自警、自励的要求去规范自己的行为,确保风清气正、清正廉洁。自重。就是要尊重自己的人格,珍惜自己的名誉,塑造好自己的形象,勤奋工作,不辱使命,即不骄傲自满,又不妄自菲薄。自省。就是要想想自己,所言所行是否符合海南人民群众的意愿和要求,是否符合海南国际旅游岛建设管理者的身份。防微杜渐,特别是在无人监督时,更应严格要求,洁身自好,不断净化灵魂,提升道德水准。自警。就是要管住小节,警钟长鸣,时时以党纪国法告诫自己,用党性原则要求自己。自励。就是自我激励,自我勉励。一个人只有具备了自励精神,才能探索不息,奋斗不止,进取不辍;也才能不断实现新的目标,取得新的成就,从而实现人生的理想和价值。海南国际旅游岛建设的管理者应当坚持厉行节约、勤俭办事的优良传统，追求健康向上的生活情趣，以淡泊之心对待名利，要坚决守住清正廉洁的底线，必须严格执行党和政府关于廉洁自律各项规定。管理者应当经常对照这些规定进行自我检查，凡是规定不准做的事项绝对不能做，在任何情况下都要稳得住心神、管得住行为、守得住清白，做到一尘不染、一身正气。

4. 勤奋务实

海南国际旅游岛建设的管理者应当勤奋务实，不断进取，为海南国际旅游岛建设贡献力量。首先，海南国际旅游岛建设的管理者一定要勤于调查研究，要经常深入实际，进行艰苦细致的调查研究，按照事物的本来面貌如实地反映情况，向上级提供真实无误的材料，为海南国际旅游岛建设的领导者提供准确可靠的决策依据。其次，海南国际旅游岛建设的管理者一定要尊重客观事实。坚持一切从实际出发，忠于事实，尊重客观真理。要说老实话，办老实事，做老实人。必须坚持讲真话，不讲假话、空话、大话。无论是对成绩还是对缺点，都要一是一，二是二，既不虚报夸大，也不隐瞒缩小；要脚踏实地，不图虚名，扎扎实实地干工作，老老实实地为人民办实事，决不能摆花架子，做表面文章，更不能弄虚作假，投机取巧；要言行一致，表里如一，不能口是心非，言行不一，更不能颠倒是非，欺骗人民和政府。再次，坚持真理，修正错误。要坚持不唯上，不唯书，只唯实的原则，不畏权势，不随波逐流，不怕丢"面子"，不怕丢"位子"，随时为人民的利益坚持真理，修正错误。

（三）海南国际旅游岛建设经营者的道德规范

海南国际旅游岛建设经营者是指在海南从事商品经营与营利性服务的法人、其他经济组织和个人。海南国际旅游岛经营者在海南国际旅游岛建设中起着十分重要的作用，他们是海南国际旅游岛建设的一个基础力量。

海南国际旅游岛建设经营者的道德规范,是指海南国际旅游岛建设的经营者在从事经济活动中,应当具备的思想品德和应当遵守的行为规范。

1. 依法经营

海南国际旅游岛建设是在我国全面推进依法治国的大背景下进行的,海南国际旅游岛建设的经营者必须依法经营,做社会主义法治的守法者。海南国际旅游岛建设也是在社会主义市场经济的基础上进行的,而社会主义市场经济是一个法制经济。我国也建立起了比较完备的社会主义市场经济法律体系,社会主义市场经济法治保障了市场主体的地位平等、意志自由和正当权益,并将经营者的市场行为纳入合法的规范之中,而依法经营则是对海南国际旅游岛建设经营者的道德规范的核心要求。

依法经营就是要求海南国际旅游岛建设的经营者在从事经济活动中,应当自觉遵守国家的法律法规。经营者应当尊重消费者的合法权益,以优质产品在市场竞争中取胜,不应把有损社会公益的产品推向市场。经营者应当依法纳税,自觉接受政府主管部门的监督管理,维护市场秩序。经营者应当遵守环境法,合理利用自然资源,保护生态环境,反对一切污染环境的行为。经营者应当依照法律法规,在市场上与同行展开公平竞争,坚决反对经济垄断行为、行政垄断行为、商业贿赂行为、虚假宣传行为、侵犯商业秘密等行为。经营者应当依法管理企业,按照法律的规定,切实保护好劳动者的合法权益。总之,经营者应当学会用法治的思维和法治的方式处理和解决公司在经营过程中遇到的问题和矛盾。

2. 诚实守信

海南国际旅游岛建设是在我国社会主义市场经济的基础上进行的,而社会主义市场经济本质上也是信用经济,经营者诚信是社会主义市场经济条件下经营者的身份证和通行证,社会主义市场经济和海南国际旅游岛建设都要求经营者必须诚实守信。

诚实守信就是要求经营者在从事经济活动中,应当尊重消费者,为消费者提供满意的产品和服务。经营者应当为消费者提供货真价实、安全可靠的产品和服务,不制造或销售危害消费者身心健康的假冒伪劣产品,在产品销售和提供服务中不缺斤短两、以次充好。经营者应当诚实面对消费者,不搞虚假广告,不误导消费者。经营者应当尊重员工,努力为员工提供良好的工作和生活条件。经营者与同行之间应当公平竞争,反对不正当竞争。经营者应当信守承诺,讲求信用,在经营管理的全过程实施诚信,在经营管理的每一个方面,每一个环节都要以诚信为基础,不断提高经营者在社会上的诚信度,不断提高社会公众对经营者的信任度。

3. 服务社会

海南国际旅游岛建设的经营者在海南国际旅游岛建设中承担着重要的责任,经营者的主要任务是以自己的产品或服务来满足海南国际旅游岛建设的需要,推进海南国际旅游岛建设的持续发展。在海南国际旅游岛建设中,经营者的发展离不开海南社会的广泛支持,经营者必须承担起自己的社会责任,处理好经营者与社会的关系。

服务社会就是要求海南国际旅游岛建设的经营者在追求自身利益的同时,必须重视社会利益,为海南国际旅游岛建设服务。服务社会应当成为海南国际旅游岛建设经营者的道德理念和价值目标。服务社会,承担应尽的社会责任,是海南国际旅游岛建设经营者应当遵循的一条最基本的伦理准则与规范,也是经营者处理好与社会关系的行动指南。

服务社会要求经营者在追求经济利益的同时,承担起必须的社会责任。经营者要为社会提供就业岗位,为员工提供良好的就业环境,保证生产安全,维护员工职业健康,保护劳动者的合法权益。经营者要为社会创造财富,为国家上缴税收。经营者要积极参与社会主义和谐社会建设,支持社区事业,支持慈善事业,捐助社会公益,保护弱势群体。

4.保护环境

海南国际旅游岛建设要形成生态型的经济结构,对海南国际旅游岛建设的经营者提出了特殊的要求,保护环境对海南国际旅游岛建设的经营者有着更加现实的意义。在海南国际旅游岛建设中一定要保护好海南的生态资源,保护好海南的蓝天、青山和绿水,为海南的长期可持续发展做出自己应有的贡献。

保护环境就是要求海南国际旅游岛建设的经营者在保护环境方面承担起应尽的社会责任。为了保护海南的生态环境,经营者必须将保护环境作为自己的经营理念,推行绿色经营模式。首先,要节约资源。在生产和经营过程中,要尽最大努力节约资源,减少资源消耗,提高资源利用率。其次,要减少污染。在经营的全过程中,尽可能的减少环境污染,做到清洁生产。再次,要循环利用。在生产经营过程中,做到循环利用,最大限度地减少资源消耗和环境污染。

保护环境、绿色经营是对海南国际旅游岛建设经营者的道德要求,海南独特的生态环境要求经营者必须实行绿色经营。破坏环境就是破坏海南国际旅游岛建设,将受到海南人民的道德谴责。

(四)海南国际旅游岛建设从业人员的道德规范

海南国际旅游岛建设从业人员是指在海南从事一定的社会劳动并取得劳动报酬的人员,主要是指在海南各企事业单位工作的在岗职工。海南国际旅游岛建设从业人员是海南国际旅游岛建设的主体,其从事的工作是基础的劳动和服务工作。

海南国际旅游岛建设从业人员的道德规范,是指海南国际旅游岛建设的从业人员在海南国际旅游岛建设活动中,应当具备的思想品德和应该遵守的行为规范。

1. 爱岗敬业

爱岗敬业,是指热爱自己的本职工作,以恭敬负责的态度对待工作。爱岗敬业是海南国际旅游岛建设从业人员做好本职工作的前提和基础,是海南国际旅游岛建设从业人员道德规范的核心。社会有分工,职业无贵贱,职业没有三六九等的划分,海南国际旅游岛建设从业人员是建设海南国际旅游岛的劳动者,在平凡的工作岗位上兢兢业业,认认真真地做好自己的本职工作就是为社会作贡献,也是为海南国际旅游岛建设作出自己的贡献。爱岗敬业就是对本职工作高度负责,热爱本职工作,敬重职业岗位,在本职工作中实现人生价值。爱岗敬业就是要以主人翁的姿态投入到工作中去,做到"干一行,爱一行,钻一行",工作中尽心尽责,不断钻研业务,不断提高工作技能。爱岗敬业就是要一丝不苟的对待职业,不怠惰,不松懈,认真做好每天的工作。海南国际旅游岛建设必须靠海南国际旅游岛建设的从业者辛勤劳动才能最终实现,爱岗敬业,为海南国际旅游岛建设做出自己的一份贡献,是海南国际旅游岛建设从业者的职业价值所在。

2. 遵纪守法

遵纪守法,是指海南国际旅游岛建设的从业人员在职业活动中应当严格遵守国家的法律、法令和有关政策,自觉遵守各种规章制度、条例、守则等职业纪律。遵纪守法是海南国际旅游岛建设从业人员的基本道德规范,是从业人员的基本义务和必备素质之一。

海南国际旅游岛建设的从业人员应当自觉遵守国家和海南省制定的法律法规,做守法的合格公民。海南国际旅游岛建设的从业人员应当自觉遵守职业纪律,职业纪律是为维护集体利益并保证工作有序进行而要求员工必须遵守的规章和条文,职业纪律具有一定的强制性,它是从事职业活动的基本保证,违反了职业纪律,会受到相应的批评、处分或制裁。

海南国际旅游岛建设的从业人员要做到自觉遵守职业纪律,做遵守纪律的合格员工。

3. 勤勉尽责

勤勉尽责,是指海南国际旅游岛建设的从业人员应当勤勉工作,尽职尽责。勤勤恳恳地工作,兢兢业业地履行岗位职责,这是海南国际旅游岛建设的从业人员应当具备的道德规范。

在海南国际旅游岛建设中,每一个从业人员其工作岗位不同,因此要求每一个从业人员各尽其责,对自己承担的工作高度负责,努力做好本职工作。勤勉尽责就是要求从业人员用一种恭敬严肃的态度对待自己的工作,要努力掌握本职工作所需要的知识和技能,勤勉工作,精益求精,成为本职工作的状元。现代社会劳动分工越来越细致,这对劳动者的业务水平、技术素质、工作能力提出了更高的要求,劳动者不但要有敬业的精神,更需要有精业的能力。勤勉尽责就是要求海南国际旅游岛建设的从业人员要自觉履行职业职责,每一个工作岗位都有一定的职责要求,每一个从业人员都应当有高度负责的精神从事自己的工作,出了问题要勇于担责,并且勇于改正错误,不断提高工作效绩。

4. 团结协作

团结协作,是指海南国际旅游岛建设的从业人员必须自觉履行职业活动中的协作义务,团结互助,以保证职业活动的顺利进行。现代社会是社会化大生产,需要从业人员分工协作、团结互助、齐心协力、和睦相处、以诚相待、相互支持,这样才能实现最佳的经济效益和社会效益。海南国际旅游岛建设的从业人员不仅要爱岗敬业,还要团结协作,从业人员的相互配合,相互协作是现代社会发展的要求,也是海南国际旅游岛建设的需要。在海南国际旅游岛建设中,每一个从业人员都应当有团结互助精神,不做损人利己的事,不做损害社会的事。一个人在职业活动中,难免发生利益冲突,当社会整体利益与单位局部利益、个人利益发生冲突时,海南国际旅游岛建设的从业人员应当始终把社会利益放在首位,要以海南国际旅游岛建设的大局为重。

(五)海南国际旅游岛建设当地居民的道德规范

海南国际旅游岛建设当地居民是指居住在海南的非从业人员。海南国际旅游岛建设的当地居民是海南国际旅游岛建设的参与者,是海南国际旅游岛建设的坚定支持者。

海南国际旅游岛建设当地居民的道德规范,是指海南国际旅游岛建设当地居民在海南国际旅游岛建设的活动中,应当具备的思想品德和应该遵守的道德规范。

1. 文明礼貌

文明礼貌是人类社会进步的象征,是精神文明的具体表现之一。对个人来说,文明礼貌是一个人的思想道德水平、文化修养、交际能力的外在表现;对社会来说,文明礼貌是一个国家社会文明程度、道德风尚和生活习惯的反映。

海南国际旅游岛建设不仅是物质文明建设,同时也是精神文明建设。随着社会公共交往日益密切和频繁,人际关系多样复杂,文明礼貌日益成为社会交往的"润滑剂",是保持社会和谐的基本准则。海南国际旅游岛建设当地居民的文明礼貌是通过当地居民个人的言谈举止、仪容仪表等表现出来的,主要有仪容、举止、表情、服饰、谈吐、待人接物等。要提高海南整个社会的文明程度,每一个海南当地居民都应当做到文明礼貌,以体现海南国际旅游岛的整体形象。

海南国际旅游岛建设当地居民的文明礼貌,就是要求在海南居住的当地居民在社会公共生活中要讲文明、懂礼貌、重礼仪。讲文明,就是在社会公共生活中,要尊重他人,不大声喧哗,不在公共场所抽烟,不随地吐痰,不乱扔废弃物。懂礼貌,就是在与人交往中,一定要使用礼貌用语,礼貌待人,要说话和气,不讲粗话、脏话,不恶语伤人。重礼仪,就是在社会公共生活中,要注重个人仪表,要自觉遵守公共场合的礼仪,自觉遵守公共场合的相关规定。

2. 遵守秩序

秩序是维护社会正常运行的基本保证,遵守秩序意味着对社会公共生活中的纪律、规章、规定、法律、法规等社会公约的尊重和敬畏,不妨碍社会大众的权益和利益。公共秩序一般有两种形式:一是有明文规定的,如一般在公共活动场所的禁止性规定。二是没有明文规定的,是人们在长期公共生活中形成的道德经验与行为习惯,如自觉排队、行车有序等,在每一个公共场所都会有一些特定的行为秩序。

要使海南国际旅游岛建设当地居民遵守秩序,就是要自觉遵守社会公共生活的秩序。一是要自觉遵守公共交通秩序,不随意横穿马路,自觉听从红绿灯的指挥,坐公交车要自觉排队等。二是要遵守要公共活动秩序,一般公共活动都有秩序要求,如有序进出,服从指挥等。三是要遵守公共卫生秩序,不随地吐痰,不随地吐槟榔,不随地扔烟头,不在公共场所抽烟等。

遵守秩序是海南国际旅游岛建设当地居民的基本道德规范之一,它是外地人来海南后的第一印象,是海南形象的重要体现,也是海南社会文明的重要表现。

3. 爱护公物

公共财物一般是指社会全体成员所共有的财物,是为社会全体成员提供公共服务的产品,如公用设施、文物古迹。公物是社会劳动的结晶,是服务社会公众的重要载体。爱护公物体现了对社会劳动成果的珍惜和对劳动人民的尊重。

海南国际旅游岛建设当地居民爱护公物就是要有主人翁的意识,做到像爱护私人财物一样爱护公共财物。海南的公物是为海南当地人和来海南旅游、经商的外地人服务的,作为海南当地居民要有主人翁的意识,自觉爱护、保护好海南的公物。爱护公物:一是要努力做到正确使用公物,尽量避免由于使用不当而造成的人为损害。二是不要损害公物,不做损公利己的事,不做公物私用的事。三是发现破坏公物的现象要及时制止,勇于和破坏公物的行为作斗争。

爱护公物是海南国际旅游岛建设当地居民的道德规范之一,是海南国际旅游岛建设社会文明的体现,是海南人文明形象的体现。

4. 保护环境

环境主要是指自然生态环境,它是人类生存和发展的基础。自然环境的好坏,不仅涉及每一个人的利益,而且关系到子孙后代的幸福。生态环境优良是海南最大的资本,是海南国际旅游岛建设的最大优势所在。

保护环境是海南国际旅游岛建设当地居民的道德责任和义务。海南国际旅游岛建设当地居民都应当自觉遵守环境道德,做到人与自然和谐相处,保护好海南的自然环境,保护好海南的生态平衡。

保护环境是海南国际旅游岛建设的基本前提。海南国际旅游岛建设一定要做到金山银山与蓝天、绿水、青山共存,海南国际旅游岛建设当地居民都要有保护好环境的主人翁精神,保护好环境就是保护好海南国际旅游岛建设的根基,就是保护好海南可持续发展的前景。

海南国际旅游岛建设当地居民要像爱护自己的家园一样保护好海南的优良环境:一是自己要注意节约资源,节约用电、节约用水、节约用气,节约一切可以节约的资源。二是自己不污染环境,不乱倒垃圾,不乱扔废弃物,不破坏自然环境。三是要主动保护环境,对破坏环境的现象要及时制止,对破坏环境的行为也要进行道德谴责。

第八章

海南国际旅游岛建设道德支持的制度体系

《公民道德建设实施纲要》指出:"建立健全有关法律法规和制度,把公民道德建设融入科学有效的社会管理之中。"①制度具有根本性、全局性、稳定性和长期性,在海南国际旅游岛建设中,建立健全道德制度体系,是保障海南国际旅游岛建设道德支持的关键。

海南国际旅游岛建设道德支持需要建立和完善多层次的道德制度体系,强化道德立法,加强道德制度建设,完善道德评价体系,深化道德教育。

一、建立健全多层次的道德制度体系

1996年10月10日,党的十四届六中全会通过了《中共中央关于加强社会主义精神文明建设若干重要问题的决议》,决议明确指出:"社会主义道德风尚的形成、巩固和发展,要靠教育,也要靠法制。要建立健全

---

① 《公民道德建设纲要,建设与社会主义市场经济相适应的思想道德体系》,红旗出版社2013年版,第267页。

有关的法律、法规和制度,依法加强对社会生活各个方面的管理,制裁和打击危害社会的不法行为,执法必严,违法必究。综合运用教育、法律、行政、舆论等手段,规范和养成良好的行为习惯,约束和制止不文明行为,形成扶正祛邪、惩恶扬善的社会风气。"①

(一)海南道德建设的实践经验

我国的精神文明建设是和我国的改革开放同时进行的,也是和我国的物质文明建设同步进行的。近30年来,我国的改革开放事业取得了巨大成功,取得了令世人惊叹的成就,但是,我国精神文明建设却与物质文明建设不协调,社会主义道德风尚仍在形成之中,社会不文明行为仍较普遍,尚未形成扶正祛邪、惩恶扬善的社会风气。

精神文明建设包括思想道德建设和教育科学文化建设,近30年来,我国的思想建设和教育科学文化建设也取得了很大成就,但是,道德建设却明显滞后。回顾30年来,我国道德建设的实践,道德的制度化建设仍处在起步阶段,道德立法十分薄弱,道德制度建设才开始起步,道德评价的制度建设仍然欠缺,道德教育也存在着针对性不强,实效性不高的问题,道德建设仍然是我国精神文明建设的一个短板。

海南国际旅游岛建设是在我国改革开放30年后展开的,海南国际旅游岛建设道德支持的制度保障体系建设需要遵循道德发展的规律,需要借鉴我国30年来精神文明建设的实践经验,需要借鉴海南特区20多年精神文明建设的实践经验,也需要借鉴世界发达国家的成功经验。

海南建省以来在精神文明建设方面做了大量工作。1999年,海南在全省开展"齐心塑造海南形象"活动;2000年,海南开展了让宝岛更加文明,建设"千里文明长廊"活动;2000年,在海南农村开展"文明生态村创

---

① 中共中央关于加强社会主义精神文明建设若干重要问题的决议,人民网,2001年4月30日。

建"活动,取得了明显成效。2003 年,在抗击"非典"期间,海南在全省开展"告别陋习、珍爱健康、保护家园"活动,革除不文明陋习,提倡"五不"行为(不随地吐痰,不乱扔垃圾,不经营、吃野生动物,不随地大小便,不在公共场所吸烟)。2004 年,海南在全省开展"共铸诚信海南"活动,开展文明高效机关、文明规范行业、文明安全社区、文明诚信企业、文明生态村创建等五项文明创建活动,海南社会的文明水平有了一定的改善,特别是文明生态村的建设取得了明显成效,海南农村的文明形象得到了明显提升。

海南国际旅游岛建设以来,海南在社会文明建设方面也做了不少工作。2009 年,海南开展以"齐心塑造国际旅游岛人文环境"为主题的创建活动,重点针对语言行为、环境卫生、服务质量、交通秩序等方面存在的突出问题,开展系列创建活动。2011 年,海南省开展"文明大行动"活动,提出用三年左右的时间,把海南打造成为公共场合礼让有序、公共环境整洁有序、公共交通安全有序、旅游出行和谐有序、诚信经营文明有序的良好社会环境,实现公民文明素质和文明程度的全面提升。但是三年过去了,海南文明有序的良好社会环境仍未形成,公民的文明程度也未得到全面提升。分析海南在文明建设方面的举措,活动不少,但是效果有限。海南由于在道德制度建设方面没有下大决心、下大力气,道德制度建设严重滞后,海南期望的良好社会风气仍未形成。邓小平说过:"制度好可以使坏人无法任意横行,制度不好可以使好人无法充分做好事,甚至会走向反面。"①总结海南在道德建设方面的经验教训,我们认为,道德建设不能只靠宣传教育,不能仅靠短期活动,而必须在道德制度建设方面下功夫,建立长效的、稳定的制度体系。在海南国际旅游岛建设中,海南国际旅游岛建设道德支持的重点就是建立健全多层次的道德制度体系。

---

① 《邓小平文选》第二卷,人民出版社 1994 年版,第 333 页。

（二）多层次道德制度体系的构成

海南国际旅游岛建设道德支持多层次的道德制度体系主要有道德立法、道德制度、道德评价和道德教育。

道德立法就是将一些道德规范上升为法律规范,将一些道德规范法律化,从法律层面规范道德行为,以提高道德规范的强制力。道德制度就是要建立一些有效的道德制度,将一些道德规范制度化,将道德规范上升为制度规范,从制度层面规范道德行为,用制度来约束人们的道德行为,以强化道德的约束力。道德评价主要是对人们的道德行为进行道德评价,以形成强大的道德舆论,促使人们的道德行为更加符合社会的道德规范,以提高道德的影响力。道德教育主要是通过教育手段来提升人们的道德意识,提高人们践行道德规范的自觉性,加强道德的自制力。

良好道德风尚的培育和形成,离不开个体修养的提升,但是制度的约束同样对良好道德风尚的形成产生重要影响,甚至是起到关键和根本性的作用。30多年来道德建设的经验充分证明,遏制不良道德现象的蔓延,铲除不良道德现象产生的土壤,必须加强道德制度体系建设。将道德建设的希望全部寄托在社会个体的道德自律上,必然会出现市场竞争秩序混乱、失德现象泛滥的问题。实践已经昭示,没有制度建设作为支撑,单凭人的道德自觉和自律,是难以形成良好道德风尚的,即使形成了,也难以巩固和持久保持。在海南国际旅游岛建设中,我们应当建立健全道德制度体系,依照法律、法规和制度,加强社会治理,通过制度的刚性来约束和制止不文明行为,规范和养成良好的社会行为习惯,努力营造崇德惩恶的社会风气。

多层次的道德制度体系建设对海南国际旅游岛建设道德支持起着基础性作用,它是海南国际旅游岛建设道德支持的制度保障。多层次的道德制度体系是层次递进,有机联系的。道德立法是最高层次,道德制度是次高层次,道德评价是中间层次,道德教育是最低层次。根据作用力的大小,其作用力度是递进的,道德立法是国家强制力,力度最大,作用最强;道德制度是社会约束力,力度较次,作用次强;道德评价是社会影响力,力度一般,作用较强;道德教育是个人自制力,主要体现个人的道德自律精神,力度较弱,其作用也弱。从作用力的方向来分析,道德立法、道德制度和道德评价是外力,道德教育是内力。只有多层次的道德制度体系形成合力,协同作用,海南国际旅游岛建设才会有强大的道德力量支持,海南文明有序的良好社会环境才能形成,海南公民的文明素质和文明程度才能得到全面提升。

二、道德立法

党的十八届四中全会通过的《中共中央关于全面推进依法治国若干重大问题的决定》指出:"坚持依法治国和以德治国相结合。国家和社会治理需要法律和道德共同发挥作用。必须坚持一手抓法治、一手抓德治,大力弘扬社会主义核心价值观,弘扬中华传统美德,培育社会公德、职业道德、家庭美德、个人品德,既重视发挥法律的规范作用,又重视发挥道德的教化作用,以法治体现道德理念、强化法律对道德建设的促进作用,以道德滋养法治精神、强化道德对法治文化的支撑作用,实现法律和道德相辅相成、法治和德治相得益彰。"①

依法治国是社会主义政治文明进步的重要标志,是国家长治久安的重要保障,道德建设也必须以社会的法制化为保障。法制建设与道德建设是相辅相成的,缺一不可。法律和道德都是为了调控人们的相互关系及社会行为,都是社会调控的重要手段。道德主要依靠人们的内心信念、社会舆论、传统习俗、道德制度和道德机制来调控,是一种软约束;法律靠

---

① 中共中央关于全面推进依法治国若干重大问题的决定,新华网,2014 年 10 月 30 日。

人们自觉守法来实现,更是靠国家强制力来保障,是一种硬约束。法律和道德这两种不同的调控手段,在调整社会关系中发挥着各自的优势。法律要求人们"不能怎样",道德要求人们"应当怎样"。法律是道德的底线,当一种社会行为侵犯特定的社会关系或社会秩序时,仅靠道德约束难以有效制止时,就需要将道德规范上升为法律规范,运用国家强制力予以有效实施。

在海南国际旅游岛建设中,我们必须充分运用法律手段,以法律规范把提倡和反对、引导与约束结合起来,通过严格规范的法制管理,培养公民的文明行为,约束公民的不文明行为,以促进扶正祛邪、惩恶扬善的良好社会风气的形成、巩固和发展。

道德立法也是世界各国道德建设的成功经验,我国道德建设需要借鉴和吸收世界各国道德建设的有益经验,结合中国实际,强化道德立法,用法律来促进我国社会主义道德规范的形成和发展,促进社会主义核心价值观的践行,促进良好道德风尚的形成。

(一)道德立法的含义

道德立法是指国家立法部门将社会所必需的道德规范上升为法律规范,以国家意志和国家强制力来保证道德规范的有效实施。道德立法的目的是通过法律的强制力,遏制不道德的行为,促使社会成员更好地遵守道德规范,提高整个社会的道德水平。

道德和法律是两种在社会生活中同时起作用的规范现象,二者之间是既有区别又密切联系,相互促进,相辅相成的辩证统一关系。两者的区别在于:法律是由国家立法机关制定的,并有国家强制力保证实施的行为规范;而道德是以道德观念为基础,由人们的内心信念、社会舆论和道德制度的力量来保证实施的行为规范。两者的联系在于:法律和道德都是建立在社会主义经济基础之上的上层建筑的组成部分,都是调整社会主义社会关系的手段,法律以道德为基础,道德以法律为动力,共同发挥着维护社会秩序和社会价值的功能。

《中共中央关于全面推进依法治国若干重大问题的决定》中指出："发挥法治在解决道德领域突出问题中的作用,引导人们自觉履行法定义务、社会责任、家庭责任。"①道德立法就是用道德法律化的手段将公民的权利、责任和义务用法律规范具体化,将社会道德规范转变为法律规范,用国家强制力促进社会道德的有效实施,用法律规范促进道德规范的有效实施。

(二)道德立法的法律根据

道德立法首先源于宪法。《中华人民共和国宪法》第 53 条规定:公民必须遵守宪法和法律,保守国家机密,爱护公共财产,遵守劳动纪律,遵守公共秩序,遵守社会公德。宪法是我国的根本大法,宪法的这些原则规定,不仅为将某些道德准则法律化奠定了指导原则,也为道德立法提供了法律根据。

道德立法其次源于民法通则。民法通则是关于民事活动的法律规范,民法通则中关于道德立法的根据则更为具体,《中华人民共和国民法通则》第 7 条规定:民事活动应当尊重社会公德,不得损害社会公共利益。

道德立法就是将宪法和民法通则中关于道德规范的法律原则细化为具体的法律条文,细化为具有可操作性的法律规定,变成具有强制力的法律规范,通过国家强制力来推进社会公德的有效实施。

(三)道德立法的现实要求

我国已经建立起了社会主义市场经济体制,相应建立起了社会主义

---

① 中共中央关于全面推进依法治国若干重大问题的决定,新华网,2014 年 10 月 30 日。

法律体系,但是,与社会主义市场经济相适应,与社会主义法律体系相适应的社会主义道德规范体系还未建立。我国在市场经济方面的法律基本上完备,但是,关于社会生活方面的法律还比较欠缺。在社会生活一些领域道德失范,社会公德缺失,社会道德建设滞后已经严重阻碍社会主义市场经济的发展,社会现实迫切需要通过道德立法来加强道德建设。

我们要在重视道德立法的同时,更加重视法律对道德的促进作用。通过道德立法,把一些道德规范上升为法律规范,以此来保障社会道德的形成、巩固和发展。我国公民道德建设的主体是公民,公民是个法律概念,中国公民可以享有中国宪法和法律规定的权利,中国公民也必须履行宪法和法律规定的义务。公民反映的是公民个人与国家的关系以及在此基础上产生的公民与社会与他人的法律关系,规范法律关系也需要道德立法。道德强调的是公民的责任和义务,而法律更强调公民的权利和义务。道德法律化就是将在道德领域中一些带有根本性和普遍性的规范上升为法律规范依法推行,促进道德内化,弘扬社会道德,发挥法律对公民道德建设的促进作用。这种作用具体表现在两个方面:一是通过立法手段推动新型道德规范的形成和普及,提高社会的道德水平。二是通过法律惩治严重的不道德行为,形成惩恶扬善的社会风尚。

中国自从实行"醉驾入刑"以来,酒后驾车的人数陡然下降。这是道德觉悟提高了,还是惩戒机制奏效了?答案显然是双赢!因为法律本身也具有思想教育的力量,可以促使人们将道德行为由他律转为自律,并通过正确行为的反复强化、对不良行为习惯的反复矫正,逐渐使遵守道德规范成为一种不再需要外部监督和意志努力的自觉行为。

(四)道德立法的国际经验借鉴

道德法律化在国际上是一种比较普遍的现象。从当代主要发达国家的立法实践看,国家立法机关通过法律强制力把一些道德原则和道德规范变成法律原则和法律规范,通过道德立法来提高人们遵循道德规范的自觉性,已经成为各国加强道德建设的一种主要手段。堪称"亚洲花园"之国的新加坡,在道德建设上的一条成功经验,便是道德立法。新加坡有这样的法规,随地吐一口痰罚款 200 新元,随地扔一个烟头罚款 1000 新元,公共厕所便后不冲水,也要罚款 1000 新元,甚至更多。对于不文明或破坏文明的行为,轻则罚款,重则起诉,法庭很快依法作出判决,加以执行。严密的道德立法和严格的执法使新加坡的道德建设有了强大的后盾和有力的保证,不仅形成了具有较高水平的法治环境,也大大地推动了整个社会道德建设的进程。①

美国在 20 世纪 70 年代开始了道德立法工作。1978 年,美国国会通过了《政府道德法案》。1993 年,美国颁布了《美国行政部门雇员道德行为准则》;1999 年,该准则又经过了修订和补充完善。英国、德国、法国、荷兰、挪威、芬兰、澳大利亚、新西兰等许多发达国家都先后颁布了类似的道德法典。

他山之石,可以攻玉,道德立法作为世界各国的一种普遍现象,也是各国道德建设所走的成功路子,值得我们学习、借鉴和吸收。

(五)海南国际旅游岛建设道德立法的重点

《中共中央关于全面推进依法治国若干重大问题的决定》中指出:发挥法治在解决道德领域突出问题中的作用。海南国际旅游岛建设在道德领域的突出问题就是部分领导干部贪污腐败,部分公务员道德行为失范,公民社会公德欠缺。因此,道德立法的重点就是反腐败立法,公务员职业道德立法,公民社会公德立法。

在我国现有法律规范中也有一些规范人们道德行为的法律,但是,从整体上看,有关道德方面的法律仍很少,在不少方面仍存在无法可依的局

---

① 陈炳水:《为道德立法:社会转型期道德建设的法律保障》,《江西社会科学》2001年第 1 期。

面。一些道德规范的法律规定太原则,不够具体,缺乏可操作性。我国现有的有关法律中对某些社会公德的规定,存在灵活性太强,涵盖面过大的特点,不便于具体操作。

海南可以借助立法权优势先行探索。自 1988 年全国人大授予海南经济特区地方立法权以来,已经制定了不少地方性法规及有关决定,填补了国家立法的空白。海南国际旅游岛建设可以利用海南特区立法的优势,先行探索,在道德立法方面进行探索和实践。

首先,在反腐败立法方面先行探索。目前,国家立法层面关于反腐败方面的专门立法还没有颁布,只是颁布了一些有关方面的准则规定。如《中国共产党党员领导干部廉洁从政若干准则》《关于领导干部报告个人重大事项的规定》等。由于上述准则、规定只是制度规定,并没有上升为法律,没有强制性作后盾,加之规定不具体,不便于操作,所起的作用十分有限,还不能有效遏制腐败现象的发生。为此,必须加强反腐败立法。《中共中央关于全面推进依法治国若干重大问题的决定》指出:"加快推进反腐败国家立法,完善惩治和预防腐败体系,形成不敢腐、不能腐、不想腐的有效机制,坚决遏制和预防腐败现象。"①海南可以在反腐败立法方面先行探索,研究制定适合海南实际的反腐败法律,为国家立法提供借鉴。

其次,在制定公务员道德法方面大胆探索。观察海南社会上不良的道德风气和社会现象,多数是职业行为规范不到位造成的,同时,职业道德最容易与法律结合,最容易操作、检验和验证,社会影响力也最大。所以,加强职业道德立法是强化道德立法的重点。公务员职业道德以其社会示范和社会导向作用直接影响政治和社会风气,是社会的主体性道德,在各行各业的职业道德中居于首要地位。因此,公务员道德立法是职业

---

① 中共中央关于全面推进依法治国若干重大问题的决定,新华网,2014 年 10 月 30 日。

道德立法的重点。

近年来,我国陆续颁布了一些有关职业道德方面的法律法规,如《执业医师法》《会计法》《统计法》《教师法》《法官法》《检察官法》等,但是,关于公务员道德法仍未制定。2011 年 11 月 2 日,海南省人力资源和社会保障厅公布了《海南省行政机关公务员职业道德规范》,海南应结合实际,将公务员职业道德规范的部门规定上升为地方的公务员道德法,以立法的形式将公务员职业道德规范确定下来,并以法制的刚性强制力保证法律的有效实施,以体现海南国际旅游岛建设吏治文明形象。

再次,在社会公德方面积极立法。要使社会公德规范在社会成员中得以遵循,必须注意借鉴国外道德立法的成功经验,制定切合实际、较为具体、易于操作的法律规定,使之成为调整特定法律关系或处理特定法律问题的依据。海南应借鉴新加坡的经验,立法对严重危害社会公德的行为给予处罚,以促进海南居民的道德水平提升与海南城市文明水平的改善,以提升海南国际旅游岛建设的文明形象。

三、道德制度

《公民道德建设实施纲要》第 10 条规定:"建立健全有关法律法规和制度,把公民道德建设融于科学有效的社会管理之中。"①道德制度化是人类社会文明的标志,建立健全道德制度是海南国际旅游岛道德建设的有效途径。

(一)道德制度的内涵

道德制度就是将一些道德规范制度化,用制度来规范和约束人们的

---

① 公民道德建设纲要,建设与社会主义市场经济相适应的思想道德体系,红旗出版社 2013 年版,第 267 页。

道德行为。道德规范就其性质来说,可以区分为"应当"与"不应当"两大类型。当前我国最需要和最适宜于道德制度的道德规范是"不应当"型规范。道德制度的目的是通过道德制度的约束力,遏制不道德的行为,提高整个社会的道德水平,道德制度建设对社会主义道德风尚的形成和发展起着重要作用。海南国际旅游岛建设迫切需要一批能够持久而有效的,对绝大多数公众都通行的,具有一定约束力的道德制度。

道德制度在海南国际旅游岛建设中具有不可替代的独特作用。一是道德制度具有导向性,道德制度有助于人们对道德规范的认识和实践。二是道德制度具有可操作性,道德制度有助于减少人们道德行为的随意性、从众性。三是道德制度具有稳定性,道德制度有助于人们道德行为的养成,有助于良好道德习惯的形成。四是道德制度具有外在约束性。道德制度是一种外在的约束,有助于道德他律向道德自律的转化,有助于良好社会风尚的形成、巩固和发展。

道德制度建设的核心在于道德制度的公正性、合理性和有效性。道德制度为社会成员提供一个公正的平台,在制度面前人人平等,将为人们的道德行为提供直接的依据,有助于消除人们道德实践中的困惑和迷茫。道德制度的不断完善将堵塞大量的制度性漏洞,为消除社会腐败提供制度保障。

(二)道德制度化的必要性

道德制度是多层次道德制度体系的一个重要组成部分,它是社会主义市场经济的必然要求,是我国道德建设的现实需要,也完全符合社会道德发展的客观规律。

第一,道德制度化是市场经济的必然要求。市场经济是一种制度经济、法制经济。市场的一切行为都需要制度和法律作保证,人们之间的一切权利和义务,行为的边界,市场主体所应遵守的规范和准则,都需要用制度和法律的形式加以明晰化。市场经济也是信用经济,由这种信用经济的性质所规定的社会道德秩序,只能是守信。只有当人们意识到以守信为特征的市场经济道德对市场经济发展的作用时,市场经济的道德秩序才会得以确立,市场经济也才能走上正常运行的轨道。信用不仅仅是一种美德,更是一种实际的社会管理手段,与企业的发展和个人的创业、生活、工作、就业等直接挂钩,让守信者获得种种收益,让失信者遭到市场的淘汰。这样一种意识和文化的形成与确立,不能仅靠简单的教化来解决,而必须要依靠规范的信用制度来实现。道德制度以明确、统一的形式,规定人们能够做什么、不能做什么,使得人们有一个统一的行为标准,执行起来简单、明了,从而有利于市场经济的运行和发展。

第二,社会道德现实迫切需要建立健全道德制度。1986 年,党的十二届六中全会就指出:社会主义道德风尚的形成、巩固和发展,要靠教育,也要靠法制。要建立健全有关的法律法规和制度。为什么 30 多年过去了,社会主义道德风尚仍未形成? 为什么道德领域出现的一些失范和混乱的状况长期得不到有效的纠正? 为什么不讲信用、欺骗欺诈成为社会公害,以权谋私、腐化堕落现象严重存在? 一个关键的原因就是长期以来我们只注重通过宣传和教育来提高人们的道德素质,而比较忽视建立健全道德制度来约束人们的道德行为。30 年来,我国道德建设的实践和事实都表明,道德制度建设是我国道德建设的一个短板,我国社会迫切需要建立健全道德制度。

第三,道德制度建设符合道德发展规律。人的道德发展过程是一个由低级向高级发展的辩证统一过程,是一个由他律到自律的发展过程,道德发展阶段越高,道德自主性越强,道德自律水平越高。道德教育理论表明,他律道德是自律道德的基础,自律道德是他律道德的升华,两者不是独立抗衡,而是互相协调、互相影响。社会是由个人组成的,社会道德风尚的形成和发展,也需要由低到高,由他律到自律。道德制度作为有一定约束力的道德他律的制度安排,是社会道德发展规律的具体体现。

(三)海南国际旅游岛建设健全道德制度的重点

在海南国际旅游岛建设中,我们要建立健全道德制度,用道德制度来规范和约束人们的道德行为。道德制度建设的重点是廉政制度建设,社会诚信制度建设,社会公共生活制度建设,监督制度建设。

首先,要构建一个完善的公务员廉政制度体系。从当代西方发达国家开展反腐败取得的成功经验来分析,就是要建立一套公务员廉政制度体系,用廉政制度体系来规范和约束公务员的从政行为。廉政制度体系应包括公务员廉洁从政及防范惩治腐败的各个方面。廉政制度应包括三个方面:禁止性条款、防范性条款、惩罚性条款。对有碍廉政的行为,要做出明确的禁止性规定,如禁止公务员收礼受贿、兼职、从事与本部门业务有关的营利性事业,特别是要禁止参与各种商业和金融投机活动等;防范性条款的内容主要有:财产申报、人事任用回避、限制公务员家属从事某些营利活动、限制退休公务员从事经营活动等;惩罚性条款则是对公务人员过失或错误给予行政处分,或对公务员犯罪给予法律制裁。海南应借鉴发达国家的成功经验,在廉政制度建设方面有所突破。

完善财产申报制度。要求政府公职人员申报财产等个人事项,是许多国家的通行做法,我国也不例外。从1995年中办、国办印发《关于党政机关县(处)级以上领导干部收入申报的规定》至今,领导干部个人事项申报制度已经走过了20年。特别是在2010年之后,要申报的个人事项扩展到14项之多,既涉及"家产",主要包括本人、配偶、共同生活的子女的房产、投资等情况,也涉及"家事",主要包括本人的婚姻变化情况、配偶子女从业情况等。实践证明,这项中国特色的申报制度在深入推进党风廉政建设过程中发挥出了积极作用。但是,财产申报制度仍有缺陷,审查核实不足,没有与公开制度配合,执行力度不够,需要继续完善。2014年1月,中组部印发《领导干部个人有关事项报告抽查核实办法(试行)》,在全国正式启动抽查核实工作。2015年,中组部随机抽查的比例也从3%—5%提高到10%,各地方也实行"凡提必查""凡转必查""凡进必查""凡有举报必查",抽查比例更高,"重点对象"基本纳入抽查范围。党的十八届三中全会决定在加强反腐败体制机制创新和制度保障中指出,推行新提任领导干部有关事项公开制度试点。

海南国际旅游岛建设离不开政府的高效和廉洁。2013年1月26日,政协海南省六届一次会议在海口开幕,政协委员廖晖向大会提交了《关于在海南省试行公职人员家庭财产申报公开的建议》,提出了建立财产申报公开制度。① 建议认为海南省完全有条件充分利用海南的地方立法权,推动公职人员家庭财产申报公开制度的地方立法和试行。具体的制度设计从"申报——公示——监督——问责"这四个环节出发,对财产申报公开制度进行科学设计。世界各国的经验都充分证明,官员的财产申报和公示制度被认为是制度反腐中的一个终极性的制度,制度反腐是根治腐败的最有效手段。在海南国际旅游岛建设中,建设完善的公务员廉政制度体系,完善公职人员财产申报公开制度,是建成海南国际旅游岛的制度保障。

其次,社会信用制度建设。市场经济是信用经济,没有信用,就没有秩序,市场经济就不能健康发展。当前,信用状况差是我国社会主义市场经济发展的一个薄弱环节,已成为影响和制约经济发展的突出因素。因此,建立和健全社会信用体系就成为道德制度建设的核心。社会信用制度是以政府强有力的监管体系作保障的国家社会治理制度,它的核心作用在于,记录社会主体信用状况,揭示社会主体信用优劣,警示社会主体信用风险,并整合全社会力量褒扬诚信,惩戒失信。2014年6月26日,国务院颁布了《社会信用体系建设规划纲要(2014—2020)》,这是我国社会治理的一个基础工程,这也标志着我国道德建设进入了制度化建设的新阶段。海南社会信用较差,社会信用已成为制约海南国际旅游岛建设

---

① 海南政协委员建议试行公务员家庭财产申报公开,东方网,2013年1月27日。

的一个重要障碍,海南要按照国家的统一部署,积极推进社会信用体系建设,将社会诚信建设纳入科学有效的社会管理之中,以促进海南国际旅游岛建设。

再次,社会公共生活道德制度建设。社会公共生活主要有公共秩序、公共环境、公共卫生、公共礼仪等方面。2015年4月6日,国家旅游局颁布并施行《游客不文明行为记录管理暂行办法》,全国游客不文明行为记录管理工作同时开展。这表明旅游行业一项全国性的重要道德制度建设开始起步,旅游业是海南国际旅游岛建设的龙头,游客的不文明现象也是影响海南旅游业发展的一个重要因素,涉及公共秩序、公共环境、公共卫生和公共礼仪。海南应积极推进旅游业道德制度建设。海南应主动配合国家旅游局统一的游客不文明制度建设,此外,海南还应探索针对海南旅游企业的不文明行为,如欺客宰客、虚假宣传等,研究制定稳定长效的道德制度,将旅游企业的不文明行为与企业的利益直接联系,并接受社会的监督。

海南应大胆探索建立城市文明道德制度建设。海南应当探索建立城市居民不文明行为监管制度。海南应借助现代科技手段,在公共场所安装摄像装置,将城市居民在公共场所的不文明行为记录在案,并建立相应的处罚机制,以有效遏制城市的不文明现象。用道德制度来建设城市文明是发达国家城市文明建设的成功经验,海南应学习借鉴别人的先进成功经验,以推进海南国际旅游岛文明建设。

最后,道德监督制度建设。道德制度的有效实施必须要有相应的道德监督机构和执行机制,否则易流于一纸空文。一是在海南人大设立道德委员会,调查研究海南国际旅游岛建设中存在的道德问题,提出道德立法的建议,依法监督政府的道德行为。二是在海南省政府设立监督公务员履行职业道德专门机构,专门处理公务员的不道德行为,对违反道德法规、道德制度尚未构成犯罪的行为进行调查处理。三是完善社会监督。人民群众是国家的主人,人民群众有权对权力腐败行为进行监督。因此,

我们应当完善群众对公务员违反道德规范的举报制度,建立群众监督的
长效机制。

四、道德评价

道德评价是多层次道德制度体系中的一个组成部分,道德评价对于
社会主义道德风尚的形成、巩固和发展,对于海南国际旅游岛建设道德支
持体系的建设和巩固都起着重要的作用。

(一)道德评价的内涵

道德评价,是人们在社会生活中依据一定的道德准则对各种社会道
德行为进行善恶褒贬的道德判断活动,以达到扬善抑恶的目的。

道德评价是社会道德调控的重要方式之一,道德评价是通过道德反
馈机制来影响人们的道德行为。人们道德意识的确立,道德行为习惯的
养成,必须依赖道德评价的反馈机制。人们道德品质的形成,是一个道德
学习与道德实践的反复过程,而道德评价这个社会道德反馈机制对人的
道德实践活动进行了社会道德评价,从而促使人们的道德行为符合社会
的道德规范。道德评价对人的道德行为的褒奖与鼓励,会在很大程度上
增强行为主体的荣誉感和自豪感,增强行为主体坚持道德行为的信心和
勇气,并持之以恒地坚持下去。同时,这种积极的肯定性评价也会在社会
生活中形成一种积极的导向和示范作用,以激励更多的人向其学习,从而
在更广泛的层面上实现对人们行为的调控。同样的是,道德评价对于某
种道德行为的否定和批判,也会使行为主体在其所处的舆论环境中倍受
谴责。在这种极为被动的情况下,自觉重新审视自己的行为,并按社会道
德评价的舆论导向来对自己的言行举止进行适时的修正与调整。从一定
意义上来说,道德评价是一种道德行为引导方式。这种引导一方面维护
和稳固了道德评价标准的价值取向;另一方面形成了一种道德引导效用,

为后继的行为指明了努力地道德方向。

(二)道德评价的功能和作用

道德评价是多层次道德制度体系的一个组成部分,道德评价的主要功能有:一是落实道德规范。在社会现实生活中,人们正是通过社会道德评价对自己行为举止的反应来判断、修正和调整自己的言行举止,社会道德评价促使人们按照社会道德评价的要求具体落实社会道德规范。二是促进道德修养。道德评价对人们的行为具有评价和激励的作用,能够扶正祛邪,培养人们的道德责任感,推动人们把道德原则和道德规范转化为道德信念和道德行为,促进人们自觉地进行道德修养,促进良好的社会道德风气的形成。三是推动社会风尚。社会道德评价关系着一个社会最基本的道德评价方向,对人们的行为和价值取向都具有十分重要的影响。社会道德评价对符合社会道德规范的道德行为给予巨大的社会舆论支持,对各种不符合社会道德规范的道德行为给予严厉的社会舆论谴责,从而推动社会文明水平的提升,从而使良好的社会道德风尚得以形成、巩固和发展。

道德评价对人们的道德行为具有重大的影响力。一是强化效应。当一个人的道德行为符合社会道德规范,并受到社会道德评价的肯定,则会进一步强化其对社会道德规范的认同,强化其自觉践行社会道德规范,有助于良好道德行为的养成。二是示范效应。对于受到社会道德评价肯定的道德行为,不仅会对道德行为个人产生强化效应,而且还会对其他个人或群体产生示范效应,引导其他个人和群体的道德行为。三是效正效应。当一个人的道德行为不符合社会的道德规范时,社会道德评价会给予否定的评价,社会道德舆论场会对其道德行为产生一种无形的社会影响力,它会迫使其对自己的行为有所收敛或修正,并迫使其言行趋向于社会舆论。四是抑止效应。当一个人的道德行为受到社会道德评价否定时,还会对其他个人或社会群体产生抑止效应,并引导这些个人或社会群体的道德行为趋向于社会道德评价肯定的方向。通常情况下，人们还是比较关注自己的社会声誉和社会评价，社会道德评价正是通过社会影响力来影响人们的道德行为。

（三）道德评价的分类和方式

道德评价分为社会道德评价和自我道德评价两大类型。

社会道德评价指通过有组织的或人群中自发形成的评价性言行，对现实生活中的道德现象所作的道德判断。它以一定的道德规范或传统习俗为依据，通过对已发生的具体道德行为表示褒贬、毁誉的社会舆论，向人们传递出善恶信息。在社会道德评价中，社会舆论既是作为评价赖以进行的一种基本形式，又是评价赖以发生作用的现实力量，是社会道德的他律。

自我道德评价指行为者本人依据自己的道德信念，以自己已发生的或将发生的行为为对象，自己对自己道德行为作出的道德判断。自我评价的力量来自于自律机制，自我评价体现的是人的自律精神。

通常而言，当一个人的道德行为符合社会的道德规范时，其自我评价与社会道德评价应当是一致的。人们正是通过自我道德评价与社会道德评价的比较，来修正或强化其道德意识，来逐步形成与社会道德规范相一致的道德行为，人们道德行为的形成正是自我评价和社会道德评价之间的互动和反馈的共同作用来实现的，良好的社会道德风尚的形成、巩固和发展也是由每一个社会成员的自我道德评价与社会的道德评价相互作用来实现的。

社会道德评价的重要方式是社会舆论，包括口头议论和大众传播工具两个方面。口头议论是评价人基于评论、指责、赞扬、贬斥或肯定，并通过彼此相传的形式，对被评价人的道德行为施加影响。大众传播工具则是通过报纸、广播、电视、网络等，在更大范围内对某一个体或群体的行为进行善恶评价，并对被评价人施加影响。

社会道德评价是通过赞扬和鼓励、谴责和批判、示范和劝阻,以肯定或否定某种道德行为的方法,对人的道德行为施加影响力。社会道德评价对符合社会道德规范的道德行为给予肯定,以促使人们的道德行为趋同于社会道德规范。社会道德评价对不符合社会道德规范的行为给予否定,以促使不符合社会道德规范的道德行为趋向于社会道德规范。社会道德评价的反馈机制,最终导致人们的道德行为趋同或趋向于社会道德规范。

(四)强化社会道德评价

社会道德评价的强弱,往往是衡量社会道德力量和水平的试金石。如果社会道德评价声音很弱,则表明社会道德力量在减弱,必然会导致整个社会道德水平的滑坡。相反,强有力的正确社会舆论反映了人们共同的感情、意志、信念和愿望,体现了历史进步的要求,是一种惩恶扬善的独特社会道德力量,有利于整个社会道德水平的提升。

党的十八大报告明确指出:"推进公民道德建设工程,弘扬真善美、贬斥假恶丑,引导人们自觉履行法定义务、社会责任、家庭责任,营造劳动光荣、创造伟大的社会氛围,培育知荣辱、讲正气、作奉献、促和谐的良好风尚。"[①]

强化社会道德评价是推进公民道德建设工程的重要一环,也是海南国际旅游岛建设道德支持的重要制度保障。当前,社会道德评价弱化是比较突出的问题,一些人是非不分,善恶混淆,社会上对不道德行为漠不关心,社会不文明行为屡禁不止,社会道德评价扬善抑恶的整体功能弱化。

针对社会道德评价不断弱化的现状,我们需要建立社会道德评价制度,加强社会舆论的引导,加强网络媒体社会道德评价体系的建设。

---

① 中国共产党第十八次代表大会文件汇编,人民出版社 2012 年版,第 29 页。

首先,建立社会道德评价制度。社会道德评价制度是强化社会道德评价的根本,社会道德评价制度主要应当有以下内容。

第一,建立社会道德评价工作制度。目前我国有政府主办的精神文明城市评选活动和道德模范评选活动,这些活动只是发挥了社会道德评价的强化和示范功能,对社会不道德行为的效正效应和抑止效应并没有发挥出来。因此,要充分发挥社会道德评价的全部功能,必须建立社会道德评价工作制度,将社会道德评价列入政府的实际工作中,将社会道德评价工作列入各级政府的考核目标。政府要定期对社会道德状况作出评估,对社会道德的热点问题和难点问题作出客观评价,对符合社会道德规范的道德行为给以肯定和鼓励,对违反社会公德的不道德行为给以否定和批评,形成扬善抑恶的良好社会风气;

第二,建立相对独立的社会道德评价组织。要促进和落实社会道德评价制度,提高社会道德评价的客观性,需要建立相对独立的社会道德评价组织。社会道德评价组织可以由人大、政协、新闻媒体、社会团体共同组成,对社会道德领域的突出问题进行评价;

第二,建立社会道德评价信息系统。社会道德评价信息系统是展开社会道德评价的基础工作,要建立社会道德评价信息收集系统,整合社会公共管理部门的信息,对社会上在社会公共道德方面各种不文明现象进行加工处理,为社会道德评价提供数据支持;

其次,加强新闻媒体对社会舆论的引导。在新闻媒体上开设道德评价类专题节目,对符合社会道德规范的道德行为给以肯定,对违反社会道德规范的不道德行为给以否定,积极引导社会舆论,营造讲道德、讲文明的社会舆论环境。

再次,构建网络社会道德评价新平台。当前,随着数字技术的发展,网络正以前所未有的速度影响着现代人们的生活,这也给社会道德评价提供了一个新的平台。从当前情况来看,正是网络舆论的力量,使得很多违法乱纪的事件以最快的速度得到了惩处。因此,网络舆论作为社会道德评价的新平台,其影响力日益增强。我们应顺应时代潮流,积极开展网络社会道德评价平台建设,加强网络上社会舆论的引导。

五、道德教育

道德教育是多层次道德制度体系的一个重要组成部分,道德教育在多层次道德制度体系中处于基础层次。人的道德认识一方面来自于直接的道德实践活动;另一方面通过学习获得,而道德教育则是人们学习道德知识的重要活动。

(一)道德教育的实质

道德教育是指由一定的社会力量,依据社会道德规范,对人们有组织、有计划地施加系统的影响,使人们接受社会道德规范,并将其转化为自己的道德信念和道德行为,从而形成良好的社会道德风尚。

道德教育是在一定的社会环境中使教育者和受教育者交互作用的过程,也是一种特殊的社会控制过程,道德教育过程是人的道德品质逐渐形成的过程。道德教育的必要性主要体现在两个方面。首先,道德教育是提高人们道德自觉性和社会责任感的需要。通过道德教育,使人们认识到个人与社会的关系,逐渐形成道德责任感和社会责任感。其次,道德教育是改善社会风气的需要。社会风气的改善依赖于每一个道德主体的道德品质的提高,通过道德教育提升道德主体的道德品质,从而改善社会的道德风尚。

道德教育是完善人的道德人格的重要途径。构成人的道德品质的基本要素主要有道德需要、道德动机、道德期望、道德认识、道德情感、道德意志、道德信念、道德行为。其中,道德需要、道德动机、道德期望是核心层,道德认识、道德情感、道德意志、道德信念是中间层,道德行为是外层。

人们在社会实践中,首先会产生道德需要,进而形成道德动机,明确道德期望,并在此基础上,开始道德认识、道德情感、道德意志、道德信念的活动,最终形成自己的道德行为。道德教育可以在道德品质形成的各个要素上发挥作用,满足道德需要、激发道德动机、激励道德期望、提高道德认识、陶冶道德情感、磨练道德意志、确立道德信念,规范道德行为。

(二)道德教育的特点

道德教育是一个复杂的过程,道德教育具有以下特点。

第一,实践性。人的道德品质的形成和完善的过程,在本质上是一个实践的过程,社会实践是道德教育的基础,道德教育的基本目的就是为了使受教育者在社会生活中自觉履行道德义务,自觉履行社会道德责任,自觉遵守社会道德规范。因此,衡量道德教育成效的根本尺度,就在于实践。道德习惯的养成正是道德行为在道德需要的驱动下,在道德认识的引导下,在道德情感、道德意志、道德信念的参与下反复实践的结果。

第二,层次性。由于人的个性差异,人们的道德状况呈现出多样性和层次性。因此,道德教育必须从实际出发,研究不同群体的道德状况,分清不同群体的道德层次,按照不同层次实施不同的道德教育。

第三,渐近性。人的道德品质的形成是建立在积累和渐变的基础之上的。因此,道德教育必须遵循人的道德品质形成规律,不能操之过急,应分阶段、分层次逐步地实施,注重长期的积累和发展,由少到多,从量变到质变。

第四,反复性。人们的道德认识、道德情感、道德意志和道德信念具有反复性,人们的道德行为习惯也是在认识多次转化的基础上逐步形成的。因此,道德教育也需要反复进行,道德教育正是在反复的教育,长期的感染、陶冶、磨练下,才能取得实际效果。

第五、社会性。道德教育是全社会的共同任务,必须动员社会力量共同推进。家庭道德教育具有道德启蒙的作用,针对性强,对未成年人的影响全面而深远。各级学校的系统道德教育是青少年接受道德知识的主要渠道,对青少年的道德品质形成具有重要影响。社会道德教育是重要组成部分,社会团体、社区、社团组织等各个方面的道德教育功能互相补充。

(三)深化道德教育

当前,海南国际旅游岛建设正在有序推进,海南的道德状况仍不适应海南国际旅游岛建设的需要,良好的社会道德风尚仍在形成之中。各级党和政府都十分重视道德教育工作,但是,海南道德教育仍存在着三个主要的问题,一是道德教育与道德需要明显脱节。二是道德认知与道德行为严重脱节,也就是知行不一。三是道德教育与道德生活脱节。分析产生上述问题的深层次根源,主要是道德教育理论存在缺陷,由此造成道德教育的科学性不足、针对性不强、实效性不高。

第一,创新道德教育理论体系,提高道德教育的科学性。传统的道德教育理论体系存在着三大缺陷:一是道德教育的基本要素缺乏,缺少道德需要、道德动机、道德期望等核心要素。二是道德教育的结构缺失,只有道德认识、道德情感、道德意志、道德信念、道德行为一个层次,缺少道德需要、道德动机、道德期望等核心内层。三是道德教育的起点错误,传统道德教育的起点是道德认识,根本忽视了道德需要。

新的道德教育理论体系的基本要素应该有:道德需要、道德动机、道德期望、道德认识、道德情感、道德意志、道德信念、道德行为;新的道德教育理论体系的基本结构为:以道德需要、道德动机、道德期望为核心内层,以道德认识、道德情感、道德意志、道德信念为中间层,以道德行为为外层的相互联系的多层次体系结构。新的道德教育理论体系的起点是:道德需要。

道德教育的正确实施应当以道德需要为起点,引发道德动机和道德期望,并在此基础上展开道德认识,继而培养道德情感,锻炼道德意志,坚定道德信念,最后,落实为道德行为。在知行一致的前提下,产生新的道德需要,由此开始新一轮的道德教育,如此周而复始,不断提升受教育者的道德水平。

道德教育的有效性必须正确回答两大核心命题：一是人的行为的动因是什么？二是人的需要、人的思想和人的行为这三者之间的关系是什么？对于这两大核心命题，马克思主义都给出了科学回答。马克思主义认为：人的需要是人的思想和行为发生的原动力，是人的一切活动持续进行的推动力，是人的行为积极性的内在源泉。人的需要也是人类一切活动的原动力、出发点和归宿。人的需要决定人的思想，人的思想支配人的行为。

道德教育必须切实重视人的道德需要。人的道德需要应当是道德教育的起点，满足人的道德需要是道德教育的目的和归宿，也是检验道德教育成效的根本标准。只有贴近和满足人的道德需要，道德教育才有根基，才能真正提高道德教育的科学化水平。

第二，科学分析人的道德需要，提高道德教育的针对性。人的道德需要是丰富多样、千差万别的，在进行道德教育时，只有科学分析人的道德需要，正确引导人的道德需要，才能提高道德教育的针对性。

人的道德需要是有层次的，也是有差异的。我国仍处于社会主义初级阶段，社会发展不平衡，人的道德需要不仅有层次上的区别，在同一个层次上也存在着水平上的差异。因此，道德教育只有考虑到人的道德需要层次，考虑人的道德需要的水平差异，并采取相应的教育内容和方法，按需施教，道德教育才有针对性。

人的道德需要有合理的需要，也有不合理的需要。道德教育要科学区分、辩证施策、正确引导。首先，要科学区分。要帮助人们认识并明晰什么是合理需要，什么是不合理需要；什么是现实需要，什么是未来需要。其次，要辩证施策。要鼓励人们通过自我努力去实现其合理需要；要教育人们放弃不合理的需要；要激发人们通过劳动实现其现实需要；要激励人们努力奋斗，创造必要的条件，实现未来需要。再次，要正确引导。一是要启发人们独立思考和自我教育，满足人们正当而合理的需要，使之成为提高人们积极性、创造性的原动力。二是要教育人们从客观实际出发,自觉地把握个人需要的尺度,不要超越实际可能去追求个人需要。三是要引导人们通过劳动来满足个人的需要,要引导人们通过正确的、合法的方式来获得个人需要。四是要教育人们正确认识个人需要和社会需要之间的关系,努力实现个人需要和社会需要的和谐统一。

第三,紧密结合人的道德需要,提高道德教育的实效性。人的道德需要是客观存在的,它应当是道德教育的价值所在和基本前提。道德教育存在的价值首先是有用,其次是有效。只有紧密结合人的道德需要,道德教育才能有实际用处,只有紧密结合人的道德需要,道德教育才能有实际效果。道德教育一定要尊重人的道德需要。以人为本,说到底是以人的需要为本,要提高道德教育的有效性,一定要尊重人的道德需要,重视人的道德需要,满足人的道德需要。

第九章
海南国际旅游岛建设道德支持的运行机制

　　海南国际旅游岛建设道德支持是一个复杂的社会系统工程,不仅需要道德制度体系做保障,而且需要相应的道德运行机制做保证。《公民道德建设实施纲要》指出:"逐步完善道德教育与社会管理、自律与他律相互补充和促进的运行机制,综合运用教育、法律、行政、舆论等手段,更有效地引导人们的思想,规范人们的行为。"①

　　海南国际旅游岛建设道德支持需要完善多元的道德运行机制,多元的道德运行机制主要有道德调节机制、社会引导机制、社会监督机制和社会赏罚机制。

一、完善多元的道德运行机制

　　机制亦称机理,原意是指机器的构造和工作原理。在自然科学中引申为事物或自然现象的作用原理、作用过程及其功能。在社会科学中,运

---

　　① 公民道德建设实施纲要,建设与社会主义市场经济相适应的思想道德体系,红旗出版社 2013 年版,第 270 页。

行机制指社会系统内各要素间的相互作用联系,运行方式、作用过程和作用原理。道德运行机制就是道德行为形成的方式、过程和作用原理。

(一)多元道德运行机制的构成

海南国际旅游岛建设需要完善多元的道德运行机制,多元的道德运行机制主要有道德调节机制、社会引导机制、社会赏罚机制和社会监督机制。

道德调节机制主要是通过道德规范和道德自律调节人们的道德行为。社会引导机制主要通过社会舆论来引导人们的道德行为。社会监督机制主要通过社会监督来影响人们的道德行为。社会赏罚机制主要通过赏罚手段来改善人们的道德行为。道德调节机制是自律,社会引导机制、社会监督机制和社会赏罚机制是他律。多元的道德运行机制是自律与他律的有机结合,它是建立在人的道德行为习惯养成的规律之上,并且符合社会道德风尚形成的规律。

(二)良好社会道德风尚的形成

良好的社会道德风尚是由每一个道德个体的道德行为习惯形成的。在海南社会,一些不良行为已经逐渐成为一些人的习惯,如随地吐痰,乱扔杂物。所谓"习惯"是在长时间里逐渐养成的一时不容易改变的行为倾向。心理学研究表明,不良行为习惯是可以改变的,改变不良行为习惯需要意志、耐心和时间,需要反复实践,需要道德个体的艰苦努力,持之以恒,更需要外部的约束、监督和赏罚,经过一段时间的磨练,大多数人都可以很好地在改变自己旧有的不良习惯的同时养成新的良好的行为习惯。改变不良行为习惯和养成良好的行为习惯是自律和他律的有机结合,是协同合力、长期实践的产物。

行为主义心理学认为,改变不良行为习惯的有效手段是惩罚。因此,通过舆论宣传、道德教育,再辅之必要的制度和机制,是可以逐渐改变一些人的不良行为习惯,并逐步形成良好的行为习惯的,逐步地提高海南公民的社会公德素质。

人的良好行为习惯的养成,是由被动到主动,从不自觉到自觉,从不习惯到习惯,以他律为主、自律为辅,到他律与自律相结合,再到他律为辅、自律为主,最后过渡到完全自律的过程,实现由外化向内化的转变,实现人的道德水平的提高,实现人的道德人格的形成。

社会良好道德风尚的形成,也是由少数人主动自觉地遵守道德规范,多数人被动不自觉地遵守道德规范,到少数人被动不自觉地遵守道德规范,多数人主动自觉遵守道德规范。如果绝大多数人都能主动自觉地遵守道德规范,这时良好社会道德风尚就能基本形成。

在人的良好行为习惯的养成和社会良好道德风尚的形成过程中,多元的道德运行机制是绝对必要的,道德调节、社会引导、社会监督和社会赏罚机制促进和保证社会道德规范的逐步落实,促进社会良好道德风尚的逐步形成。

在海南国际旅游岛建设中,我们要完善道德规范,为各个道德主体提供清晰的、可操作性的道德行为准则,要健全道德制度体系,用制度来规范和约束人们的道德行为,保障道德规范落地生根。要完善道德运行机制,用机制来促进、监督、约束、激励和赏罚人们的道德行为,保证道德规范真正得到有效落实。

二、道德调节机制

道德调节是历史最悠久的社会调节方式,从最原始的禁忌、习俗和礼仪发展到现在,经过千万年的浸润和潜移默化,它已内化为人类内心的一种精神需要,它涉及人类社会生活的方方面面,道德调节是影响面最广泛、最重要的调节手段。"我们的社会有三种调节方式。市场调节是第一种调节,靠一只无形的手来支配资源的配置。政府调节是第二种调节,靠政策、法规、法律起调节作用,这是一只有形的手。道德力量调节是第三种调节,既是无形却有形,有形的是靠乡规民约来管理,无形的力量就是自律,都是道德力量的调节。"①

(一)道德调节机制的内涵

道德调节机制就是通过道德力量调节个人与他人、个人与集体、个人与社会、个人与自然之间的关系,以维系社会的和谐稳定和自然生态的平衡。

道德调节机制的主要功能有。

一是指导和纠正人们的行为和实践活动,协调人与人、人与社会、人与自然之间的关系。随着社会的发展,人与人、人与社会、人与自然之间的矛盾越来越多样化,表现为各种不平衡、不和谐,特别是在当代中国,我们正处在一个急剧变革的时代,人们既充满梦想又不乏困惑,不少人感到生活水平的提高并未带来幸福感的提升,信息的丰富和选择的增加似乎引发了人们更多的焦虑和不安,由此引发了一些人的行为"失范",而道德调节正是调节社会关系的重要社会机制之一。道德调节较之其他社会调节方式能更好地兼顾好各方需求,市场调节主要针对的是经济行为,法律调节主要针对的是法律行为,而道德调节主要针对的是道德行为。道德调节的范围更广,是社会正常运行的基础。

二是促进社会的稳定与发展。一切进步的道德,总是对生产力和科学技术的发展起着积极的推动作用,并对上层建筑的其他领域以及社会生活秩序起着重要影响。道德力量的调节作用普遍存在于人类的各种活动中,随着我国社会经济的发展,随着我国人均收入的增长,人们的需要也由较低层次向较高层次转变,非交易领域的活动也将随着国民收入和

---

① 厉以宁:市场效率的道德基础 http://www.bjnews.com.cn/feature/2014/04/16/313103.html,2014-04-16 02:30:13。

个人可支配收入上升到一个新阶段之后而日益增多,非交易领域内的各种关系也会因此而得到快速发展。道德调节主要在社会非交易领域起作用,随着社会非交易领域的不断扩大,道德调节在社会经济生活中的作用也将越来越突出。道德调节的作用越大,社会就越稳定,发展也越快。

(二)道德调节机制的特点

道德调节是社会调节机制之一,道德调节具有以下特点。

一是强制性与非强制性的统一。道德力量调节既是无形却有形,这种有形与无形就决定了道德调节机制的强制性与非强制性的统一。有形的乡规民约即他律,是具有一定强制性的,而自律体现的是道德调节的非强制性特点。道德调节的强制性较之于市场调节和政府调节更宽泛但强制力较弱,这样的强制性是道德调节机制将对人们的约束从外在转化为内在,即从他律转向自律的必要阶段。道德调节的强制性与非强制性是辩证统一、相辅相成的,在促进社会良好道德风尚形成、发展和巩固中共同发挥作用。

二是系统性与复杂性的统一。道德调节机制的目的是使特定历史时期的社会及社会中的人们具有更加符合社会发展趋势的道德意识和道德行为,因为社会生活自身在政治、经济、文化等各方面的系统性,使得道德调节机制在维护社会和谐发展的目标下也具有了与之相应的系统性。但同时道德调节机制又是非常复杂的,一方面,道德调节的对象是各种社会调节方式中最宽泛的;另一方面,道德调节还渗透在市场调节、政府调节等各种社会调节方式中。道德调节机制自成体系但其内部结构又具有复杂性的特点。

三是长期性与阶段性的统一。道德调节机制的长期性有两个方面的含义,一方面,一个特定道德调节机制的形成需要长期的努力;另一方面,一个道德规范系统一旦形成,就会对人们的行为自动地产生调节作用,而这种调节具有相对稳定性和长期性。同时,道德调节机制的运行又是阶段性的,因为社会发展呈现阶段性,每一个阶段都有其特定的道德要求,因此,道德调节也必然呈现出阶段性特征。海南国际旅游岛建设就是海南特定历史发展阶段的经济发展战略,海南国际旅游岛建设道德支持运行机制中的道德调节机制也必须体现海南的阶段性道德特征。

(三)海南国际旅游岛建设道德调节机制的建立和运行

当前,海南国际旅游岛建设道德调节机制不健全、不完善,与海南国际旅游岛建设不适应。因此,必须加强海南国际旅游岛建设道德调节机制建设。

一是凝聚核心价值。科学发展、富民兴琼的道德理念,求真务实、开拓创新的道德品质,公平正义、文明诚信、和谐生态的道德特征,构成海南国际旅游岛建设的核心价值。海南国际旅游岛建设的核心价值是整合海南社会的精神纽带,是海南社会成员的道德信念和道德信仰的共同道德意识。当一个社会的基本价值观念、基本规范体系,能够得到一个社会中大多数人的认同,并将其作为行为的指导原则,那他们在行动上就会协调一致。换句话说,要想人们劲往一处使,首先要让他们心往一块想。海南国际旅游岛建设要想取得成功,必须全省上下心往一处想,凝聚海南国际旅游岛建设的核心价值,排除海南国际旅游岛建设前进路上的一切思想阻碍,力往一处使,形成科学发展、富民兴琼,推动海南国际旅游岛建设的强大道德力量。

二是理性追求利益。在海南国际旅游岛建设中,一定要处理好利益追求与环境保护之间的客观矛盾。理性就是在海南国际旅游岛建设中要做到既要金山银山,又要绿水青山,绝对不能为了金山银山而破坏了绿水青山。绿水青山、蓝天白云、阳光沙滩是海南国际旅游岛建设最根本的依托,只有保护好绿水青山,海南才会有金山银山。在海南国际旅游岛建设中,一定要严守生态红线,通过道德调节机制在海南社会形成保护生态就是保护海南的生产力,就是保护海南明天的道德共识,逐步将海南建设成为生态环境优美、文化魅力独特、社会文明祥和的开放之岛、绿色之岛、文明之岛、和谐之岛。

三是改善社会环境。当前,海南社会仍存在着"脏、乱、堵、霸、黑"的现象;假冒伪劣、以次充好、欺客宰客、强买强卖等现象经常曝光;旅游景区内脏、乱、差,游客乱丢垃圾、随地吐痰、违反规定摄影、破坏景点设施等不文明行为随处可见。海南的社会环境与海南国际旅游岛建设的要求相距较远,海南国际旅游岛被一些人称之为"海南国际宰客岛"。尽管,海南也开展了文明大行动,也进行了多次专项整治活动,但是,由于没有建立起长效的道德调节和管理机制,海南社会环境并没有根本改观,良好的社会道德风尚仍未形成。海南应在社会管理方面下大功夫,学习和借鉴国外先进经验,在建立和健全社会道德调节和管理机制方面下大功夫,大力完善道德调节机制,全面根治社会不文明现象,重新塑造海南国际旅游岛的良好形象。

四是健全道德调节机制。当前,海南国际旅游岛建设道德支持的机制建设存在的主要问题是道德调节机制在基层不落实,在社会层面不健全。因此,健全和完善道德调节机制,充分发挥道德调节的作用,是海南国际旅游岛建设中必须重视和有效解决的现实问题。首先,建立基层道德调节机构。海南基层社区、街道、学校和企业是落实海南国际旅游岛建设道德规范的主体,必须在海南基层单位建立道德调节机构,只有把道德调节的主体落实在基层,道德调节机制才能真正有效地发挥作用。基层道德机制主要调节基层发生的道德问题。基层发生的人际纠纷,环境保护等小问题,应当有基层道德调节机构来调节,如果能把在基层发生的问题有效地解决在基层,海南国际旅游岛建设的道德基础就会更加扎实。其次,完善社会层面道德调节机制。在社会公共场所,主要涉及社会公共秩序的道德调节问题,目前是多头管理,互不协调,应当建立统一的管理协调机制,将社会公共道德问题进行统一治理,如建立海南社会不文明统一管理平台,建立海南不文明统计信息统一发布平台,定期统一发布海南社会不文明事项,形成海南社会道德调节机制。

三、社会引导机制

"人无常心,习以成性;国无常俗,教则移风。一个强大的国家,一个良好的社会,不仅应向全体成员提供公平的环境、公正的秩序,还应对其成员进行道德引导和精神塑造。以榜样的力量扶正祛邪,以制度的威力惩恶扬善,相信亿万民众焕发的道德热情,定能成为中国现代化进程中的重要支持性资源。"①

社会引导机制就是通过社会力量引导社会道德的趋向,以形成良好的社会道德风尚。社会引导机制主要有社会文化引领、社会舆论引导和典型示范引导等。

(一)社会引导机制的内涵

社会引导机制就是通过社会力量将社会大众的社会道德意识和道德行为引导到社会道德规范要求的方向。有效的社会引导机制有利于良好社会道德风尚的形成,有利于抵御不良社会风气对社会发展带来的负面影响,同时能够促进社会的和谐与稳定。

社会引导机制的主要功能有。

一是促进良好社会道德风尚的形成。社会道德风尚也称之为社会风气,是由文化习俗、道德风尚、人际关系等要素构成的,反映社会某一时期内,社会气候的主要趋向和主要特征。社会道德风尚是人们精神活动的反映,其核心内容是人们社会生活中的道德行为,即为社会上大多数人所认同的道德共识,社会上大多数人共同遵守的符合社会道德规范的道德

---

① 杜耀峰:《强大的国家需要对成员进行道德引导》[EB/OL].http://js.people.com.cn/html/2012/04/09/97984.html,2012-04-09 07:58。

行为。社会道德风尚既可以在自发的社会心理基础上产生,也可以在自觉的道德理念的引导下形成。社会引导机制在社会文化的引领下,在社会舆论的参与下,在社会典型的示范下,共同促进良好社会道德风尚的形成、巩固和发展。

二是抵制不良社会风气的危害。社会文化对不良道德行为的唾弃,社会舆论对不良道德行为的批评,都会在一定程度上抑止不良道德行为的发生,社会上少数人的不良道德行为在面对社会文化和社会舆论的批评中会有所收敛,向社会认可的道德规范回归,减少社会上不良风气的影响。

三是增强主流意识文化的可信度和吸引力。主流意识文化要增强自身实力,在不断丰富和发展马克思主义中国化理论成果、加强对非主流意识形态的驾驭和整合、积极推进话语权体系建设的同时,还需充分发挥社会道德引导机制的作用。党的十八大以来,党中央推行了一系列务求实效、深得民心的治党治国治军举措,包含着许多社会道德引导的因素。诸如落实改进工作作风、密切联系群众的八项规定,开展以反对“四风”为重点的群众路线教育活动,掀起“老虎”“苍蝇”一起打、治标与治本相结合的反腐败斗争,培育践行社会主义核心价值观,等等。党的十八大之后仅两年多时间,中国特色社会主义“五位一体”建设成绩显著,党风政风为之一新,综合国力和国际影响力显著提高,广大群众对党的路线方针政策认同度提高,信心增强,拥护支持声音高涨,我国主流意识形态的可信力和吸引力也随之明显提高。

(二)社会引导机制的特点

社会引导机制具有时代性、渗透性和层次性的特点。

一是时代性。社会引导机制的时代性是指社会引导的内容和形式都是与时俱进的,体现了时代的特征。如中国人历来重孝,孝被称为“百德之首,百善之先”,《孝经》曰:“教民亲爱,莫大于孝”,但古代的孝要求子女必须绝对服从家长、家长打骂子女被看作理所当然的权利等,这些不符合时代发展要求的内容必须扬弃。当今时代也要提倡孝道,但其内容已与古代有明显差异。

二是渗透性。社会引导主要通过社会文化、社会舆论和典型示范,社会引导渗透在人们社会生活的各个方面,通过日积月累,逐渐形成道德共识,并进而影响人的道德行为。

三是层次性。道德本身具有层次性,决定了社会引导机制的层次性。首先,社会引导机制中既要体现现阶段大多数人的道德要求,又要体现更高层次的道德发展,以指引人们的道德水平不断提升。其次,对不同年龄、职业、领域的人,社会的道德要求不同。社会引导的层次性是社会引导机制的有效性的关键所在。

(三)海南国际旅游岛建设社会引导机制的建立和运行

当前,海南国际旅游岛建设社会引导机制仍较薄弱,人们对海南国际旅游岛建设的期望较高,而海南国际旅游岛建设的进展与人们的预期存在着较大的差距。因此,必须加强海南国际旅游岛建设社会引导机制的建设。

一是引领社会思潮。社会思潮是指在一定阶层和群体中得到广泛传播的思想倾向。在海南国际旅游岛建设的进程中,社会结构深刻变动、利益格局深刻调整、思想观念深刻变化,海南社会思潮也呈现出国内社会思潮十分活跃、国外社会思潮大量涌入、各种社会思潮相互交织的特点。这些社会思潮错综复杂、相互交织,对海南人的思想观念和思维方式产生了重要的影响。我们一定要大力建设社会主义精神文明,确保社会主义核心价值体系牢固占领思想阵地,及时了解思想理论领域的各种倾向性问题,认真分析各类社会思潮的本质特征、主要内容、表现形式、现实影响、形成根源,采取有针对性的措施,引导其沿着健康的轨道前进,向着积极健康的方面发展。要以社会主义核心价值观引领社会思潮,尊重差异,凝聚共识,形成万众一心、共创和谐伟业的生动局面。要以海南国际旅游岛建设的核心价值引领海南社会思潮,在海南形成科学发展、富民兴琼的道德共识,形成积极进取、奋发有为的社会风尚。海南省领导应当及时就海南国际旅游岛建设的进展情况以及存在的问题向全省人民交流,引导全省人民攻坚克难,坚定海南人民对海南国际旅游岛建设的信心。

二是倡导和谐文化。社会主义和谐文化,是以社会主义核心价值体系为根本,以追求和谐价值为导向,以和谐精神为核心,以促进社会主义和谐社会建设为目标的一种精神文化。海南国际旅游岛建设以来,各种利益关系冲突,多种文化交流和碰撞,人们的生产、生活和行为方式都产生了深刻变化,和而不同成为社会的新常态。以和谐的理念处理人与国家、社会及个人之间的关系,减少思想认识上的片面性和极端化,以理性与平和的心态化解社会矛盾,调节社会关系,有利于形成良好的社会风尚。

三是坚持正确的社会舆论导向。正确的道德观念与良好道德风尚的形成,离不开社会舆论的导向。以正确的舆论引导人,就是要求运用大众传媒等舆论工具,对人们进行正确的舆论引导。舆论分为社会舆论和民间舆论。社会舆论通过带有主流价值的社会评价,对某些道德行为进行评价,造成一定的社会氛围,引导民间舆论,从而对社会成员的行为方式产生影响。一般而言,一个人的道德行为,极大地受着公众意向的影响,社会成员通常会自觉或不自觉地服从于社会舆论的导向与制约。大众传媒、文学艺术,通过各种现代传播方式,以最贴近人们日常生活的方式向人们传播正确的道德理念,面对公众事件,一般都会形成善与恶的倾向性观点,从而对人们的生活产生着潜移默化的影响。正确的舆论导向,有利于指导人们的道德选择。对于符合海南国际旅游岛建设核心价值和道德规范的行为给以宣传、弘扬和广泛传播,对于不符合海南国际旅游岛建设核心价值和道德规范的行为,进行批评和揭露,在社会上就会形成弘扬社会正气的良好舆论氛围。这种舆论氛围能够激励人们积极向上,凝聚崇德向善的道德力量。

四是加强典型示范。2013 年 9 月 26 日,中共中央总书记习近平在北京会见第四届全国道德模范及提名奖获得者时强调指出:道德模范是社会道德建设的重要旗帜,要深入开展学习宣传道德模范活动,弘扬真善美,传播正能量,激励人民群众崇德向善、见贤思齐,鼓励全社会积德行善、明德惟馨,为实现中华民族伟大复兴的中国梦凝聚起强大的精神力量和有力的道德支撑。在海南国际旅游岛建设中,也需要树立一批榜样,通过挖掘、发扬本地优良传统,打造优质"海南人"形象。如 2012 年起每年一届的"感动海南"十大人物评选活动,2014 年开始启动的博鳌亚洲论坛年会百姓代表选拔活动等,都是在努力塑造"海南人"的新形象,在全省范围内活动规格高但也很"接地气",得到了海南百姓的认可。在海南国际旅游岛建设中,要广泛运用各类媒体加大宣传力度,努力形成崇尚积极进取和真善美的社会风尚。在树立典型的过程中,应体现多元化目标,无论政府官员、职业明星、无名英雄,都可以成为引领社会风尚的人,无论在乡村、社区、企业、学校,都让人们感觉到实实在在的榜样。

四、社会监督机制

社会监督机制,是海南国际旅游岛建设道德支持的基本保证。道德的践行,虽然依赖于道德主体的内在自觉性,但是,也需要借助于外部的社会监督。道德主体的成长是一个过程,其自律性的养成需要一个由不自觉逐步转化为自觉、由外在的道德监督内化为内在的道德需要的发展过程。而外在的道德监督,则是这种转化得以实现的必要条件。社会监督机制就是促进道德主体养成自律精神的必要条件。社会监督机制是社会团体组织对社会道德行为的监督机制。社会监督主要有公民监督、社会团体监督和舆论监督。

（一）社会监督机制的内涵

社会监督是指社会团体组织（主要包括政治社团、舆论机构）和公民个人依据宪法和法律赋予的广泛政治权力，以批评、建议、检举、申诉、控告等方式对各种政治权力主体进行的一种自下而上的监督，又称群众监督、公众监督，主要包括公民监督、社会团体监督以及舆论监督，直接体现了国家的一切权力属于人民和人民当家做主的原则。① 社会监督机制主要是指社会团体组织对社会道德行为进行的社会监督。社会监督机制主要有公民监督、社会团体监督、舆论监督三种形式。

公民监督，是指公民以个人名义参与对政府行政机关和国家公务员行政行为的监督，对其他道德主体的社会道德行为的监督。公民监督是人民主权原则、基本人权原则和法制原则的体现，是人民当家做主地位的重要体现。主要通过由书信、上访、监督电话、直接对话，或通过法定程序向国家立法机关、监察机关或行政机关检举。

社会团体监督，在我国主要是指工会、青年团、妇联、村委会、居委会等各种社会团体对行政机关及其对其工作人员的行政执法行为进行的检查和督促，对社会其他道德主体道德行为的监督。社会团体处于国家机关体系之外，代表特定的集团、阶层的经济、政治和社会利益。目前，在中国社会组织网上查询到的社会团体有近 2000 个。社会团体监督的方式有：通过召开会议和开展各种方式的活动，收集人民群众的要求意见，然后用口头或文字形式向政府机关反映、转达；组织各自所联系的人民群众对政府行政机关和国家公务员的工作进行评议，协助行政机关和国家公务员及时发现他们工作中存在的问题，并帮助他们迅速改正；支持和帮助人民群众检举政府行政机关和国家公务员的违法渎职行为，对其行为提

---

① 国务院法制办公室：如何充分发挥社会监督作用［EB/OL］.http://www.chinalaw.gov.cn/article/dfxx/zffzdt/200906/20090600134924.shtml, 2009-06-17。

出控告和申诉。

舆论监督,是新闻媒体拥有运用舆论的独特力量,帮助公众了解政府事务、社会事务和一切涉及公共利益的事务,并促使其沿着法制和社会生活公共准则的方向运作的一种社会行为的权利。舆论监督的形式主要有传统纸媒、电视广播媒体和网络媒体。它是社会监督中反应最快、影响面最广、震慑力最强的。

(二)社会监督机制的功能

结合我国改革开放以来的社会发展状况,尤其是近些年网络普及率越来越高的发展趋势,社会监督在我国道德建设方面所起的作用越来越大。主要表现在。

一是表达公民权益,维护公共利益。我国宪法明确规定:中华人民共和国的一切权力属于人民。社会监督是人民行使权力的重要手段。一方面,社会监督机制通过对少数社会成员的违规行为、违法行为及违纪行为进行曝光,向社会传播消息、形成舆论,引发社会关注,引导社会公众对越轨行为进行批判、谴责和制止,激发越轨者的良知与自责,从而终止其越轨行为,这样就对不道德行为和不正之风起到矫正作用,净化社会风气,形成良好的社会环境。尤其是对一些国家公职人员的违法犯罪行为进行揭露和抨击,大众传媒发挥了强有力的道德监督作用;另一方面,社会监督将偏离社会规范和公共道德的行为公之于世,能够唤起普遍的社会谴责,将违反者置于强大的社会压力之下,从而起到强制其遵守社会规范的作用。同时,社会团体监督、舆论监督须引导受众正确看待社会不良现象,化解受众对国家与社会的矛盾心理,疏导社会关系,从而实现社会各组成部分之间动态的平衡。因此,社会监督既有利于改进国家机关和国家工作人员的工作,也有助于激发广大人民关心国家大事、为社会主义现代化建设出谋划策的主人翁精神。

二是权力制约的有效手段。通过对公共管理部门中腐败行为与不作为行为的曝光,引起社会成员对其指责,形成社会舆论压力,敦促公共管理部门惩治腐败与不作为,改善公众形象,对腐败分子和玩忽职守者进行警告与威慑,这在一定程度上实现了对公共权力的监督与制衡,从而减少权力腐败与权力滥用的机会,增强公共权力的公正性与合理性。特别是以草根阶层为主的网络舆论监督崛起所带来的影响凸显,民间的社会舆论监督正在形成一种倒逼机制,推动政府不断的改革以适应社会发展的需要。

三是促进社会管理体制的完善。社会管理主要是政府和社会组织为促进社会系统协调运转,对社会系统的组成部分、社会生活的不同领域以及社会发展的各个环节进行组织、协调、监督和控制的过程。党的十八大提出,加强社会建设,必须加快形成科学有效的社会管理体制,完善社会保障体系,健全基层公共服务和社会管理网络,建立确保社会既充满活力又和谐有序的体制机制。党的十八届三中全会进一步指出:创新社会治理,必须着眼于维护最广大人民根本利益,最大限度增加和谐因素,增强社会发展活力,提高社会治理水平,全面推进平安中国建设,维护国家安全,确保人民安居乐业、社会安定有序。社会公共道德涉及社会管理机制,加强社会监督机制建设是形成良好社会道德风尚的重要保证。

(三)社会监督机制的特征

社会监督机制具有广泛性、民主性以及权利与责任的统一的特征。

一是广泛性。社会监督的主体包括社会团体组织和公民个人,社会监督客体包括一切有关社会公共利益的事务,不受地域、行业限制。社会监督的方式也具有广泛性,公民可以口头或书面形式反映、揭露问题,也可以提案、组织的批评和建议、申诉、控告、检举等进行监督。监督的具体内容更是五花八门,受限制少,需监督面广。特别是网络媒体发达的今天,社会监督的主体是广大群众,其主体的非特定性决定了发现事物的广泛性,很少有社会事物能躲过广大群众的眼睛。2014年4月8日凌晨,中央纪委监察部网站开通纠正"四风"监督举报直通车,意在深化中央八项规定精神落实,畅通群众举报渠道,引导群众积极举报公款旅游、公款吃喝等违规行为,反映党员干部存在的隐形"四风"问题,及时公开曝光,加大震慑力度。这不但体现了社会监督机制必须以开放的姿态促进各类监督的有效实施,还体现了各类监督手段也在不断融合、改进。

二是民主性。社会监督具有公开的民主性,以舆论监督最为典型。因而,社会监督机制要充分发挥作用,对政治透明度、公开度和决策的科学化、民主化都有较高要求。同时,社会监督本身的各项工作也应公开化,从而使广大人民群众了解各监督部门的职责范围,知道哪些问题应该向哪里举报、投诉、检举、控告,并及时了解监督工作的进展情况、存在问题及处理结果等。党政机关工作人员,即社会监督机制中被监督的主体也应明确自己应当遵守的职责和工作程序,从而能够自觉主动地接受监督。

三是权利与责任的统一。社会监督是社会团体组织和公民的权利,也是其应负有的责任,社会监督是社会良性运行的有效手段。在社会监督机制中,权利和责任相统一的特征在涉及公众人物时表现尤为明显。公众人物亦称公共人物,是指一定范围内具有重要影响,为人们所广泛知晓和关注,并与社会公众利益密切相关的人物。他们或掌握公共权利,或具有很高的地位,或享有很高的社会声誉,也就是说,他们掌握着比普通人更多的社会资源,相对应地也承担着更多社会责任。

(四)海南国际旅游岛建设社会监督机制的建立和运行

一是建立健全利益诉求表达机制。马克思曾说:"发表意见的自由是一切自由中最神圣的,因为它是一切的基础。"政府要善于了解社情民意,倾听群众呼声,集中群众智慧,维护群众的合法权益,解决群众的实际困难,这是海南国际旅游岛建设获得海南人民群众认可的关键。首先,优化已有的岛情民意表达渠道,形成反应灵敏、运作有力、执行高效的工作链条。各级党委和政府处在社会管理的第一线,建立通畅便捷高效的表达渠道责无旁贷。要完善基层民主制度,落实公众表达自身利益的话语权;完善立法和决策听证制度,落实决策参与权;完善政府信息公开制度,落实知情权;要承担起教育群众、引导群众依法解决矛盾纠纷的重大责任。具体地讲,就是要让群众有地方及时表达诉求;有关部门对合理的诉求要千方百计地帮助解决,对一时解决不了的要耐心解释,对不合理的诉求要进行疏导,对一些带有倾向性和重大的问题要及时报告,以便及时采取应对措施,避免发生由人民内部矛盾引发的群体性事件。其次,适应现代社会节奏加快、利益关系日趋复杂、人民内部矛盾多发的形势,搭建多种平台,拓宽岛情民意表达渠道,加强工作网络建设,形成便捷通畅的诉求表达制度安排。再次,建立责任追究制度。有关地方和责任部门及单位应从构建社会主义和谐社会、建设国际旅游岛的高度认识群众利益诉求问题,像分析经济发展形势一样分析群众利益诉求形势,像抓重点工程一样对待群众利益诉求问题。

二是创新社会监督组织机制。在政府部门的主导下,社会监督功能的充分发挥还需相关社会组织助力。各类社会组织的正常运转既能客观公正地反映问题和现状,同时也能增强社会自我调节能力。在海南国际旅游岛建设中,必须在社会监督组织机制方面有所创新:要理顺政府管理职能部门与行业协会的关系。政府管理职能部门从对行业微观主体的监督管理退出,主要履行宏观管理、方向引导、法律制定等职能,为社会各行业各市场主体创造公平竞争的市场环境。而行业协会接受政府管理职能部门的监督,通过制定行业自律公约等规定,履行对行业经营主体的监督管理职责。

三是形成社会监督全民参与机制。深化政务公开,提高政府行为透明度。政务公开是保障人民群众知情权的基本要求,也是社会监督的基础。社会监督必须在充分了解和通晓政府运作过程中每个环节信息的前提下才能真正得以充分实现。不知情,就必然无的放矢,参政议政就参不到关键处,监督也就无从谈起。所以,必须要进一步加大政务公开。具体做法:积极实行"阳光行政",并按照《中华人民共和国政府信息公开条例》的规定,建立符合本地、本部门实际的政务信息公开制度,本着公正、公平、便民的原则,及时、准确的发布信息;拓宽政务公开渠道,在继续办好政务公开栏等传统公开手段的同时,更加注重对现代信息技术的利用,尤其是像微博这样的新媒体,每个人都可以在上面发表自己的看法,非常的便捷、公平,这将大大地提高公民参与监督的热情。增加政务公开内容,对政务信息,除涉及国家秘密、商业秘密、个人隐私等内容的,全部予以公布,尤其要加强对政府决策过程、重大事项运作过程以及关系群众切身利益的重要事件的公示和信息发布,并通过新闻媒体进行跟踪报道,最大限度的保障公民的知情权、监督权。激发居民和旅游者的参与热情,养成全方位良性监督的习惯。

五、社会赏罚机制

社会赏罚机制是用社会力量对社会成员履行社会义务的行为作出的赏罚。社会赏罚作为社会调控的重要手段,对人们的道德行为选择有着重要的影响。在海南国际旅游岛建设中,社会赏罚机制对海南国际旅游岛建设道德支持具有重要的保证作用。

"一个社会赏罚严明,便会对社会大众起到良好的督导作用。它犹如一种酵素,推动着人们按照社会所倡导的道德规范去严格要求自己,规范和约束自己的行为,并由此进一步推动社会道德欣欣向善。反之,如果一个社会赏罚错位,是非混淆、善恶颠倒,那么,它必然会扶邪祛正,推动着道德之风的腐败、堕落以及道德危机的蔓延。"①

---

① 龙静云:《治化之本——市场经济条件下的中国道德建设》,湖南人民出版社1998年版,第207页。

（一）社会赏罚机制的内涵

社会赏罚机制就是用社会力量对人们的道德行为作出明确的奖赏或惩罚。社会力量，既是指执掌社会公共权力的政府和社会机构，也可以是指拥有一定社会资源的各类社会组织、群体乃至个人。奖惩不单是指那些具体明确的奖赏和惩罚的条文，也包括法律、体制、政策、政令、规章、纪律、舆论等。在海南国际旅游岛建设中，社会赏罚机制是道德力量的重要保障。社会赏罚机制的基本功能是扬善抑恶，对道德的善给予明确的褒奖，对不道德的恶给予明确的惩罚，从而形成全社会崇德向善的社会风气。

社会赏罚机制的道德调控功能从本质上说是以社会道德来约束人们的道德行为，其主要功能表现为：一是扬善。对人们符合社会道德规范的道德行为给以鼓励和支持，使社会形成积极向善的社会风尚。社会给以符合道德规范的道德行为以各种形式的奖赏，对受赏者有激励作用，对社会其他成员有示范作用。二是惩恶。对于社会上不道德行为的发生和发展起到禁止、劝阻作用。社会对不道德行为给以惩罚，对受罚者而言，主要是禁止和阻止其不良行为的继续发生，同时具有劝其弃恶从善的作用。对于其他社会成员，则具有示范效应，促使人们择善而行。

（二）社会赏罚机制的特点

社会赏罚机制可以促使人们正确地认识社会，认识自己，自觉地约束个体行为服从社会整体的需要，使个人行为与社会秩序的要求达到和谐统一。

一是权威性。社会赏罚一般是由一定的社会组织和行政机关，按照一定的社会道德规范作出的判定。因此，比较一般有社会舆论评价具有权威性，具有更大的社会影响力。

二是丰富性。社会赏罚机制的对象及其涵盖的内容、手段都是非常丰富多样的。这是由于社会赏罚是一个外延极广的概念,它不单指那些常见且明确具体的社会性奖惩条文,而且包括制度、体制、法律、政策、规章、纪律、舆论等等在内。社会可用于赏罚即"给或不给"社会成员的社会资源有很多,像货币、物资、商品、职位、职务、职称、地位、名声、荣誉、权利、机会、自由等等均可作为赏罚之物。

三是导向性。社会赏罚明确表达社会肯定什么、否定什么;提倡什么、反对什么,具有十分明确的价值导向,对于人们的道德行为选择具有直接的道德指向。

四是功利性。社会赏罚机制结合人们的利益需求,根据人们趋利避害的天性,给遵守社会道德规范者以物质奖励,给违反社会道德规范者以物质惩罚。因而,具有一定的功利性。

(三)海南国际旅游岛建设社会赏罚机制的建立和运行

当前,海南国际旅游岛建设社会赏罚机制存在着不健全、不完善的问题,特别是在社会公共道德领域社会赏罚机制缺失,在社会职业道德领域赏罚不明。因此,必须进一步健全和完善社会赏罚机制,凝聚起强大的道德力量,为海南国际旅游岛建设提供有效的机制支撑。

一是在社会公共道德领域建立起社会赏罚机制。海南省应根据海南国际旅游岛建设的实际,制定海南社会赏罚条例,突出解决在社会公共生活方面存在的不文明现象、不道德现象,在海南全社会形成惩恶扬善的良好社会风尚。海南社会存在的不文明、不道德现象,对海南社会的形象影响巨大,仅靠道德教育和宣传是不能解决问题的,海南20多年来,针对海南社会的不文明和不道德现象,开展过不少专项治理活动,但由于没有建立起长效的社会赏罚机制,海南社会存在的不文明、不道德现象仍然存在,人们已经习以为常,人们对海南的社会治理能力,对海南社会的文明水平提出了不少批评和建议。目前,迫切需要在社会公共道德领域建立起社会赏罚机制。在社会公共生活领域,什么行为是道德的,什么行为是不道德的;什么行为是文明的,什么行为是不文明的,海南社会赏罚机制应给出明确的定义,做到赏罚目的清楚、赏罚标准清晰,使人人都能望赏而行,望罚而止,使海南社会进入良性、有序发展之中,靠制度和机制来管理社会公共生活,是现代社会文明的标志。海南国际旅游岛建设应当在道德制度和机制建设方面进行大胆探索,勇于实践,在社会公共道德领域,在全国率先建立海南社会不文明记录制度,建立海南社会赏罚机制,使海南的公共道德建设走向制度化的轨道。

二是在社会职业道德领域完善社会赏罚机制。在社会职业道德领域,海南社会赏罚机制基本上是健全的。但是,职业道德领域,海南社会赏罚机制存在着社会透明度差、赏罚不公、赏罚不明的问题。赏罚不公主要表现为赏罚不公开、不透明,因人行赏、看人施罚,同善而殊赏、同恶而殊罚,在赏罚面前不能做到人人平等。这种不公开、不公平、不公正的赏罚,只会对人们的道德行为和价值取向起负面诱导作用,也最易引起民怨、民愤。因此,在职业道德领域,需要进一步完善社会赏罚机制,首先,做到社会赏罚的公开透明。要最大限度地公开赏罚目的、赏罚范围、赏罚标准,让大家知道什么是该做的,什么是不该做的,清楚明白地接受社会赏罚。其次,做到社会赏罚分明。该赏则赏,和受赏者的德能勤绩相称,则受赏者自会更加奋发向上,而旁观者也会反躬自省,自觉寻找差距,进而发愤图强,迎头赶上;当罚必罚,和受罚者的过失以至罪行相符,则受罚者自会心服口服,而旁观者也会受到巨大的震撼、警醒和教育,主动避免类似行为。相反,假如赏罚不到位,就不仅达不到预期的目的,反而事与愿违,产生恶劣的影响。再次,要做到赏罚准确。社会赏罚是一种具有一定弹性的手段,它的使用应当根据事情发生的具体环境、条件以及事情的发展变化而有所变化。对于不同的善或恶的行为,赏罚的形式、内容、程度不应该完全一样;对于同一种具体的善或恶的行为,赏罚也应当根据具体情况而有所区别。从实际情况看,现实社会中不是没有赏罚,问题在于赏罚力度不大,准确度不高,致使该赏的不赏、该罚的不罚,该重赏的轻赏、该重罚的轻罚等情况普遍存在。实施赏罚的目的在于鼓励善行、抑制恶行，如果赏罚乏力特别是罚之过轻，就不可能达到扬善抑恶的目的。

三是完善社会赏罚机制的实施。社会赏罚从组织实施的角度分析，主要有正式组织型社会赏罚和非正式组织型社会赏罚两种类型。正式组织型社会赏罚，是指以行政条例、行政条令为原则，方式是在职业安置、岗位分派、职务任免、职称评聘、工作评价、组织接纳与荣誉授予中加进道德考核标准，使之成为一项必要条件，符合该道德标准，则予以奖励，违犯该道德标准的则予以惩罚。在海南国际旅游岛建设中，海南旅游业是龙头行业，海南应结合国家旅游局新发布的《游客不文明行为记录管理暂行办法》，借鉴秦皇岛的做法，建立旅游企业和从业人员诚信信息数据库，实施旅游"红黑榜"发布制度，通过"红榜"发布进行褒奖，对存在突出问题的单位或从业人员通过"黑榜"发布予以曝光。这样，海南旅游业就建立起旅客、旅游企业、旅游从业人员的旅游行业全覆盖的社会赏罚机制。海南其他行业可以学习和借鉴海南旅游业的经验，建立本行业的社会赏罚机制，这样，海南社会各个行业的社会赏罚机制就可以建立起来。非正式组织型社会赏罚，是指将行为主体周围的亲属、朋友、熟人等对行业主体的赏罚制度化，形成个人美誉度与品行推荐制度。如社会成员在社会流动中，必须有来自亲属、朋友、工作单位、生活社区的品行推荐意见，并形成个人道德分值记录。如果有道德劣迹，个人道德分值降低，社会惩罚就会施加，使其得不到好的工作、岗位，无法获得相关荣誉。除非个人再履行道德义务，增加道德分值，才能重新获得良好的品行推荐意见，以资获得社会奖赏。海南应率先建立侧重道德评价的个人信用体系，为国际旅游岛提供良好的道德支持。

四是建立健全社会赏罚机制效果的评估反馈机制。在海南国际旅游岛建设中，建立社会赏罚机制的本质是确立符合海南国际旅游岛建设要求的道德导向、道德目标，以引导社会和个人向既定方向前进。社会赏罚的目的是通过赏罚促进社会个体道德品质的提高和道德人格的升华，促进社会文明水平的提升,所以社会赏罚机制本身不是目的而是手段。在社会赏罚机制实施后,就要及时进行赏罚效果的评估和反馈工作。评估和反馈的内容,主要是记录、观察在一定时限内,现行的赏罚实施机制是否达到了预期效果,如果效果显著,则可继续实施;如果采取了赏罚措施却没有达到预期效果,就要分析原因,找到影响效果的因素,并尽可能排除;如果采取了赏罚措施却完全没有效果,则就要考虑完善、修改赏罚机制。旅游业在大多数情况下是一种持续时间较短的活动,所以在发展旅游业过程中采取的赏罚措施一般会很快见效。如在上个周末或小长假发生的问题,可用一定的赏罚措施去进行调节,赏罚制度的实施在间隔一周或几个月就能看出是否有效。对于有效的方式要加强,效果不明显或者无效的要进行改进或替换。海南可以旅游业为试点,健全赏罚机制的效果。

第十章
着力提升人的道德素质

海南国际旅游岛建设道德支持是一个复杂的系统工程,不仅需要核心价值体系作指导,而且需要具体的规范体系为内容,同时也需要一定的保障体制作保障,还需要相应的运行机制作保证,更需要道德支持的实现途径。

海南国际旅游岛建设道德支持的实现途径,就是要探索实践海南国际旅游岛建设核心价值体系和道德规范体系的具体路径,探索如何将海南国际旅游岛建设道德支持核心价值和规范变成海南国际旅游岛建设道德行为的方式,从而形成良好的道德观念、道德行为、道德环境和道德风尚,凝聚为海南国际旅游岛建设的道德力量。

海南国际旅游岛建设道德支持的实施途径主要有两个:一个是提升人的道德素质,一个是培育良好的社会道德风尚。要提升人的道德素质,其重要前提条件就是要认清人的道德行为习惯形成的客观规律,认清人的道德品质的内涵和结构,深入了解人的行为习惯养成的过程,深刻认识人的道德行为习惯养成的机理,着力提高海南国际旅游岛建设相关参与者的道德素质。

一、人的道德行为习惯的养成

人的道德行为习惯是如何养成的？这是海南国际旅游岛建设道德支持系统的一个重要基点。认清人的道德行为习惯的养成机理，对于我们尊重客观规律，构建海南国际旅游岛建设道德支持系统，完善道德力量的支撑，具有重要的基础性作用。

（一）人的道德品质的内涵和结构

人的道德品质是一个多要素的复杂系统，是人们在一定思想指导下，在行为习惯中表现出来的较为稳定的心理特点、思想倾向和行为习惯的总和。人的道德品质与一定的经济活动、政治活动、道德风尚及风俗习惯相联系，并受到社会发展水平的制约。

道德品质结构，是指人的道德品质构成的各个要素相互联系、相互作用的方式。具休来说，道德品质结构是一个以世界观为核心的，由心理、思想和行为三个子系统组成的多种要素构成的具有稳定倾向性的整体。

心理是品德的基础。心理子系统包括认识、情感、意志、信念等基本要素，任何品德都是在心理的基础上形成的。首先，人的心理是品德形成的发端，一个人的品德的形成都是从知、情、意、信这几个基本要素的变化开始的。因此，人的心理因素的变化是品德形成的起点和先导。其次，人的心理是品德形成发展的动力。人的行为是受动机支配的，而动机又是由需要引发的。马克思主义认为：人的需要是人的思想和行为发生的原动力，是人的一切活动持续进行的推动力，是人的积极性的内在源泉。人的需要也是人类一切活动的原动力、出发点和归宿。积极的需要和强烈的动机为一个人品德的形成提供了不竭的动力。再次，心理也是品德形成的必要条件。人的兴趣、性格、气质、态度等心理因素都在一定程度上影响着人的品德的形成的发展，缺乏健康的心理素质也难以形成良好的品德,良好的心理条件是形成品德的必要条件。

思想在品德结构中处于十分重要的地位。思想子系统包括政治观、世界观、人生观、道德观等。思想,是指个体的思想,个体思想是个人独特的社会经历与社会地位的反映,是人脑对社会存在的反映。个体思想包括理性认识,也包括感性认识,由于理性认识能更深刻地反映社会存在的本质,因而,它是个体思想的主要形态,具体表现为人的世界观、人生观、政治观、道德观等。思想在品德结构中的作用主要表现为:首先,思想是品德的核心要素。思想既制约着心理,又支配着行为,思想是联结心理与行为的纽带。其次,思想是品德的社会内容。人的品德是社会关系的产物,一方面,思想受制于社会关系,社会关系决定了思想的社会性;另一方面,思想又反映了社会关系,思想中蕴含的理性观念是品德的社会内容。再次,思想因素决定着品德的性质和方向。思想的主要内容即世界观、人生观、政治观和道德观都具有鲜明的时代性和政治性,它从总体上决定了个人品德的性质、面貌和发展方向。

行为是道德品质的外显因素。行为指的是道德行为,它是一个人在日常生活中表现出来的有目的、有意识的活动。首先,行为是道德品质的外在标志,判断一个人的道德品质的优劣,主要是看一个的道德行为。其次,行为习惯是一个人道德品质的客观内容。一定的行为持续不断地进行,就会成为习惯。一个人的道德行为习惯集中地表现了一个人的道德品质。再次,培养良好的道德行为习惯是一个人道德品质优良的标志,是一个人道德自律的标志。

心理、思想和行为三个子系统不是孤立存在的,它们是相互联系、相互影响的,共同构成一个人的道德品质。人的道德品质是按照心理—思想—行为的顺序,由简单到复杂、由低级到高级、由不完善到完善逐步发展的。

(二)人的道德行为习惯的养成机理

当前我国对儿童、中小学生等未成年人的道德行为习惯养成进行了一些研究,但是,对成年人的道德行为习惯养成还缺乏研究。这方面的研究,一方面需要进行实验研究;另一方面也需要进行实证研究。但是根据国内外的研究成果,我们对人的道德行为习惯的养成可以形成以下几点基本认识。

1.道德行为习惯不是与生俱来的,是在后天养成的,它是在生活实践中形成并逐渐稳固下来的。这个认识对于儿童和中小学生来说没有问题,对于成年人也同样适用。成年人有理性,能够根据理性自主作出道德判断,自主进行道德选择,做出符合自己道德需要和社会道德规范的道德行为。17世纪英国著名的启蒙思想家洛克提出了有名的"白板论",他认为人的德行是后天养成的结果,只有通过优良的教育、理性的启蒙和内省、反复的练习并形成习惯。瑞士著名心理学家皮亚杰的"发生认识论"和儿童道德论,科尔伯格的道德发生发展论,以及班杜拉为代表的社会学习理论和杜拉德、米勒所阐发的角色自居——内化理论。这些理论作为对个体道德发生发展的研究成果,在一定程度上揭示了个体道德发生发展的基本机制和规律,而且证明了个体道德并不是与生俱来的东西,而是在后天的生活实践中逐渐形成的。著名心理学家班杜拉也认为,个体可以通过观察自己的行为后果来调节自己的行为。在他看来,人们并不只是为了迎合他人的偏爱而行动。人的行为大部分是根据自己的内部准则和对行为所作的评价来调节的。班杜拉的观点十分重要,他指出了人的道德行为是根据个人的道德需要,和对个人行为的自我评价,综合判断后而自行调节的。可以这样认为,人的道德行为习惯是在生活实践中逐步形成,是个人根据个人道德需要,长期进行自我评价,自我调节的结果。自我调节是根据行为后果而反馈调节的,行为后果应当包括道德制度体系的制约,道德运行机制的约束。

人的道德行为习惯除了自我调节外,也需要社会调节。个体作为一定社会的成员,只有获得相应的社会认同,参与其社会生活,才能被社会所接纳,才能在社会中生存与发展。社会道德制度体系以及道德运行机制对人的道德行为习惯起着社会规范和社会调节的作用。学习和接纳社会道德,参与社会道德生活,按照社会道德的要求去生活和塑造自己,实际上就是个体获得相应的社会认同,从而实现自身作为社会成员的规定性的主要途径。当个体的行为符合社会的道德要求时,他就能因此而获得社会的认同,从而产生一种归属感和安全感乃至荣誉感,感受到做人的价值和尊严;反之,当个体的行为背离相应的社会道德的要求时,他就不能获得社会价值的认同和认可,因而也就不能顺利地参与社会生活,由此他便会感受到社会的疏离和排斥,并产生一种被社会忽视或遗弃的失落感和孤立感。这种感受会使人感到做人的价值和尊严的失落,也会迫使他改变自己的行为,以求重新得到社会的认同和尊重。个体正是基于对社会承认与接纳的渴望和对偏离社会的焦虑与恐惧,而促使自己自觉、主动地选择、践行一定社会的道德要求,并形成相应的个体道德。

2.人的道德行为习惯养成分为不同阶段。从社会人的角度来说,每一个社会人都有自我意识,都有行为选择的能力,都需要共同遵守社会的规则。对于一个社会人来说,从人的道德需要,到人的道德认知,到人的道德理念,再到人的道德行为,最后到人的道德行为习惯是一个不断进步的过程,人的道德行为习惯大致经历三个阶段。

科恩在《自我论》中写到"人们习惯于把个体的道德意识发展水平分为三个主要阶段,即'前道德水平'、'习惯道德水平'和'自律道德水平'。在'前道德'阶段,遵守道德是迫于害怕受到惩罚或期待获得奖励;在'习惯道德'阶段,遵守道德是为了得到关系人的赞同或羞于受到关系人的指责;而'自律道德'阶段,则是靠良心和过失感来保证"。[①]

在"前道德"阶段和"习惯道德"阶段,人们都会遵守道德规范,只是不自觉,不情愿,被动遵守,而在"自律道德"阶段,人们才会自觉遵守道德规范,从不自觉到自觉,从他律到自律,实际上正是人的道德行为到人

---

① [美]科恩:《自我论》,上海三联书店 1986 年版,第 447 页。

的道德行为习惯的过程。道德制度体系和道德运行机制正是促进人的道德行为到人的道德行为习惯的过程。

3.人的道德行为习惯养成是一个长期反复的过程。《辞海》指出："习惯是由于重复或多次练习而巩固下来并变成需要的行动方式。"①人的道德行为习惯养成是一个长期的过程,不可能在短期内形成,需要进行长期的社会实践,需要个人的道德需要,需要个人的道德动机,需要个人的道德理念与社会道德规范、道德制度体系、道德运行机制的不断磨合,需要个人自我调节与社会调节的互动。

人的道德行为习惯养成是一个反复的过程。人的道德行为习惯的形成是一种逐渐变化的过程,是一种由量变到质变的过程,需要经过多次的反复。因此,人的道德行为习惯需要从一点一滴小事做起,需要做到"勿以恶小而为之,勿以善小而不为"。小善和小恶,经过数量的积累,就会变成大善和大恶。许多不良的品质,往往都是从小的坏事开头的。诸如平时说话不注意语言文明,生活中不拘小节,随便动用别人的物品,不注意遵守社会的规章制度等等。起初,这些可能是小的瑕疵,但是如果任其发展,就可能酿成大的品质缺陷。等到形成一种习惯之时,再来纠正就会十分困难。

人的道德行为习惯的养成也需要激励和约束。良好的道德行为习惯往往都是经过正确引导或强化训练而形成的,根据社会道德规范,对人们良好的行为给予肯定和激励,对人们的不良行为给予约束和批评,通过不断地进行反馈来调节人的道德认知,从而形成良好的行为习惯。苏联教育家马申斯基这样讲:"良好的习惯是人在其神经系统中存放的道德资本,这个资本不断增值,而人在整个一生中就享受着它的利息。"俗话说,"习惯成自然",良好的行为习惯一旦养成,一个人将会终身受益。

---

① 《辞海》,上海辞书出版社 1979 年版,缩印本,第 96 页。

二、人的道德行为习惯的养成过程

人的道德行为习惯是内在转化过程与外部道德力量制约过程的产物。

（一）内在转化过程

人的社会实践活动产生人的需要,从而产生人的道德需要。人的道德需要激发人的道德动机,人的道德动机支配人的道德行为,这就是人的道德行为习惯的内在转化过程。在内在转化过程中,人的道德需要是原始动力,是人的道德行为的持续动力,是人的道德行为积极性的内在源泉。

马克思主义需要学说为我们认识人的需要提供了哲学上的基础。马克思、恩格斯从社会存在决定社会意识这一历史唯物主义的基本观点出发,对人的需要进行了科学的阐述,形成了关于人的需要学说。马克思主义关于人的需要学说主要内容有以下几个方面。

一是人的需要是人的本性。马克思指出:"需要是人对物质生活资料和精神生活条件依赖关系的自觉反映",[1]"他们的需要即他们的本性"[2]。马克思主义认为,人的需要是人的本性,是人与生俱来的内在规定性,是人的生命活动的表现。人的需要是客观存在的,是人对自然界和社会生活依赖关系的自觉反映。

二是人的需要是一个动态体系。马克思是现代提出"人的需要体系"概念的第一人,马克思从历史唯物论和人的实践本质出发,对人的需要体系进行了深入而全面的探讨,揭示了人的需要体系的三个特点。

---

① 《马克思恩格斯全集》第 2 卷,人民出版社 1960 年版,第 164 页。
② 《马克思恩格斯全集》第 3 卷,人民出版社 1960 年版,第 514 页。

第一,人的需要是一个相互联系的社会体系。马克思指出:"在任何情况下,个人总是'从自己出发的',但由于从他们彼此的需要即他们的本性,以及他们求得满足的方式,把他们联系起来(两性关系、交换、分工),所以,他们必然要发生相互联系。"①人的需要是多方面的,这些需要是相互联系的,正是人的社会关系将人的各种不同的需要相互连结成一个社会体系。

第二,人的需要是一个丰富多样的复杂体系。马克思、恩格斯指出:"人们为了能够创造历史,必须能够生活。但是为了生活,首先就需要衣、食、住、行以及其他东西。因此第一个历史活动就是生产满足这些需要的资料,即生产物质生活本身"②。马克思主义认为,人的需要在时间上有三个序列:第一序列是生存的需要。生存需要是人作为自然存在物的需要,是劳动或生产形成的最初动因。第二序列是生产劳动的需要。人要满足生存的需要,就必须从事生产劳动,生产需要是为了生存而产生的需要。第三序列是发展的需要。发展需要是人为了完善自我、实现自身价值的需要,它是人类最高层次的需要,人自由而全面的发展是人们追求的理想和社会进步所趋向的目标。

第三,人的需要是一个无限发展的开放体系。马克思指出:"人以其需要的无限性和广泛性区别于其他一切动物。"③"已经得到满足的第一需要本身、满足需要的活动和已经获得的为满足需要而用的工具又引起新的需要。"④人的需要具有无限性,原有的需要满足了,又会产生新的需要,这个序列无止境。人的需要是不断发展变化的,呈现出不断上升的趋势,正是在这种永无满足的需要中,使人类的主动性与创造性得以不断发挥,从而推动人类历史的不断前进。

① 《马克思恩格斯全集》第3卷,人民出版社1960年版,第514页。
② 《马克思恩格斯全集》第3卷,人民出版社1960年版,第31页。
③ 《马克思恩格斯全集》第49卷,人民出版社1982年版,第130页。
④ 《马克思恩格斯文集》第1卷,人民出版社2009年版,第531页。

三是人的需要具有多重特性。马克思主义认为,人的需要具有多重特性。

第一,自然性。人的需要的自然性是人存在与发展的自然基础。马克思认为:"人直接地是自然存在物。人作为自然存在物,而且作为有生命的自然存在物,⋯⋯具有自然力、生命力。"①作为有生命的自然存在,人同动物一样都有生理机体,都具有满足本能需要的自然性需求。

第二,社会历史性。马克思指出:"人的本质并不是单个人所固有的抽象物,在其现实性上,它是一切社会关系的总和。"②"需要的范围,和满足这些需要的方式一样,本身是历史的产物。"③人的需要的社会历史性是人的需要的现实存在,是人区别于动物的本质特性。

第三,主体性。人的需要的主体性是人的本质力量的外在体现,是人与动物的根本区别。马克思指出:"生命活动的性质包含着一个物种的全部特性、它的类的特性。而自由自觉的活动恰恰就是人的类的特征。"④人能够有意识的,自由自觉的活动,即有目的、有意识的阶级斗争、生产劳动和科学实验去进行改造自然、改造社会、改造自身,在改造对象世界中获得自身发展的自由。

第四,动力性。马克思指出:"任何人如果不同时为了自己的某种需要和为了这种需要的器官而做事,他就什么也不能做。"⑤人的需要是人的发展的原动力,是人的一切思想行为的原始动因,是人的积极性、自觉性、目的性、选择性和创造性的源泉,也是人们衡量一切行为活动及其结果是否有价值以及价值大小的最终尺度。

第五,实践性。人的需要是实践活动的内在动机和力量源泉,人的需

① 《马克思恩格斯全集》第 42 卷,人民出版社 1979 年版,第 167 页。
② 《马克思恩格斯文集》第 1 卷,人民出版社 2009 年版,第 501 页。
③ 《马克思恩格斯全集》第 23 卷,人民出版社 1979 年版,第 194 页。
④ 《马克思恩格斯全集》第 23 卷,人民出版社 1979 年版,第 50 页。
⑤ 《马克思恩格斯全集》第 3 卷,人民出版社 1960 年版,第 286 页。

要是一种被实践发展水平决定了的社会性需要,人会根据自己的需要和现实的条件,创造出世界上没有的物质来满足自己的各种需要。马克思指出:"动物只生产自身,而人在生产整个自然界;动物的产品直接同它的肉体相联系,而人则自由地对待自己的产品。动物只按照它所属的那个种的尺度和需要来建造,而人却懂得按照任何一个种的尺度来进行生产,并且懂得怎样处处都把内在的尺度运用到对象上去;因此,人也按照美的规律来建造。"①人是有意识的存在物,人类正是为了满足自己的需要才去进行各种各样的实践活动和认识活动。人类的生命活动总是从人的需要开始,人的实践活动正是从需要的产生→需要的满足→新的需要的产生→新的需要的满足,这样一种连续不断的循环发展进程。现实的人也正是以此来展示自己实践活动的内在价值,在实践活动中进一步展现出主体的积极性和创造性,最终促进人类社会的不断发展。

马克思的需要学说为人的需要提供了扎实的哲学基础,而现代心理学的发展为马克思的需要学说提供了坚实的心理学基础。

现代心理学认为,需要是人行为的原动力,是行为积极性的源泉,推动着人朝向一定的目标努力,使需要得到满足。没有需要就没有人的活动,就没有人的进化,没有社会的进步,需要是人类一切行为的出发点和最终归宿。

现代心理学认为:需要,是指人维持个体生存、延续种族、参加社会生活的种种必要条件在人的头脑中的反映,并在此基础上引起生理、心理不平衡和渴求恢复平衡的状态。通俗地说,是个体感到缺乏而力求获得满足的心理状态。

人的需要具有生物性特点。也就是说人与其他动物有相同的维持基本生存的要求,如追求饮食、安全、性等等。从这个角度讲,人并不比任何动物高级多少,其他生物所需要的也是人所需要的。

---

① 《马克思恩格斯全集》第42卷,人民出版社1979年版,第97页。

人的需要具有社会性特点。社会性特点决定了人除了具有动物的本能之外，还有许多动物所没有的高级要求。如人除了追求吃饱，还追求吃好，追求色、香、味、形、趣。

人的需要具有动力性特点。需要总伴随着某种心理紧张，牵动人的情感，紧张程度同追求的迫切性成正比。同时，在欲求状态下，一旦发现满足对象，两者结合产生动机，推动人产生追求行为。所以需要是活动的内在动力，是积极性的源泉。动力性特点具体表现为对行为的引发、促动和维持。

人的需要具有周期性特点。需要得到满足后，在一定时间内就停止追求，过了一定时间又会产生需要与追求，如此周而复始。一些需要满足了，又会产生其他的需要。如此生生不息，人的追求也就永不会停止。

西方心理学家马斯洛提出了有名的需要层次论。马斯洛认为：人的行为是有原因的，产生人的行为的主要原因是人的需要。马斯洛将人的需要分为五个层次，由低到高顺次为生理的需要、安全的需要、归属的需要、自尊的需要和自我实现的需要。马斯洛认为，人的需要是逐级上升的，当低层次的需要得到满足后，追求高层次的需要就会成为新的动力。马斯洛还认为，低层次的需要仅要求人从外部满足，而高层次的需要则使人从内部满足。

人的社会活动产生道德需要。"道德需要，是作为道德主体的人，在维持其积极平衡或内在稳定状态过程中所产生的，对道德的依赖性和倾向性。"①道德需要，揭示了人与道德之间一种内在的、本质的联系，即人对道德的依赖性和倾向性。人的道德需要是人与动物的重要区别之一。

道德需要激发道德动机。一个具有某种道德需要的人，常常会感到精神上欠缺点什么，从而使其处于焦虑状态。这种焦虑状态达到一定程度就会激发他的道德动机，促使他去积极地活动，以弥补自身的缺陷，获

---

① 彭柏林：《道德需要论》，上海三联出版社 2007 年版，第 18 页。

得满足。有了道德需要才会产生道德动机,道德动机推动道德行为,没有道德需要,就不可能产生道德动机,也不会有自觉的道德活动。

在道德需要转化为道德行为的过程中,人的自主性、积极性起着十分重要的作用。首先,道德主体具有自我的道德意识,这种意识主要表现为利益意识和责任意识。利益意识是道德主体对于自己和社会的生存和发展所产生的意识,它是道德主体自主性活动的出发点和归宿。责任意识是道德主体对自身所负的义务、职责、使命的意识,它是道德主体自主地从事道德活动的内在动力。其次,道德主体具有积极性,由于每一个人都有趋利避害的天性,每一个人的内心都有向善的动能,在社会实践中,人们就会积极地积德行善。因此,人的道德行为习惯内在转化过程中,充分调动人的主动性、积极性,修身养性,主动进行道德修养,自觉进行道德修养,积极进行道德修养,是人的道德行为习惯养成的重要内在因素。

由道德需要激发道德动机从而推动道德行为的过程,并不是一个简单的、线性的过程,而是一个复杂的、曲折的、反复的过程。由道德需要激发道德动机,道德动机推动道德行为,道德行为满足道德需要,然后就会引起新的道德需要,进而激发新的道德动机,新的道德动机又会推动新的道德行为。如此循环往复,使道德主体的道德水平达到更高的境界。

(二)外在道德力量制约过程

人的道德行为习惯养成首先受到道德力量的直接制约,这是道德支持系统内的制约。其次受到道德环境的相对制约,这是道德支持外部道德环境影响。道德环境包括社会道德风尚、社会舆论导向和社会交往关系。

第一,道德力量制约。道德力量是促使道德规范转化为道德行为的转化力量,道德力量对人的道德行为习惯的养成具有规范、约束、强化、激励、监督等功能。道德力量由道德制度体系与道德运行机制组成,道德制度体系将道德规范转化为制度规范,对人的道德行为习惯的养成具有长期性、稳定性的影响,对道德规范的有效实施具有重要的保障作用。道德运行机制配合道德制度体系,运用调节与引导相结合,奖励与惩罚相结合,约束与激励相结合,教育与监督相结合的综合手段,保证道德制度规范的有效实施。

道德制度体系由道德立法、道德制度、道德评价和道德教育组成。道德立法是将一些道德规范上升为法律规范,通过法律的强制力以保证道德规范的有效实施。道德制度是将一些道德规范变成制度规范,从而从制度上保障道德规范的有效实施,用制度的约束力来保障道德规范的有效实施。道德评价是确立社会的道德评价体系,用社会道德评价的影响力来影响人的道德行为,从而促使人的道德行为符合社会道德规范。道德教育是通过教育手段激发人的道德需要,改变人的道德认知,确立人的道德信念,改变人的道德行为,养成良好的道德行为习惯。总之,道德制度体系综合运用法律、制度、评价和教育等手段,将道德规范用制度规范来落实,来直接改变人的道德行为习惯。

道德运行机制体系由道德调节机制、社会引导机制、社会赏罚机制和社会监督机制等组成。道德调节机制充分运用道德的调节功能,调节社会矛盾,促进社会和谐;社会引导机制充分利用宣传引导、示范引导、舆论引导等改变人的道德认知,形成符合社会道德规范的道德共识;社会赏罚机制通过奖励与惩罚相结合,奖励符合社会道德规范的行为,惩罚不符合社会道德规范的行为,促使人们形成良好的道德行为习惯;社会监督机制通过公民监督、社会团体监督和社会舆论监督等多种方式,监督人的道德行为,促使人们遵守社会道德规范。

总之,道德力量是综合运用社会各种手段,将道德教育与社会管理有机结合,是道德他律的综合运用,将对人的道德行为习惯产生直接影响,在人的道德行为习惯养成中起着不可缺少的重要作用。

第二,社会道德风尚。社会道德风尚,指一个社会或人群习以为常的行为方式和观念形式。由于道德风尚是在社会中形成的,并表现在社会广大成员的道德行为之中,因此,称为社会道德风尚。社会道德风尚有正负取向,所表现的社会习惯和社会成员的行为有进步与落后,文明与野蛮之分。正向的社会道德风尚有利于积极向上的民族精神,而负向的社会风尚则会降低社会多数成员的文明水平,导致社会出现无序和混乱。

社会道德风尚是社会在道德观念和道德行为方面的价值取向,是一种特殊的社会规范形式,既表现社会通行的道德价值取向,又体现在社会生活层面,直接表现了社会成员的精神面貌。社会道德风尚通常反映出社会中绝大多数人的道德水平,是一种社会风气,它既指那些在社会上得到普遍保持的具有道德意义的风俗和习惯,也指那些在社会上出现的不符合道德要求的风俗和习惯。

社会道德风尚的形成与发展,取决于社会经济、历史传统、文化生活、宗教观念以及社会教化。社会道德风尚一旦形成,就会对人们的行为产生直接的影响,它会制约和影响人们以何种态度从事生产劳动,以何种方式参与社会生活,以何种观念进行人际交往。

社会道德风尚对人的道德行为有着显著的影响,如果一个社会形成了文明有序的社会秩序,形成了守秩序的良好道德风尚,个人就得自觉遵守社会秩序,否则就会受到大多数社会成员的批评,一个人要想在社会上生存和生活,就得自觉适应社会道德风尚。

良好社会道德风尚的形成、巩固和发展,一方面靠道德自律,主要还是靠道德制度体系和道德运行机制。将道德规范法律化、制度化、社会化,将道德自律与道德他律有机结合,将道德教育与社会管理有机结合,形成崇德向善的良好社会道德风尚。

第三,社会交往关系。一个人生活在社会之中,有着各种各样的社会交往关系。从家庭、学校、工作岗位和朋友交往,人们的行为习惯是在各种交往关系中逐渐形成。家庭对儿童行为倾向的形成有着影响,家长的行为选择对儿童的行为选择具有示范的作用,家长的言传身教对儿童的行为习惯有着终生的影响。因此,从小养成儿童良好的行为习惯对于人的道德行为习惯的养成起着关键的作用。学校是受教育的地方,除了教育学生科学知识以外,也要教育学生道德知识,学校是学生道德教育的主要阵地,在学生走向社会的很长一段时间里,学生是在学校度过的,学生很多道德行为习惯也是在学校逐步形成的。因此,学校除了教育学生一般的道德知识,更应注重学生良好行为习惯的养成。一个人从学校走向工作岗位后,从事不同的职业活动,人们的行为选择会带上职业特点,职业行为习惯是在一个人的职业生活中逐步形成的。朋友交往对一个人的行为选择也有重大影响。朋友是志同道合、相互依靠的人,朋友的行为倾向与本人的行为倾向有相互作用。

一个人从儿童到社会人,需要经历不同的人生阶段,需要变换不同的人生角色,每一个阶段和每一个人生角色都有不同的道德规范和道德要求,每一个人都必须形成适应人生不同阶段、不同角色的道德行为习惯。

道德需要引发道德动机,道德动机支配道德行为,道德制度体系和道德运行机制作用于人的道德需要,人的道德行为习惯正是由内在机制与外在道德力量的共同作用下,在社会实践中逐渐形成和发展的。在人的道德行为习惯形成过程中,人的自我评价和自我调节与社会评价和社会调节共同作用,促成人的道德行为习惯的养成。

三、提高相关参与者的道德素质

海南国际旅游岛建设是海南人民共同的事业,由于人们在海南国际旅游岛建设中承担着不同的角色,有领导者、管理者、经营者、从业人员和当地居民。如果每一个角色都能自觉践行海南国际旅游岛建设中各自的道德规范,在本职岗位上具体实践海南国际旅游岛建设的具体道德规范,海南国际旅游岛建设道德规范就能真正落到实处。

(一)海南国际旅游岛建设领导者的道德示范

党的十八大报告提出:"抓好道德建设这个基础,教育引导党员、干部模范践行社会主义荣辱观,讲党性、重品行、作表率,做社会主义道德的示范者、诚信风尚的引领者、公平正义的维护者,以实际行动彰显共产党人的人格力量。"

"上好礼,则民莫敢不敬;上好义,则民莫敢不服;上好信,则民莫敢不用情。"孔子这句话是说,只要领导者作出表率,讲究礼仪、道义、诚信,那么百姓就没有不服从、不尊敬、不说真话的。自古以来,官德隆,民德昌;官德毁,民德降。官德是风向标,官德影响民德,官风决定民风,官德水准提高了,群众的道德水准随之也会提高,社会风气因此得以净化,整个社会的道德水准因此得以提升。

海南国际旅游岛建设领导者要"常修为政之德,常思贪欲之害,常怀律己之心"。海南国际旅游岛建设领导者的道德示范事关党在海南人民群众中的形象和威信,事关海南全社会思想道德和社会风气的好转,事关海南国际旅游岛建设事业的兴衰成败。

一是审时度势,当好舵手。国务院已经正式下发了关于海南国际旅游岛建设的文件,海南国际旅游岛建设正式成为国家的战略。党和国家将海南国际旅游岛建设的重担托付给海南国际旅游岛建设的领导者。海南人民将海南国际旅游岛建设的希望寄托给海南国际旅游岛建设的领导者,海南发展史上的第二次重大历史机遇能否抓住,海南国际旅游岛建设的目标能否如期实现,这主要取决于海南国际旅游岛建设领导者的领导能力。

海南国际旅游岛建设的领导者要审时度势,承担起领导海南国际旅游岛建设的道德责任。国务院文件明确了海南国际旅游岛建设的目标和方向,但是,如何实施,需要海南国际旅游岛建设的领导者作出具体的规划和行动。海南国际旅游岛建设的领导者需要根据国内外形势的变化,作出符合客观实际的判断,作出符合海南省情的判断,海南国际旅游岛建设领导者的执行力对于海南国际旅游岛建设的实际进程至关重要。

海南国际旅游岛建设的领导者要当好舵手,保证海南国际旅游岛建设的航程始终沿着正确的航向前进。国务院规定了海南国际旅游岛建设目标和方向,海南国际旅游岛建设的领导者就是要保证海南国际旅游岛建设始终沿着国务院规定的方向前进,海南国际旅游岛建设的领导者一定要当好舵手,保证海南国际旅游岛建设这个目标如期实现。

二是积极作为,勇于担当。海南国际旅游岛建设的领导者是海南国际旅游岛建设的组织者和领导者,对海南国际旅游岛建设有着重要的道义担当。国务院关于海南国际旅游岛建设的文件已经正式发布 4 年了,目前距离 2020 年海南国际旅游岛建设的目标时间也没有几年了,海南国际旅游岛建设的领导者应当积极作为,勇于担当,开拓前进,确保海南国际旅游岛建设的目标实现。

国务院关于海南国际旅游岛建设的文件明确要求:海南国际旅游岛建设要形成以旅游业为龙头、以现代服务业为主导的服务型经济结构。到 2020 年,第三产业增加值占地区生产总值的比重达到 60%。2010 年海南第三产业比重为 46.1%,如按期达到规划目标,每年需增加 1.39 个百分点。2013 年,海南第三产业比重为 48.3%,海南国际旅游岛建设三年,每年增加不足 1 个百分点,如果按此结构变化速度,2020 年实现目标相当困难。海南国际旅游岛建设的领导者应当积极作为,找出工作中的不足,为实现国际旅游岛建设的目标竭尽全力。

海南国际旅游岛建设的领导者还应当勇于担当。目前,海南面临着高物价与低收入的困境,这在相当程度上影响了海南人民对海南国际旅游岛建设的信心。海南国际旅游岛建设的领导者应当勇于担当,切实回应百姓诉求,深入调查研究,真正解决难题,重树海南人民群众对海南国际旅游岛建设的信心。

三是道德示范,引领社会。海南国际旅游岛建设的领导者是海南国际旅游岛建设的组织者和领导者,肩负着带领海南人民实现科学发展、富民兴琼的历史重任。海南国际旅游岛建设领导者的道德修养和人格品质对海南社会具有十分重要的示范导向作用。如果海南国际旅游岛建设的领导者都有着高尚的道德品质,能够身先士卒、率先垂范、清正廉洁、执政为民,必然会形成巨大的人格魅力,必定会产生无穷的鼓舞作用,自然会激励起海南人民对海南国际旅游岛建设的激情,促进海南国际旅游岛的建设。如果海南国际旅游岛建设领导者不思进取,无所作为,一心只想着个人升官发财贪图享受,私欲膨胀,甚至贪污受贿,徇私枉法,那么他们不仅将完全丧失群众对他们的信任和尊重,甚至会上行下效,导致一部分群众在失望之余对自身道德要求的下降,从而给海南社会风气和道德建设带来不可挽回的影响,对海南国际旅游岛建设也会造成不良的后果。

海南国际旅游岛建设领导者的道德示范如何,海南群众的目光都聚焦于此。海南群众不但要听领导者说什么,更为关注的是领导者的实际行动。古人云:"其身正,不令则行;其身不正,虽令不从"。领导者的道德品行直接影响着海南广大群众。海南国际旅游岛建设领导者手中掌握着海南人民赋予的公权力,其道德修养对海南民众有着巨大的示范作用,其一言一行都具有强大的导向功能。

海南国际旅游岛建设的领导者应率先垂范海南国际旅游岛建设的核心价值,自觉践行海南国际旅游岛建设领导者的道德规范,引领海南社会的道德风尚,凝聚海南国际旅游岛建设的道德力量,带领全省人民实现海南国际旅游岛建设的目标。

(二)海南国际旅游岛建设管理者的道德责任

海南国际旅游岛建设管理者在海南国际旅游岛建设中起着重要的作用,他们大多工作在第一线,直接与海南国际旅游岛建设的经营者接触,承担着行政执法、维护市场秩序的重要责任,肩负着服务人民群众的重担。

海南国际旅游岛建设管理者由于与人民群众直接联系,他们的形象直接影响到政府的形象,他们的行为也直接影响到政府的公信力。海南国际旅游岛建设管理者应当主动承担起自己的道德责任,在海南国际旅游岛建设中发挥应有的作用。

一是勤学修德，提升素质。海南国际旅游岛建设是一个新的事业，有许多新的知识需要学习，只有不断学习，才能适应海南国际旅游岛建设的实践。海南国际旅游岛建设的管理者要勤于学习，加强道德修养。要努力学习法律知识，做遵纪守法的实践者。要努力学习专业知识，不断充实和丰富自己。要加强道德修养，从做好小事入手，从管好小节起步，努力践行社会主义核心价值观，努力实践爱国、敬业、诚信、友善的基本道德规范，努力实践海南国际旅游岛建设管理者的道德规范。

海南国际旅游岛建设管理者要在工作实践中不断提升自身素质。海南国际旅游岛建设需要一大批高素质的管理者，管理者的素质对海南国际旅游岛建设的进程有着重要的影响。海南国际旅游岛建设管理者一定要扎扎实实干事，踏踏实实做人，努力做到知行合一，注重将所学知识内化于心，明了自身的道德义务，学会担当道德责任，在海南国际旅游岛建设的实践中提升素质，增长才干。

二是不辱使命，公正执法。海南国际旅游岛建设管理者的主要工作是行政执法，维护公平合理的市场秩序，保证海南国际旅游岛建设顺利进行。海南国际旅游岛建设以来，一些破坏海南国际旅游岛建设市场秩序的现象时有发生，一些经营者借海南国际旅游岛建设之机随意涨价，一些经营者欺客宰客，严重损害消费者的利益，这些不良现象已经影响到海南国际旅游岛的形象和声誉。海南国际旅游岛建设的管理者应当担起道德责任，严格执法，公正执法，对破坏市场秩序的现象严厉惩处，维护海南国际旅游岛建设的形象和声誉。

海南国际旅游岛建设管理者要以法律为准绳，严格执法。法律的尊严在于执行，有法不依，执法不严，是海南国际旅游岛建设管理者在行政执法中的主要问题。一些行政执法者对违法行为视而不见，是造成一些违法行为屡禁不止的主要根源，只有严格执法，主动作为，主动承担起海南国际旅游岛建设管理者的道德责任，维护好海南国际旅游岛建设良好的市场秩序,为海南国际旅游岛建设保驾护航。

三是牢记责任,服务群众。服务群众是海南国际旅游岛建设管理者的道德责任。海南国际旅游岛建设管理者处在群众工作的第一线,他们对群众的态度,办事的效率,直接影响到海南人民群众对政府的态度,直接影响到海南群众对海南国际旅游岛建设的信心。服务群众也是海南国际旅游岛建设的需要。海南国际旅游岛建设需要广大人民群众的积极参与,没有广大人民群众的积极参与,海南国际旅游岛建设也不能成功。海南国际旅游岛管理者为群众服务,为群众办事,就是对海南国际旅游岛建设的具体支持。

海南国际旅游岛建设以来,海南干部的工作作风有了明显改进,但是,距离海南民众对政府公务员的期待仍有一定差距。据相关调查,海南民众对海南政府机关工作人员的办事态度和效率的满意度不到一半。①部分政府机关仍存在着门难进、脸难看、话难听、事难办的现象,个别工作人员遇事推诿,办事拖拉,个别工作人员对待群众态度粗暴。

服务群众,必须做到尊重群众。只有尊重群众,才能为群众服务。接待群众时,一定要态度和气,平等待人,对群众的诉求要认真听,对群众不清楚的事情要耐心讲解,不得训斥群众,不得看不起群众。

(三)海南国际旅游岛建设经营者的道德自律

海南国际旅游岛建设经营者是海南国际旅游岛的建设者,他们的道德行为对海南国际旅游岛建设有着直接的影响,海南国际旅游岛建设经营者应当为社会提供优质产品和优质服务,为海南国际旅游岛建设提供正能量。

海南国际旅游岛建设经营者对海南国际旅游岛建设承担着重要的道

---

① 李辽宁:《国际旅游岛建设与海南公民道德素质提升研究》,中国社会科学出版社2012年版,第27页。

德责任,这种道德责任是海南国际旅游岛建设对海南国际旅游岛建设经营者的道德期待,具体表现为海南国际旅游岛建设经营者的道德规范。

海南国际旅游岛建设经营者道德规范的实施主要依赖于经营者的道德自律,因为道德规范对于经营者只有软约束,并不具有强制力,经营者只有自觉遵守,自愿执行,道德规范才能有效实施。

一是确立道德自律意识。在海南国际旅游岛建设中,经营者谋利是经营者生存和发展的基本前提,但是,经营者谋利必须遵守海南国际旅游岛建设经营者的道德规范。如果经营者唯利是图,不遵守海南国际旅游岛建设经营者的道德规范,经营者就难以在市场竞争中立足,经营者必将受到市场的淘汰,必将受到消费者的谴责和抛弃。海南国际旅游岛建设经营者自觉遵守海南国际旅游岛建设道德规范,是海南国际旅游岛建设对经营者的基本要求,是经营者的立身之本,也是经营者在市场经济中生存的内在需要。

经营者的自然本性是为投资者赚取利润,客观功能是为社会提供产品和服务、为员工提供就业机会、薪酬等。因此,经营者在生产、经营与管理过程中,与其员工、投资者、供货商、经销商、顾客、政府、社会环境保护、所在社区等不可避免地会发生各种利益关系,经营者必须对这些利益相关者负起应有的道德责任。海南国际旅游岛建设经营者应当主动承担起道德责任,坚守道德底线,践行道德规范,处理好与各个利益相关方的关系。

二是制定道德自律守则。海南国际旅游岛建设经营者应当参照海南国际旅游岛建设经营者的道德规范,结合经营者自身的实际情况,制定出内容具体、表述清晰、可操作的经营者道德规范自律守则,以规范经营者的经营行为。

海南国际旅游岛建设经营者应当把道德自律教育纳入企业文化建设的范畴,不断提高经营者的职业道德素质,形成以守法、履责、诚信为核心的企业诚信文化,在社会上形成道德自律的良好形象。

三是建立道德自律机制。海南国际旅游岛建设经营者应当建立起道德督察机制，以督察道德自律的行为。经营者应当经常对照道德守则，自觉检查自己的经营行为，及时发现不足，及时纠正不足。海南国际旅游岛建设经营者应当建立必要的道德考核机制和道德奖惩机制。经营者应当定期对执行道德规范守则细则的情况进行考核和奖惩，对执行道德规范守则好的要表扬和奖励，对违反守则的要处罚，以切实保证经营者自律的实现。海南国际旅游岛建设经营者应当建立道德监督机制。经营者可吸收政府监管部门、消费者、企业员工、供货商、经销商、社区等各利益相关方的代表组成道德监督委员会，对经营者的道德自律实施监督。

（四）海南国际旅游岛建设从业人员的道德觉悟

海南国际旅游岛建设从业人员是海南国际旅游岛建设的主力军，他们的道德觉悟和道德水平对海南国际旅游岛建设起着重要的推动作用。

海南国际旅游岛建设从业人员应当自觉践行海南国际旅游岛建设的道德规范，积极参与到海南国际旅游岛建设的道德实践中，为海南国际旅游岛建设提供强有力的道德力量支持。

一是加强自我学习，不断提高道德认知水平。海南国际旅游岛建设从业人员要加强自我学习，要了解海南国际旅游岛建设的背景，要明白在海南国际旅游岛建设中的角色和职责，要认真学习和努力实践海南国际旅游岛建设从业人员的道德规范。

海南国际旅游岛建设从业人员不仅要知道和明确自己在海南国际旅游岛建设中的职责，更应当知道自己为什么要履行这些职责，从而提高对海南国际旅游岛建设从业人员道德规范的认知水平，提高践行海南国际旅游岛建设从业人员道德规范的自觉性。

海南国际旅游岛建设从业人员要向道德模范和道德先进人物学习，学习他们良好的道德品质，学习他们良好的道德行为，不断提高自身的道德认知水平。

二是加强道德修养,不断提高道德水平。海南国际旅游岛建设从业人员的道德水平并不会随着工作时间的积累而自然提高,需要通过长期的道德修养。道德修养是指一个人在道德意识和道德行为方面,自觉地按照社会的道德要求所进行的自我审度,自我教育,自我锻炼,自我改造和自我完善的活动。道德修养体现在一个人的工作生活和社会交往中,体现在一个人的一言一行上。一个人的道德水平是在长期的社会实践中,通过长期的道德修养逐步磨练而成的。

首先,要学思并重。要通过虚心学习,积极思考,辨别善恶,学善戒恶,以培养良好的品德。其次,要反省自查。通过自我反省来发现自我的问题,通过自我检查,检查自己的行为是否符合海南国际旅游岛建设从业人员的道德规范,自我纠错。再次,要慎独自律。要坚守自我的道德信念,自觉按道德要求行事,按良心办事,人前人后一个样,自始至终一个样。

道德修养是一个自我解剖、自我锻炼、自我教育、自我认识、自我提高的过程,是一个循序渐进、逐步提高的过程。要从自身实际出发,从现实实践中的具体问题入手,从小事做起,刻苦磨练,坚持不懈,日积月累才能取得成效。只有通过长期的道德修养、道德觉悟和道德行为能力才会不断提高。

三是积极参加道德实践。要努力把道德知识和躬行道德实践相结合,以促进道德要求内化为个人的道德品质。道德觉悟不能仅仅停留在口头上或者内心里,而必须付之行动,必须落实在具体的道德实践中。

海南国际旅游岛建设从业人员一定要立足本职岗位,在知行合一上下功夫,把小事当作大事干,从身边做起,从小事做起,一点一滴积累,一步一个脚印,自觉成为海南国际旅游岛建设从业人员道德规范的实践者,不断提高践行海南国际旅游岛建设从业人员的道德规范的自觉性。

海南国际旅游岛建设从业人员一定要积德行善,要多做善事,多行善举,积小善成大善,积众善而成大德,做诚实友善的人,为海南国际旅游岛建设不断累积强大的道德力量。如果海南国际旅游岛建设每一个从业人员都能自觉践行海南国际旅游岛建设从业人员的道德规范,海南社会就会凝聚起积极向上的道德力量,海南社会就会形成和谐文明的道德风尚。

(五)海南国际旅游岛建设当地居民的道德提升

海南国际旅游岛建设当地居民是海南国际旅游岛建设的直接受益者,同时,也是海南国际旅游岛建设的重要力量。海南国际旅游岛建设不仅仅是经济建设,也是道德与文明建设,没有强大的道德力量支持,没有海南当地居民的广泛参与,海南国际旅游岛建设也难以成功。

海南国际旅游岛建设当地居民要以海南国际旅游岛建设为契机,自觉践行社会主义核心价值观,自觉实践海南国际旅游岛建设当地居民的道德规范,积极参与到海南国际旅游岛建设的道德建设实践中,为海南国际旅游岛建设提供强有力的道德支持。

一是不断提升道德意识。道德意识是人的道德实践活动的反映,对人的道德实践活动具有重要的指导作用。海南国际旅游岛建设对海南当地居民的道德水平也提出了新的要求,国务院文件指出:逐步将海南建设成为生态环境优美、文化魅力独特、社会文明祥和的开放之岛、绿色之岛、文明之岛、和谐之岛。首先,海南当地居民应当确立主人意识,海南国际旅游岛建设是海南人民的共同的事业,海南每一个当地居民都是主人,海南当地居民的道德水准直接影响着海南国际旅游岛建设,影响着海南在国内外的形象。其次要确立责任意识,海南国际旅游岛的建设,每一个海南人都有责任,每一个海南当地居民都有义务和责任,为提升海南国际旅游岛的形象作出自己应有的贡献。

海南国际旅游岛建设当地居民要在海南国际旅游岛建设的实践中不断提升道德感悟。道德意识的确立和提升是一个精神实践活动,海南国际旅游岛建设为道德意识发展的精神实践活动提供了丰富的素养。海南国际旅游岛建设当地居民在道德实践中必须具有责任感,必须自觉地为海南国际旅游岛建设负责,正确处理与他人、与社会、与环境的关系,不断提升海南社会的文明水平。

二是努力做社会主义核心价值观的践行者。党的十八大报告指出:倡导富强、民主、文明、和谐,倡导自由、平等、公正、法治,倡导爱国、敬业、诚信、友善,积极培育和践行社会主义核心价值观。爱国、敬业、诚信、友善是公民个人层面的价值准则,表达的是社会成员的道德自律,是社会成员的基本道德规范。社会主义核心价值观是驱散道德迷雾,医治道德病痛的一剂良药。只有大力弘扬社会主义核心价值观,才能激发崇德向善的强大道德力量。海南国际旅游岛建设当地居民要积极做社会主义核心价值观的参与者,参与到社会主义核心价值观的培育之中,做社会主义核心价值观的践行者。做到从我做起,从日常生活做起,从身边小事做起,不断累积道德力量。

三是做道德规范的实践者。海南国际旅游岛建设当地居民的道德规范,是结合海南国际旅游岛建设当地居民的道德现状提出来的,是海南当地居民最基本的道德规范,具有现实意义。

海南国际旅游岛建设当地居民道德规范提出:文明礼貌、遵守程序、爱护公物、保护环境,这是分别从人与人的关系,人与社会的关系,人与环境的关系规范了人的行为准则,具有可操作性。

海南国际旅游岛建设当地居民应当做海南国际旅游岛建设道德规范的实践者。海南从1999年起开始生态省的建设,普及了生态文明的理念。2000年开始在农村开展文明生态村创建活动,提升了海南农村的文明形象,2003年开始在城市开展文明安全社区创建活动,提升了城市居民的文明程度。但是,海南当地居民的文明水平距离海南国际旅游岛建设的要求还有相当差距,在海南国际旅游岛建设的进程中,海南当地居民应当从自身做起,从身边的小事做起,从一点一滴做起,日积月累,持之以恒,海南社会的祥和文明就会逐步实现。

海南国际旅游岛建设当地居民应当从自身做起,每一个人都从自身做起,做海南国际旅游岛建设道德规范的实践者。海南国际旅游岛建设规范的落实,需要每一个海南当地居民的参与和实践来实现,只要每一个海南当地居民都自觉践行海南国际旅游岛建设当地居民的道德规范,就能形成人人参与的社会风尚,就能夯实海南社会的道德基础。

海南国际旅游岛建设当地居民应当从身边的小事做起。只要每一个人都从身边的小事做起,从力所能及的小事做起,从经常发生的小事做起,就能逐步改变海南社会的道德环境,就能凝聚起强大的道德力量。

第十一章
大力培育良好的社会道德风尚

　　海南国际旅游岛建设道德支持有两个重要途径：一是要着力提高个人的道德素质。二是要大力培育良好的社会道德风尚。大力培育良好的社会道德风尚，一是要弘扬海南精神，二是要塑造海南形象，三是要培育良好的社会道德风尚。

一、弘扬海南精神

　　精神是一个地区发展的核心标识，精神已成为一个地区发展的核心竞争力。海南精神，是指海南为谋求自身发展的社会历史条件下，在精神文明实践过程中积淀、整合、提炼出来的，反映海南人民共同的理想目标、精神信念、文化底蕴、行为准则和生活方式的价值观念体系及群体意识，它是海南软实力的核心

　　海南国际旅游岛建设，需要与之相匹配的独特的精神支撑，这就是海南精神。海南精神是海南人民的精神支柱，是海南国际旅游岛建设健康发展的动力源泉。

（一）海南精神的形成与发展

在海南建省办经济特区 20 多年的发展历程中,海南人传承了海南的历史文化,塑造了独具特色的海南形象,展示了海南人民独特的精神气质,逐步凝练出开拓进取、求实创新、和谐发展的海南精神。海南精神植根于海南的历史文化、体现了海南发展的时代特征,是推动海南持续发展的内在精神动力,也是引领海南未来发展的精神支柱。

1. 海南精神的历史渊源

在四五千年前的新石器时代,就有先民在海南这块土地上繁衍生息。在海南漫长的历史长河中,涌现出许多杰出的风云人物。他们中有闻名遐迩的爱国志士,著名的民主革命先驱、影响深远的无产阶级革命家,有著名的政治家、军事家、外交家,也有享誉海内外的文学家、艺术家、教育家和中国近代实业家。无数杰出的先辈,开创了艰苦创业、热爱祖国、珍视文化、追求文明、崇尚科学的风气。

在海南的历史上逐渐形成了"海南精神"。因为地理和历史的原因,海南形成是一个汉文化范围内独特的文化区域,在这种悠久的人文传统中,逐渐催生了一种不可替代的、有特殊文化内涵的"海南精神"。什么是"海南精神"的内涵?已故的新加坡学人、祖籍海南文昌的吴德耀教授,1992 年在由海南大学主办,新加坡琼州会馆、香港海南商会、台北海南同乡会、广州振兴海南联谊会协办的"海南学"学术研讨会上所作的主题演讲里,曾经对"海南精神"作了一个概括。他说,海南精神是海南人以海为量,以天下人为友的"海量"精神。① 吴德耀教授的见解是十分精辟的! 海南是一个以移民为主的社会,各地文化随着移民的定居,逐渐与当地民族文化相融,形成多元、包容的海南精神。"海量"精神是海南先

---

① 解药:《论海南精神》,转载自海南乡土,今日海南。

贤们所一向主张的,海南人传承和弘扬了"海南精神",并在新的历史发展进程中,有所发展。

在海南近代发展史上,形成了琼崖精神和农垦精神,它集中体现了海南人民不屈不挠的革命意志和艰苦奋斗的创业精神,这些精神品质是海南精神的直接源泉。

琼崖精神。从 1927 年中国共产党在海南创建琼崖革命根据地,到 1950 年 4 月海南解放,琼崖军民创造了"23 年红旗不倒"的光辉范例,成为中国革命史上光辉的一页。"琼崖精神"表现为四个方面:一是崇高的理想,坚定的信念。二是自力更生,艰苦奋斗。三是不怕牺牲,勇于献身。四是相信群众,依靠群众。正是依靠这种革命精神,琼崖革命先驱才能在当时极其恶劣的环境中,坚持革命,不断将革命进行下去,最后取得琼崖革命的胜利。海南作为琼崖革命的诞生地和根据地,多年来不断从琼崖精神中汲取宝贵的精神财富和力量源泉。

农垦精神。在中国的海南岛,在这块美丽、富饶而又神秘的地方,集散着数以百计的国营农场群。这里就是我国最大的天然橡胶生产基地。1952 年 1 月,华南垦殖局海南分局宣告成立。同年,根据毛泽东的命令,中国人民解放军林业工程第一师和华南垦殖局海南分局分编,从而开始了海南大规模垦殖事业的光荣历史。在以后的 40 年间,大批退伍转业军人、归国华侨、当地民工和来自全国各地的干部、知识分子以及城镇知识青年相继投入了海南农垦建设,在祖国的南疆谱写了一部威武雄壮、波澜壮阔的农垦创业史。海南农垦广大职工在十分困难的条件下,坚持和发扬自力更生、艰苦奋斗的优良传统和作风,以"拓荒牛"的农垦精神,长年累月奋战在荒山野岭,艰苦创业,克服了重重困难,走出了一条中国式的橡胶事业发展的道路,建成了我国最大的天然橡胶生产基地,创造了我国橡胶在北纬 18°10′—20°10′的海南岛大面积种植奇迹,为祖国橡胶事业的发展立下了不可磨灭的功绩。海南农垦的历史是一部可歌可泣的艰苦创业史,她倾注了两代人的艰辛和热血,凝聚着百万职工、家属的智慧和创造精神。"拓荒牛"的农垦精神,始终是激励海南人开拓进取的力量源泉。

2. 海南精神的时代拓展

1988 年,海南建省并兴办中国最大的唯一的省级经济特区以来,海南的发展进入了一个全新的历史阶段。

1990 年 1 月,海南省委在《关于当前加强精神文明建设的通知》①中指出:办经济特区是一项开拓性的事业,许多事情要在探索中前进,特区人民必须有这种齐心创业、奋发进取的精神。要努力继承和发扬琼崖革命武装斗争"23 年红旗不倒"的革命精神,在新的形势下这种精神的具体体现就是开拓进取、不畏困难、无私奉献。要反对那种庸庸碌碌、无所作为、得过且过、只图享乐、不愿付出艰苦努力的精神状态。要使开拓进取、艰苦奋斗成为全省人民的精神支柱,形成具有海南特色的特区精神,从而不断增强全省人民克服困难、实现理想的信心。这是第一次明确提出要形成具有海南特色的特区精神。

1991 年 1 月,海南省委一届五次全会要求进一步提倡和发扬"五种精神":团结协作的精神、艰苦的精神、开拓创新的精神、雷厉风行的精神、求实务实的精神,形成一种昂扬的特区精神风貌。

1993 年,海南省委、省政府号召在全省开展新时期的创业精神教育。海南省委、省政府特别强调要结合海南实际,把琼崖纵队艰苦奋斗精神、海南农垦创业精神和华南热作"两院"的创业精神在新时期进一步发扬光大。

1998 年 2 月,在海口召开的中国共产党海南省第三次代表大会上,省委书记阮崇武指出:要以邓小平理论为指针,结合海南实际,在全社会培育与弘扬艰苦创业、勇于改革、求真务实、文明向上的特区精神。

_____

① 梁振球:《中国经济特区的精神文明建设海南卷》,中央党校出版社 2002 年版。

1998年,在海南"二次创业"和"齐心塑造海南形象"的活动中,海南省委强调,要克服干部群众存在的浮躁情绪,大力弘扬新时期的创业精神,要引导干部群众坚持脚踏实地、开拓进取、艰苦创业、勤劳致富。

在海南20多年的发展历程中,创造了"博鳌精神""横渡精神""李向群精神"等,这些精神为"海南精神"提供了丰富的精神养料。

博鳌精神的内涵是"合作、和谐、发展、共赢。"2000年2月27日上午,首个涵盖整个亚洲,探讨亚洲经济和社会发展问题的非官方开放性论坛——博鳌亚洲论坛,成立大会在海南博鳌举行。海南博鳌是"论坛"的永久会址,"论坛"也将是首个永久定址中国的国际会议组织。海南作为中国最大的经济特区,是中国深化与国际社会联系的实验区;海南省以建设生态省为目标,说明它当前和未来的发展重点是生态产业,这是亚洲和国际社会所看重的领域,符合世界经济发展潮流;海南博鳌是一个专门为论坛设计的集生态、休闲、旅游、智能和会展服务为一体的综合功能区,有着十分宜人的自然地理环境。每年一次的"博鳌亚洲论坛",吸引了来自亚洲和欧美国家的政府首脑、工商人士、专家学者。"博鳌亚洲论坛"为海南走向世界构建了一个新的广阔平台,"合作、和谐、发展、共赢"的博鳌精神丰富了海南精神的内涵,提升了海南在亚洲乃至世界的影响力。

横渡精神的表现是"协作、拼搏、速度"。海南体育事业十分落后,海南人敢为天下先,勇于面对现实并力争在困境中寻找新的突破。2000年海南首次成功举办横渡琼州海峡大赛后,海南体育的知名度扶摇直上。从省级赛到国内赛,再到国际赛,三年三大步,横渡琼州海峡不仅打造了海南体育的品牌,也显示了海南承办大型体育赛事的信心和能力。海南开创性地举办了四次横渡大赛,一次又一次向全国、全世界展现海南人民的胆略气魄和永远进取的精神。

李向群精神的实质是"崇高的人生追求、强烈的进取意识、高尚的道德情操和无私的献身精神"。李向群(1978—1998年)新时期英雄战士,海南省海口市人,中国人民解放军第41集团军121师361团9连战士。

1996年12月参军、共产党员,在1998年伟大的抗洪抢险斗争中英勇献身。李向群生长在一个改革开放后富裕起来的家庭,他家富不忘报国,具有崇高的人生追求、强烈的进取意识、高尚的道德情操和无私的献身精神,用灿烂的青春书写了壮丽的人生凯歌,是继雷锋之后又一个具有鲜明时代特征的先进典型人物,中央军委授予李向群"新时期英雄战士"的荣誉称号。江泽民同志亲笔题词"努力培养和造就更多李向群式的英雄战士",号召全军广大官兵向他学习。"新时期英雄战士"李向群虽已长眠,但他留给海南大特区的是一座年轻却不朽的精神丰碑。英雄逝去的几年间,在李向群的出生地海口市琼山区东山镇、在新兴的滨海旅游城市三亚、在红色娘子军的故乡琼海、在黎苗群众聚居的五指山,"向群小学""向群民兵连""向群班组""向群青年志愿队"等200多个以英雄命名的群体,承载着他的精神,延伸着他的足迹。举行"学英雄事迹、走英雄道路、创英雄业绩"活动,已化作各个阶层、各个行业、各个年龄层次的特区人关爱社会、发展特区的公众意识和自觉行动。今天,李向群已成为海南青年人学习的榜样,李向群精神为海南精神注入了新鲜血液。

海南经过20年的曲折发展,逐步探索凝练出具有海南特色的海南精神,海南精神就是开拓进取、求实创新、和谐发展。开拓进取、求实创新、和谐发展是海南几十年发展历程的智慧结晶,是海南人民在建设具有海南特色的社会主义省级大特区的伟大实践活动中形成的重要精神成果,是海南人民宝贵的精神财富,它是海南人民不懈奋斗的精神支柱。

(二)海南精神的基本特征

海南精神是在海南发展历程中逐渐形成的,它具有鲜明的海南特色。

1.海南精神是精、气、神的完整统一。在海南精神中,求实创新是精髓,是核心。只有在求实创新的基础上,开拓进取才有方向,才能取得真正实效,不然就是盲动,就是冒进。只有求实创新,海南人才能从困境中奋起,才能找出适合海南实际情况的,具有海南特色的和谐发展的生态文明之路。海南几十年曲折的发展历程,充分证明求实创新是海南人的精神智慧。开拓进取是气质,它展现海南人的精神气质。如果没有开拓进取的精神状态,海南人不可能在"一穷二白"的基础上建成初具规模的社会主义省级大特区,不可能从经济萧条中走出一条与中国其他经济特区完全不同的发展道路,也不可能勇于否定自己,探索出具有海南特色的和谐发展的生态文明之路。和谐发展是神,是灵魂。和谐发展是海南人近几十年艰难探索、求实创新的结果。

2.海南精神是思想、行动与目标的完整统一。求实创新是思想路线,开拓进取是行动路线,和谐发展是目标方向,只有目标、思想、行动高度一致,才能建成海南特色社会主义省级大特区。建设具有海南特色社会主义省级大特区是一项前无古人的崭新事业,没有现成的道路可走,没有现成的经验可资借鉴。海南要探索一条具有海南特色的发展道路,就必须有敢为天下先的胆魄和勇气,摈弃因循守旧、墨守成规的教条主义,发扬敢闯敢试的开拓精神,弘扬不畏艰险的进取精神,坚持求真务实、通过创新实践,不断探索海南建设的新思路。在海南精神的激励下,海南提出了建设生态省的先进思想,并将建设生态省的思想变为生态省建设的实践,为在落后的不发达地区走可持续发展之路进行了大胆探索,初步探索出符合海南实际、富有海南特色的和谐发展的生态文明之路。

3.海南精神是历史、现实与未来的完整统一。在海南的发展历史中,"琼崖精神""农垦精神"都体现了开拓进取、求实创新的精神特质,是海南历史的体现,如果没有开拓进取、求实创新的精神,"23年红旗不倒"和海南大面积成功种植橡胶是很难成功的。"博鳌精神""横渡精神"则集中体现了和谐发展的精神特质,生态省的建设则是海南人民坚持和谐发展在当代的生动实践。未来,海南将建设海南国际旅游岛,海南要走出一条具有海南特色的新的发展道路,同样需要开拓进取、求实创新、和谐发展的精神。在海南几十年的发展曲折历程中,海南精神始终激励着海南人民不断向前,克服前进道路上的艰难险阻,使海南从一个十分落后的海岛,成为具有生机的国际旅游岛。正是在海南精神的激励下,海南人民开拓进取、求实创新、和谐发展,坚持了"23 年红旗不倒",创造了中国根据地的伟大奇迹,建成了中国最大的橡胶种植基地,建立了中国最大的省级经济特区,探索出和谐发展的生态文明之路,开始了海南国际旅游岛建设的新的征程。海南精神既是海南历史发展的真实写照,也是海南现实发展的生动体现,更是海南未来发展的精神追求。

(三)大力弘扬海南精神

海南国际旅游岛建设,需要海南人民有共同的社会价值观和共同的精神追求,需要把海南各族人民的意志和力量凝聚起来,汇成一股巨大无比的精神合力,需要海南人民齐心协力,长期不懈奋斗,这是海南持续健康发展的根本所在。经过 20 多年的发展,海南已初步建成社会主义市场经济新体制,适应社会主义市场经济发展的思想道德体系正在建立之中,海南人民的精神生活正在发生着深刻的变化,人们的思想活动呈现出独立性、多元性、多变性、选择性、趋利性和差异性的特点。而要把海南各族人民的思想统一起来,把海南社会各方面的力量凝聚起来,把社会各方面的积极性充分调动起来,就势必要求在多样性的基础上寻求主导价值观,确立全社会最起码的"共识",确立全社会的主流价值观。马克思主义、毛泽东思想、邓小平理论和"三个代表"重要思想是海南的指导思想,是海南的主导价值观,而海南精神就是海南的主流价值观。

1. 海南精神是海南发展的精神旗帜

海南精神是海南的精神标识和精神旗帜。"开拓进取、求实创新、和谐发展"的海南精神根植于海南的发展历史,也是海南急需强化的时代精神,必将成为海南的精神旗帜,必将引领海南的未来。海南精神不但凝聚着海南发展历史的实践结晶,更承担着表达海南人民的价值取向,承载着引导海南未来发展的重任。大力培育和弘扬"开拓进取、求实创新、和谐发展"的海南精神,使其成为海南人民共同的信念和追求,为海南国际旅游岛建设提供强大的精神动力和智力支持,具有十分重要的现实意义。

海南精神是海南独具特质的精神品格和精神理念,它滋生繁衍于海南人民中间,是海南人民精神的聚合体。开拓进取是海南发展的重要元素,它是海南历史的重要标识,是海南的特区标识,也是海南现在发展的标识。求实创新是海南发展的体现,是海南的特质所在,是海南持续发展的动力之源。和谐发展是海南的"特色"所在,它是海南发展的现实实践,也是海南发展的理想状态和精神追求。

2. 大力弘扬海南精神,凝聚海南人民不懈奋斗的精神和力量

经过 20 年的发展,海南已经确立了建设生态省的先进思想,已经制定了建设生态省的长期战略目标,已经初步探索出具有海南特色的和谐发展的生态文明之路,正在推进海南国际旅游岛建设。在新的历史起点上,海南更需要精神旗帜来引领广大干部和群众保持昂扬向上的精神状态,同心同德,不懈奋斗。在海南国际旅游岛建设的征程中,在走和谐发展的生态文明之路的进程中,还会有许多困难,还会产生许多新的问题,还会面临许多前所未有的挑战和困难,这都需要树立精神灯塔,引导人们以发展的眼光看待眼前的困难,通过发展才能解决困难,最终实现和谐发展。海南国际旅游岛建设需要海南人民弘扬"开拓进取、求实创新、和谐发展"的海南精神,坚持求真务实的科学态度,坚持一切从海南的实际出发,坚持从海南的发展阶段出发,遵循自然规律和社会规律,坚持理论创新和实践创新,不断把海南国际旅游岛建设的伟大事业推向前进。海南国际旅游岛建设是一个长期的历史过程,需要我们确立长期奋斗的精神理念,始终保持艰苦创业的光荣传统,坚决克服急于求成的速胜思想,坚决避免急功近利的短期行为,全面落实科学发展观,努力做到经济建设、政治建设、文化建设、社会建设全面发展,努力做到物质文明、精神文明、政治文明、社会文明、生态文明协调发展,努力做到当前发展和长远发展

协调发展,实现和谐发展。

3. 大力弘扬海南精神,全面提高海南人民的素质

海南国际旅游岛建设的核心任务仍然是大力发展生产力,改变海南不发达的现状,实现富民兴琼、经济发达、生态良好、社会文明。而在生产力的诸要素中,人是决定的因素。提高海南人民的素质,实现人的全面发展是海南国际旅游岛建设的客观要求,也是和谐发展的根本目标。在人与自然的关系、人与社会的关系、人与人的关系中,人始终处于中心的地位,人的全面发展是实现社会和谐发展的基础,只有全面提高人的素质,才能真正实现和谐发展。海南公民是海南国际旅游岛建设的主体,是实现和谐发展的主力军,公民的素质将直接影响和谐的实现。健全的道德人格是实现人自身和谐的关键要素,公民的素质不仅是指科学文化素质,更重要的是公民的思想道德素质。"所有社会约束系统功能的充分发挥最终都有赖于一个基本的主体条件:这就是作为社会公民的个体美德资源。"①一个社会要和谐发展,仅仅依靠法律和制度规范是远远不够的,必须依靠公民道德素质的提高,形成推动社会前进的强大的道德力量。和谐发展必须以培养公民的美德为基础,海南精神可以从品格、态度、气度、行为上对全体人民进行规范、引导和激励,并逐渐内化为每个海南人的人生态度和行为准则。随着海南的发展,海南社会呈现出利益主体多元化、利益来源多样化、利益差别扩大化、利益关系复杂化、利益表达公开化,人与社会的关系日趋复杂化。出现了诸如个人利益与集体利益、局部利益与整体利益、当前利益与长远利益、经济效益与社会效益、发展经济与生态建设、新兴工业与环境保护、物质生活的相对丰裕与精神生活的相对贫困等矛盾问题。这些矛盾的有效解决,首先得依靠相关法律法规的健全和完善,并保证其有效实施,同时,必须配之以海南精神的弘扬。海南精

---

① 万俊人:《论和谐社会的政治伦理条件》,《道德与文明》2005 年第 3 期。

神中的求实创新精神,可以使我们客观地认识社会矛盾,科学地分析社会
矛盾,通过创新实践解决社会矛盾。海南精神中的和谐发展精神,可以使
我们正确地处理社会矛盾,通过和谐发展有效地化解社会矛盾。在人与
自然的关系上,以人为本,人是中心,但人不是自然的主宰。海南精神追
求在求真务实的基础上持续创新,追求在和谐发展中开拓进取。和谐发
展就是要求经济、政治、文化、社会全面发展,物质文明、精神文明、政治文
明、社会文明、生态文明协调发展,当前发展与长远发展可持续发展。和
谐发展就是要求经济发展不能超越资源与能源、生态与环境的承载能力,
经济增长既要考虑当前发展的需要,又要考虑未来发展的需要,不能以牺
牲后代人的利益为代价来满足当代人的利益。人是自然和谐整体的一部
分,又是一个能动的主体,人必须改造自然又顺应自然,与自然圆融无间,
共生共荣。因此,大力弘扬海南精神,使海南精神成为每个公民的精神素
养,内化为每个公民的实际行动,海南国际旅游岛建设才会越走越宽阔。

4. 大力弘扬海南精神,全面提升海南的文明程度

海南经过 20 多年的精神文明建设,海南的文明程度有了一定的提
高,但是,与生态文明的要求、与和谐发展的精神相比,海南的文明程度还
不够高,尚有许多不尽如人意的地方。因此,必须以弘扬海南精神为动
力,全面提升海南的文明程度。建设公平正义、安定有序、诚信友善、环境
优美的海南国际旅游岛,要靠海南每一个人实实在在的行动,每个海南人
都要积极行动起来,从我做起,从现在做起,从一点一滴做起,以实际行动
自觉实践海南精神,立足本职岗位,加强内在修养和实践锻炼,保持不懈
奋斗的精神状态,为海南国际旅游岛建设作出每一个公民应有的贡献。
我们应当在海南国际旅游岛建设的伟大实践中,不断丰富和发展海南精
神,用海南精神作指引,来指导海南国际旅游岛建设的实践活动,同时,丰
富的实践活动也会不断丰富海南精神的内涵。

二、塑造海南形象

海南形象是海南精神的外在表现,直接影响到国内外对海南的认识,关系到海南的持续健康发展。经过 20 多年的形象塑造,海南"生态、绿色、健康"的形象日益清晰。

(一)海南形象塑造的历史实践

海南建省办特区以来,一直在努力展现海南特区的形象。从树立海南特区意识,营造海南特区气氛,到塑造海南特区形象,海南特区形象日益鲜明,更加具有海南特色,更加展现出海南的独特性。

1. 海南特区形象概述

1988 年,海南建省并成为中国最大的经济特区。中国和世界都关注着海南,期待着又一个奇迹,期待着一个令人震惊的新特区。

中国改革开放的总设计师邓小平对海南发展寄予厚望。1987 年 6 月 12 日,邓小平在接见外宾时宣布,"我们正在搞一个更大的特区,这就是海南岛经济特区。海南岛和台湾的面积差不多,那里有许多资源,有富铁矿,有石油天然气,还有橡胶和别的热带亚热带作物。海南岛好好发展起来,是很了不起的"。①

党中央和国务院对海南经济特区的基本要求是:逐步建立起具有海南特色的外向型经济结构,到 20 世纪末达到国内发达地区水平,进而为赶上东南亚经济较发达国家和地区的水平而努力。②

1988 年 8 月和 9 月,海南省人民代表第一次会议和中共海南省第一

① 《邓小平文选》第三卷,人民出版社 1993 年版,第 239 页。
② 鲁兵:《中国大特区的十年变革》,中共中央党校出版社 1998 年版,第 38—39 页。

次代表大会对海南特区未来发展的选择是:发展外向型经济为主的综合经济特区,力争用20年或稍长一点时间,使海南人均国民生产总值达到2000美元,进入东南亚比较发达国家和地区的行列。

自由港、贸易岛、金融岛,这是海南人民对海南未来形象的预期。

从中央给海南的定位到海南自身的努力,海南前前后后给人们留下了一系列有着巨大反差的形象:"十万大军下海南"、特区充满希望的热土、令人遐想和曾经伤心的洋浦、滔天的房地产泡沫、贸易省的壮志雄心与悲哀,金融岛的冲动与证券交易所昙花一现、十几家金融机构全军覆没;全国各地汹涌而来的2000亿元投资和肃穆的烂尾楼。"海南特困区"的哀叹。"一省两地"的战略定位与新兴工业省、热带高效农业基地、热带休闲度假旅游胜地的齐头并进。海南创造出"连续10年农民年均收入增长9%"的奇迹,以"亚洲的博鳌、世界的三亚"带动的旅游业快步健康发展。"非典"时期健康岛形象的尽情展现。矢志打造环境、产业和体制"三大特色",后发优势逼人。

"发展经济,保护生态,兴琼富民。"胡锦涛原总书记对海南的殷切期待,点出了海南未来发展的核心,也是海南未来形象的基本点。经过20多年的形象塑造,海南已初步展现出"生态、绿色、健康"的海南形象。

2. 海南形象塑造的历程

1990年5月17日,时任省政府社会经济发展研究中心学术委员会副主任的周文彰在《海南日报》发表文章,首次提出特区形象塑造问题:"舆论宣传要始终围绕党在海南办大特区这项中心任务中,为造就特区气氛,塑造特区形象,增强全社会特别是干部的特区意识,有计划地多做工作。""加强纪检和监察工作,严厉惩治党员和干部中一切有损于特区形象、妨碍特区'外引内联'工作的恶劣行为和恶劣作风"。[1]

---

① 周文彰:《造就"特区气氛"》,《海南日报》1990年5月17日。

1990 年 8 月 9 日,《海南经济报》发表记者成月文章《扫除损害特区形象的消极因素——强化大特区精神建设系列报道之二》。文章指出:"面对当前沿海各开发区竞相吸引外资的挑战态势,要把更多的投资者吸引过来,海南该怎样行动? 省政府社会经济发展研究中心学术委员会副主任周文彰认为,当前最迫切的行动是重振大特区形象。海南要对投资者真正具有持久的、实实在在的吸引力,不仅要靠特区政策,还要靠良好、饱满的特区形象。海南大特区展现给海内外投资者的形象应该是一种艰苦创业的形象,在民众中形成节俭、朴素、扎扎实实、埋头苦干之风;应该是一种生活快节奏、工作高效率的形象;应该是一种特区特办、特事特办的形象;在这里一切有利于发展生产力的经验、做法,都应不拘于一格、大胆采用;处理一切问题都应灵活、方便、高效。"①

1999 年,时任中共中央总书记的江泽民同志在全国外宣工作会议上提出:"要加强我国在国际上的良好形象",并阐明了新时期形象塑造的途径和目标,涵盖了政治、经济、方向、方针和基本国策。这些重要的论述,成为海南省开展形象塑造活动的理论依据和行动指南。海南省委、省政府领导班子清醒地认识到,作为我国最大的经济特区,海南处在改革开放前沿的重要地位,海南自身的发展战略以及全国现代化建设的大局对重塑海南形象提出了强烈的要求。形象对海南来说至关重要:对外关系到国家的形象,关系到社会主义的形象;对内关系到经济特区为内地提供什么样的示范,发挥何种作用;对海南自身来说,形象的好坏直接关系到海南在国内外的声誉,关系到现代化建设事业的发展。②

1999 年,海南省委、省政府把"齐心塑造海南形象"作为全省精神文明建设的重要载体。海南省原省委书记汪啸风曾提出三个美好的"海南形象"——社会文明形象、服务周到形象、环境优美形象。

---

① 成月:《扫除损害特区形象的消极因素——强化大特区精神建设系列报道之二》,《海南经济报》1990 年 8 月 9 日。
② 周洪晋:《宝岛文明风采(2001—2005 年)》,海南省文明办 2006 年版,第 163 页。

2000 年,海南确立了"让宝岛更加文明"的主题,全省上下以更有成效的机关文明、行业文明、城乡文明、行为文明,汇成海南宝岛的文明,使海南文明形象落实到具体的社会行为的规范上、制度上,有效地改变了外界对海南的不良印象。从 10 月 20 日至 11 月 30 日在全省开展文明月活动,以"中国海南岛欢乐节"为契机,重点解决文明言行、环境卫生、服务质量、交通秩序等方面存在的问题。

2001 年,海南确立了"以德治省,诚实守信"的主题,采取措施解决海南形象建设中存在的突出问题,在全省开展了"以德治省,诚实守信""诚在为民,信在为民""以德治家家昌盛""齐心塑造机关形象""齐心塑造税务形象""齐心塑造法官形象"等群众性精神文明创建活动。"在外国人面前树中国人的形象,在全国人民面前树海南人的形象"成为各行各业和广大干部群众的自觉行动。特别是成功举办"博鳌亚洲论坛",大大提升了海南在海内外的形象,使海南再度成为人们关注的热点地区。①

2002 年至 2003 年,海南继续推进形象建设,加大力度创建文明规范行业。2003 年 1 月 25 日,汪啸风在省文明委第五次全体会议上的讲话中指出:"要创建文明司法行政机关。这些机关与人民群众接触非常密切、广泛,人民群众对他们的期望值很高;这些部门与改善海南发展环境息息相关,对我省的形象影响很大。""要以这些部门为重点,大力开展创建文明高效司法行政机关活动,实行政务公开制、服务承诺制,落实首长负责制,推广社会监督制,努力建设廉洁、高效、公正的司法机关。"3 月 12 日,周文彰在"全国精神文明创建工作先进单位"授牌仪式上指出,要把为树立海南形象增光加彩作为精神文明创建工作的重要任务。"首先要以诚信建设为重点,大力加强文明行业创建工作,以实际行动取信于民,给外来投资者以信任感;其次,要净化社会风气,保持良好的社会治安环境,给上岛的人以安全感;再次,要在窗口服务行业继续实行文明优质

---

① 周洪晋:《宝岛文明风采(2001—2005 年)》,海南省文明办 2006 年版,第 157 页。

服务,给前来观光旅游的人以舒适感。从而吸引海内外游客和投资者,为海南带来经济的繁荣和社会的发展。今后,凡是一切有损于海南形象的东西,都要通过精神文明创建工作来不断地加以消除、加以改进;凡是一切破坏生态环境建设的行为都要坚决制止;凡是一切败坏海南人民声誉的行为都要毫不留情,严加惩处。把海南建设成环境优美、风气高尚、人民文明、社会安定的宝岛,使海南在海内外、在全国人民的心目当中,是一个诚信的海南、文明的海南、创业的海南、绿色的海南。"①

"齐心塑造海南形象"群众性精神文明创建活动,取得明显成效。2003年1月25日,汪啸风在省文明委第五次全体会议上的讲话中指出:"几年来,我省精神文明建设蓬勃发展,特别是在全省开展'齐心塑造海南形象''让宝岛更加文明'为主题的群众性精神文明创建活动,在农村广泛开展的创建文明生态村活动,在企业中开展的创建文明诚信企业活动等,这些都较大幅度地提高了广大干部群众的思想道德素质,较好地优化了海南的发展环境。"

2003年12月3日,周文彰在全省创建文明规范行业现场经验交流会上的讲话,进一步指明了塑造海南特区形象的方向。他说:"海南需要美好的形象,人们也期待海南有更加美好的形象。海南经济特区的形象应该是改革开放的形象,发展创业的形象,文明法治的形象,这是整体的形象。作为个体,省委省政府提出四句话:一是在外国人面前树中国人的形象,二是在全国人民面前树海南人的形象,三是在群众面前树公仆形象,四是在客人面前树主人形象。在创建工作当中,一是塑造党政机关形象,二是塑造窗口单位形象,三是塑造城市形象,四是塑造农村形象。"②

3.海南形象的准确定位

海南形象应当完整地反映海南的自然景观和人文景观,应具有海南

---

① 周洪晋:《宝岛文明风采(2001—2005年)》,海南省文明办2006年版,第93页。
② 周洪晋:《宝岛文明风采(2001—2005年)》,海南省文明办2006年版,第97页。

特色,应体现海南的独特性。经过多年的形象塑造,海南改变了过去留给人们的诸多不良形象,树立起一个新的形象,海南形象的特征是"生态、绿色和健康"。

海南形象具有鲜明的生态特征。海南具有独特的生态优势,海南生态水平在全国领先,海南在全国率先建设生态省,着力建设生态环境,发展生态经济,培育生态文化,确立良好的生态形象。

海南形象具有鲜明的绿色特征。海南阳光灿烂,绿树成荫,森林覆盖率位居全国前列,是名副其实的绿岛。在生态省建设过程中,坚持环保优先,发展新型工业,积极发展绿色产业,生产绿色产品,争创动物疫病示范区,创造了典型的绿色形象。

海南形象具有鲜明的健康特征。海南岛气候得天独厚,环境优美,物产丰富,适宜人类生存。海南人勤劳善良,心态平和,与自然和谐相处,寿星辈出。海南有长寿岛的美称,平均寿命居全国前列。在"非典"时期,海南没有一例"非典"患者。在禽流感流行时期,海南没有受到影响。海南是名副其实的健康岛,健康形象日益突出。

(二)海南形象的特征

海南经过持续不断的形象塑造,海南生态、绿色、健康的形象特征日益鲜明。

1. 生态特征

海南独特的生态环境,彰显海南的生态形象,生态省建设提升了海南生态形象。

独特的生态环境。海南是热带雨林、热带季雨林的原生地,是我国森林生态系统最丰富的地区,是世界范围内小区域生物种类最复杂的地区之一。海南地处热带,光热资源丰富,雨量充沛,是我国热带经济作物、冬季瓜菜和良种繁育的主要生产基地。海南的海洋水产资源具有海洋渔场广、品种多、生长快和渔汛期长等特点,是全国发展热带海洋渔业的理想之地。

率先建设生态省。1998年,海南提出生态省的构想。1999年,省二届人大常委会第八次会议审议批准了《海南生态省建设规划纲要》,拉开了生态省建设的序幕。海南规划用20年左右的时间,在环境质量保持全国领先水平的同时,建立起发达的资源能源节约型生态经济体系,建成布局科学合理、设施配套完善、景观和谐优美的人居环境,形成浓厚的生态文化氛围,使海南成为具有全国一流生活质量、可持续发展能力进入全国先进行列的省份。

在全国率先建设生态省,海南起到了示范和促进作用,产生了积极影响。我国生态省建设从小到大,由点到面,呈现出了勃勃生机,得到了党中央、国务院的高度重视。国务院将生态省创建列入工作要点。目前,全国已有16个省开展生态省建设,全国生态省建设呈现蓬勃发展的势头。①

1999年,海南在全国率先建设生态省以来,全省上下积极推进生态省建设,在生态环境保护、产业发展、人居环境建设和生态文化培育等方面取得了显著的成效。经过十几年的生态省建设,全省比较突出的生态环境问题得到有效解决和控制,起步阶段的建设目标基本实现,海南生态的形象日益确立。实践证明,生态省建设是适合海南省情的可持续发展之路,生态省建设已成为树立和落实科学发展观的具体行动,成为推动海南经济社会和谐发展的有效载体,成为海南国际旅游岛建设的重要推手,成为海南人民群众对海南形象的重要共识。

2. 绿色特征

1989年,经济学家皮尔斯在《绿色经济蓝皮书》中,提出了"绿色经

---

① 全国已有16个省份正开展生态省建设,中国农业研究网,2015年5月15日。

济"这一名词。绿色经济是以生态经济为基础,知识经济为主导的可持续发展的实现形态和形象体现,是环境保护和社会全面进步的物质载体。绿色农业是继石油农业之后最科学的现代农业发展模式,绿色工业是中国工业化的出路。绿色金融、绿色旅游、绿色餐饮、绿色消费服务等绿色服务业,是与现代经济发展相配套的新兴产业。

2003 年 3 月 12 日,周文彰在"全国精神文明创建工作先进单位"授牌仪式上指出:"今年,我们还要开展一个全省性的重大活动,这就是开展以建设'绿色海南'为主题的群众性精神文明创建活动。'绿色海南'的启动,具有战略性的意义,抓好这个大活动,不仅能使干部群众进一步增强保护生态、保护环境的自觉意识,为生态省建设营造良好的氛围;而且能为实现海南的可持续发展战略奠定舆论基础、环境基础和群众基础。"①

经过多年的生态省建设,海南的绿色特征更加明显。2014 年,海南森林覆盖率 61.5%,城市建成区绿化覆盖率 39.2%。年末全省有自然保护区 49 个,其中国家级 10 个,省级 22 个;自然保护区面积达 270.23 万公顷,其中国家级 15.41 万公顷,省级 253.40 万公顷。② 城镇环境空气质量优良天数比例为 98.9%,所有监测城市(镇)的环境空气质量均达到或优于居住区空气质量要求的国家二级标准。2014 年全省地级市 PM10 年日均值为 39 微克/立方米,与上年持平,完成国家大气环境质量改善目标要求。③ 全省 93.1%的监测河段、83.3%的监测湖库水质达到或优于可作为集中式生活饮用水源地的国家地表水Ⅲ类标准,南渡江、昌化江、万泉河三大河流干流,主要大中型湖库及大多数中小河流的水质保持优良态势,绝大部分近岸海域处于清洁状态,一、二类海水占 94.6%,97.1%

---

① 周洪晋:《宝岛文明风采(2001—2005 年)》,海南省文明办 2006 年版,第 93 页。
② 2014 年海南省国民经济和社会发展统计公报,《海南日报》2015 年 2 月 4 日。
③ 2014 年海南省国民经济和社会发展统计公报,《海南日报》2015 年 2 月 4 日。

的功能区测点符合水环境管理目标的要求。①

　　海南工业基础薄弱,工业项目被严格限制在西部工业区,绿色工业初现雏形。2001开始,海南开始建设无公害瓜果蔬菜基地,开始建设无公害水产品产地认定,推广无公害绿色产品生产。1999年,海南被国家列为无规定动物疫病示范区,近年来,海南无疫病示范区建设取得显著成效,并顺利通过了国家验收,海南畜禽产品品质得到全面提升。

　　海南注重挖掘、拓展、丰富海南原生特色文化的内涵,建立"诚实守信、善待生命、善待自然"的伦理道德观;建立"环境是资源、环境是资本、环境是生产力"的环境价值观;建立资源节约型、科技先导型、质量效益型的生产发展观;建立科学合理、健康文明、勤俭节约的生活消费观。弘扬自强不息、开拓进取、昂扬向上的精神,倡导科学发展、绿色发展、和谐发展的理念,使绿色陶冶人们的情操,升华人们的境界,丰富人们的生活。海南民众逐步树立起绿色消费意识。在海口、三亚等城市,普遍使用可降解的饭盒,电动单车,太阳能等绿色产品。在旅游景点推行绿色交通工具。在海南,绿色的形象共识日益深入人心。

3. 健康特征

　　海南大力推进健康岛建设,长寿岛、无非典、无禽流感、无疫区,海南健康形象更加鲜明。

　　著名的长寿岛。据《海南日报》报道,据海南省老龄委办公室的最新调查,海南省目前有100岁及100岁以上的长寿老人(以下简称百岁老人)362人,其中87.2%为女性,86.5%的百岁老人居住在农村,最年长的老人113岁。大部分百岁老人较健康,30.4%的百岁老人能进行户外活动。90岁至99岁的高龄老人有8814人。按照总人口平均每万人为单位计算,百岁老人密度最高的市县为文昌市,密度为1.46,共79人。百

---

① 2014年海南省国民经济和社会发展统计公报,《海南日报》2015年2月4日。

岁老人最多的市县是海口市,共 158 人。海口市龙华区龙泉镇是百岁老人密度最高也是人数最多的镇,该镇户籍人口 3.75 万人,百岁老人就有 14 人,占该镇 60 岁以上老年人口的 0.3%,密度高达 4.73。海南省百岁老人密度最高的村委会是文昌市会文镇朝奎村委会,密度为 26.67,有百岁老人 2 人。全省有 40 个村(居)委会、10 个自然村有 2 个以上的百岁老人。百岁老人最多的一个村委会是海口市秀英区石山镇美岭村委会,共有 6 个百岁老人。这次调查统计再次证明海南岛是名副其实的"长寿岛"。①

　　海南老人缘何长寿? 据海南省老龄办负责人总结,专家们的观点集中于以下几个方面:其一,气候条件独特。海南为热带海洋性气候,全年光温充足,雨量充沛,长夏无冬,温暖湿润。拥有超一流的空气质量,是一个天然氧吧。其二,生态条件优越。海南热带资源丰富,森林覆盖率高,许多村落绿树环绕。岛内极少受到工业污染,陆河湖水库和周围海域水质基本保持良好。其三,海南老人饮食较为清淡。海南盛产大米和豆类、薯类、蔬菜类作物,多属"生态食品",这些食物致病的隐患小。其四,海南自古以来尊老敬老的传统风气浓郁,乡风文明,家庭和睦,子女孝顺。其五,海南的农民(86.5%的百岁老人居住在农村)具有勤劳、善良的品质,老人文化程度普遍较低,过着与世无争的生活。

　　国外一些学者研究认为,影响人类健康长寿的因素中,75%左右源于环境、家族等。海南的阳光、空气、绿色、水质、人居、物产都适宜于人的生存。海南空气质量优良,在全国 48 个城市中,海口、三亚的空气综合质量名列前茅。海南空气透明度好,降尘少,粉尘浓度低,紫外线强。海南森林覆盖率高,空气中的负离子含量高,能提高人体免疫力。丰富的绿色植物和海水的不断撞击把海南造就成一个天然的大氧吧。这里的空气负离

---

　　① 黄晓华、蔡文芳:《关注:海南老人为何长寿? 物宜人和毓寿星》,中新海南网,2006 年 7 月 19 日。

子浓度远高于其他省份:在北京的天安门广场上,空气负离子浓度只有一
20 个,在海口则达到 2000—4000 个,三亚达到了 4000—6000 个,而海南
的深林中则达到了 80000 个。新鲜的空气,能促进血液循环,大大降低高
血压、心血管疾病的发病率。大量新鲜的果蔬食品,能净化人的血脂。海
南自古以来尊老敬老的传统风气浓郁,乡风文明,家庭和睦,子女孝顺。
调查表明,在海南,长寿老人生活满意度高,心态平和,少孤寂感,从经济
上看,他们的生活多有保障,子女孝顺,家庭和睦。同时,正是显著的孝悌
传统造就了"长寿岛"有利于老人生活的人文环境。海南的长寿老人都
心态平和,过着闲适的生活。他们热爱劳动,大都自觉自愿地干一些力所
能及的工作。饮食结构合理,几乎一生与地瓜相伴。

　　"非典"爆发,凸显健康岛形象。2002 年 11 月中旬,广东发生"非
典"疫情,并迅速蔓延到中国香港、中国台湾、新加坡、加拿大等十几个国
家和地区。海南邻近疫区,而未发生一例"非典",海南健康的形象展现
在全国人民面前。

　　海南生态、绿色、健康的形象,也得到了国家相关部门的认可。海口
市先后荣获"中国优秀旅游城市""国家园林城市""国家环境保护模范城
市""中国人居环境奖"等国家级荣誉。海口被世界卫生组织确定为中国
第一个"世界健康城市"试点城市。三亚市获得"全国卫生先进城市""国
家园林城市"和"中国优秀旅游城市"称号,获"中国人居环境奖"。儋州、
五指山荣获"全国园林绿化先进城市",同时儋州还被评为"省级园林城
市"。博鳌由于一流的生态环境而成为亚洲论坛的永久性会址。

(三)着力塑造海南形象

　　海南形象是海南精神的外在表现,是海南的社会财富,是海南的资
本。海南"生态、绿色、健康"的形象正在逐步被国内外所认同。

　　形象塑造成为社会关注的热点。随着我国对外开放的深入发展,中
国公民大量出国旅游和商务出国,外国客人也大量到中国旅行和工作,中

国形象成为世界媒体关注的焦点之一。形象塑造在国内外已形成一个专门的研究领域,我国清华大学就开设有区域形象塑造与传播研究生课程。我国形象塑造的理论与实践都有较大的发展,目前,形象塑造的重点已由企业形象塑造转向区域形象塑造,形象塑造的主体也由企业转向各级政府。

形象塑造最初是从企业形象塑造发展起来的。企业形象识别系统是从英文 Corporate Identity System 翻译过来的,一般简称为 CIS 或 CI。CI策划是由经营者和专家共同合作,在对企业本身及外部环境作出认真调查的基础上,运用科学合理的手段,设计出来并传达给公众的一个符号化要素系统。其主要内容是 CI:包括 MI(理念识别)、BI(行为识别)、VI(视觉识别)三部分,三部分相互联系,塑造企业整体形象。理念识别是围绕企业的基本价值观形成的观念体系,主要包括使命、精神、发展战略、服务理念、开发方针等。行为识别(BI)包括企业及其员工个人各种行为的基本要求,例如:服务态度、作业精神、工作秩序、工作环境的安排等。视觉识别(VI)主要包括企业标志、标准字体、标准色等基本要素,也包括事务用品、办公设备、招牌、旗帜、标识牌、工作服、交通工具、广告传播、展示等应用要素。上述三者中,理念是核心,行为规范和视觉识别系统是围绕着理念形成的,并将理念表达出来,共同树立企业的整体形象。企业形象塑造是企业文化建设的核心内容,它是企业的核心竞争力。

区域形象塑造日益成为研究和实践的热点。企业形象塑造的成功实践使区域形象塑造进入人们注意的视野。广东花都区率先在全国实施区域形象塑造工程,形成崭新的区域形象。天津开发区等近年也导入区域形象塑造。1999 年,崂山风景区又在全国风景区率先导入和实施区域形象塑造。我国安徽省开展了安徽形象研究与形象建设研究。区域形象对区域经济社会发展的重要性已经受到越来越多地方政府的重视,区域形象塑造与传播也成为各级地方政府面临的新课题。

1. 深入开展海南形象塑造的理论研究

海南形象是岛内外社会公众对海南所给予的整体评价。海南精神与海南形象既密不可分又各具特色,海南精神是海南形象的灵魂和支柱,海南形象是海南精神的外在表现。海南形象塑造必须以海南精神为指导,海南形象需要岛内外社会公众和社会机构的认同和评价,需要岛内外社会公众的广泛参与才能最终完成,必须通过新闻媒体与人员交流的广泛传播才能实现。

海南形象是海南企业文化的一部分,是海南企业文化的展示和表现,是海南精神被岛内外社会公众的认知和评价。塑造海南形象离不开海南文化建设,应当将海南形象塑造纳入海南文化建设之中。塑造海南形象的载体主要是海南的自然景观和人文精神、海南的实践行为和海南的重要活动及其成果等。

海南形象塑造主要有形象识别和形象传播。本课题对海南的形象识别作了初步探讨,提出并论证了"生态、绿色、健康"的海南形象。"生态与绿色"主要展现了海南的自然景观,"健康"则主要体现了海南的人文精神。海南形象识别是个专题,本书的研究只是初步研究,还需要从岛内外两个方向,定性与定量分析相结合、历史与现状相统一作出全面评估。

岛内外社会公众对海南的认同与评价是海南形象传播要研究的重要课题之一。海南形象传播的主要形式有媒体传播、人员传播和活动传播。对于媒体传播海南学者已作了初步研究,并取得了有价值的研究成果。2006 年 8 月,由海南省社会科学界联合会委托,由毕研韬担任课题负责人,完成了《海南省第一次大规模媒体形象调查》课题,①课题的研究结论对海南形象塑造有重要参考价值。课题研究的主要结论有:(1)海南省在媒体中的形象已趋于负面;(2)海南省负面形象的形成主要受大众传

① 海南省第一次大规模媒体形象调查,海口晚报网,2006 年 8 月 12 日。

媒、社会流言和亲身感受的影响;(3)海南省的媒体形象已经制约了海南政治、经济、社会与文化的发展;(4)在负面报道上,海南3家主要报纸的版面平均指数是大陆5家报纸平均值的2.27倍;(5)网络上关于海南的负面报道是正面报道的1.66倍;(6)72%的网民在来海南之前会考虑海南的治安状况;(7)没来过海南的大陆人士中,网民对海南社会治安的"不满意率"高达67.3%,而"满意率"只占10.2%。

课题研究报告认为:在信息时代,研究媒体形象的建构过程与相关策略,是增强公众对海南的认同感、强化社会各界的凝聚力、改善海南的投资环境、推动海南可持续发展的必要手段之一。海南在岛内外的形象受到扭曲,海南的这种负面形象不利于海南旅游业、房地产业、教育业等行业的发展。海南的形象事关岛内居民对政府施政水平以及各种社会现象的认识和态度,事关海南的投资环境及其对外交往与合作。如果不准确诊断海南的形象偏差、采取科学手段修复其形象,海南的发展还会继续受其制约。海南作为中国最大的特区,其信息环境具有不同于其他省市的独特表征,只有深入研究海南社会信息系统的运行及其规律,以科学理念指导海南形象建设,才能保障海南的和谐健康发展。

课题研究报告指出:整合营销传播的概念同样适用于经营区域形象。整合营销传播的核心是"多种渠道,一个声音",对外传递的声音虽然形式上可以丰富多彩,但核心理念和品牌形象要保持一致。目前海南在形象传播方面"多种渠道,多种声音"的现状,导致改善海南形象的努力被抵消,海南形象不仅多元化而且非常模糊。报告提出的建议是:(1)推动政治传播(学)研究;(2)变"硬控制"为"软控制",逐步用法律约束取代行政干预;(3)积极开展媒介素质教育,提高大众的传媒素养;(4)变"被动堵截"为"主动疏导";(5)变"经验控制"为"科学控制";(6)变"单一控制"为"综合控制"。海南必须建立起多元的媒体监督机制。除已有的行政管理、法制规管和行业自律外,还必须鼓励发展体制外的、非政府的监督机构。

人员传播需要深入研究。海南形象传播的重要形式之一是人员传播。海南是旅游大省,每年岛外游客在1000万人次以上,海南又是"博鳌亚洲论坛"的举办地,每年都吸引不少亚洲及世界重要客人来海南。中国有句俗语,"一传十、十传百",可见,人员传播的传播效应十分巨大。另外,人员传播也会影响媒体传播,许多媒体的认知来源于人员的感受,同样,媒体传播也会影响受众。媒体传播易受媒体人的主观偏见影响,从而误导受众,而人员传播则更加真实、客观。目前,关于人员传播方式对海南形象的评价还缺乏专业研究,需要开展这方面的调查和研究。

活动传播也需要进一步研究。海南形象传播的重要形式之一是活动传播。活动传播是媒体传播和人员传播的综合。海南举办的重大活动都是对海南形象的传播,如"博鳌亚洲论坛""横渡琼州海峡""世界小姐大赛""海南国际旅游岛形象大使""海南环岛自行车大赛"等都吸引了岛外媒体与旅客的关注,是对海南形象的广泛传播。目前,关于活动传播对海南形象的影响也缺乏专业研究,需要进行这个方面的调查和研究。

海南形象在岛内公众的认同度仍待进一步研究。海南形象只有得到岛内广大民众的认同,并广泛参与到海南形象塑造的各种活动中去,海南形象才能树立起来。海南民众不仅是海南形象的体现者,也是海南形象的传播者,随着海南对外交往的不断扩大,岛内民众出岛旅行、经商、上学、打工的日益增多,这批人作为海南形象的体现者和传播者,对海南形象在岛外的传播也起着重要作用。目前,关于岛内公众对海南形象的认同度还缺乏专业研究。

2. 发挥政府在塑造海南形象中的主导作用

海南省政府是海南形象的塑造者、组织者和传播者。海南省政府作为海南发展的工程师,肩负着对外宣传,塑造海南形象的重任。海南政府是海南省对外联系的总代表,联系面广,交流频繁,掌握着对外宣传的媒体工具,海南形象塑造事关海南省发展大局,海南省政府有着重要责任。

海南省政府高举建设生态省的旗帜,扎实推进生态省建设,使海南生态的
形象日益得到全国人民的认同。海南以良好的生态环境以及建设生态省
的实际行动,赢得了亚洲国家的信任,成为"博鳌亚洲论坛"永久举办地,
每年举办"博鳌亚洲论坛",为塑造良好的海南形象,有效地提高海南的
知名度,扩大海南在全国、亚洲乃至世界的影响力起了重要作用。海南省
政府提出建设"健康宝岛、绿色家园"的构想,使海南"绿色、健康"的形象
日益鲜明。海南政府在农村坚持不懈地抓文明生态村建设,中央媒体对
海南文明生态村的集中宣传报道,使海南"文明、生态"的形象走出海南、
走向全国。由于海南政府在塑造海南形象方面积极推动,提高了海南在
国内外的美誉度,海南的正面形象日益突出。

塑造海南形象是个系统工程,政府应起主导作用。一方面,政府应继
续加大海南形象的宣传力度,使"生态海南、绿色家园、健康宝岛"成为海
南社会公众的共识,不断提高海南社会公众的认同度,同时,要积极推动
精神文明建设实践活动,特别要提高海南公民的文明素质,提高海南社会
公众培育海南形象的参与度;另一方面,政府应加大社会环境整治力度,
消除损害海南形象的负面影响。社会治安形象不佳,是海南在海南媒体
上的负面形象,社会治安状况不好的深层根源是"黄赌毒"等社会毒瘤没
有根除,私彩公开买卖,中央电视台《焦点访谈》多次报道,这足以部分抵
销中央电视台对海南文明生态村的报道。社会治安形象不佳直接影响海
南形象,各级政府要下定决心,真抓实干,彻底消除海南的负面形象。

3. 树立整合营销理念,提升海南形象魅力

目前,海南形象塑造还未构成整体合力,在形象识别方面存在多元化
而且非常模糊,在形象传播方面存在着"多种渠道,多种声音"的现状。
因此,必须树立整合营销理念,用"一个完整而统一的海南形象"、用"一
种声音、多种形式、多条渠道"来全面塑造海南形象。首先,要明确海南
的核心理念,也就是要明确而清晰地回答"建设一个什么样的省",对此,

海南省委、省政府先后有多种提法:1991年提出"以海兴琼,建设海洋大省",1996年提出"一省两地"战略,提出建设新型工业省,1999年提出"以生态立省,建设生态省",2010年开始进行海南国际旅游岛建设,多种提法并存,造成在形象识别方面多元而且不清晰。为此,海南省委、省政府应当确立海南发展的核心理念,明确回答海南要"建设一个什么样的省"和"怎样建设"的问题。其次,用一种声音对外传播。海南应当用一种声音对外传播海南国际旅游岛建设的核心理念,对外传播"生态、绿色、健康"的海南整体形象,逐步消除海南的负面形象。再次,用多种形式传播。充分发挥媒体传播、人员传播和活动传播的作用,全方位地传播海南的形象。最后,多种渠道传播。海南应当充分利用电视、电台、书籍、网络、会议、活动等各种现代传媒手段,立体化地传播海南形象。

4.加强软硬环境建设,积极塑造海南形象

海南形象是岛内外社会公众对海南总体的、概括性的认识和评价,它是海南的历史、现实与未来的一种理性再现。海南形象塑造与海南的持续健康发展互为推动力,积极塑造海南形象,必将推动海南实现和谐发展。

优化海南环境,塑造良好环境形象。海南的自然和生态环境、人工环境是海南形象的重要标志。海南应继续加大生态省建设的力度,始终保持海南生态省的鲜明特色。在海南形象塑造中,对自然和生态环境形象的塑造,主要是运用经济的、法律的和必要的行政手段,充分体现海南和谐发展中对自然和生态环境的保护和利用的思想,协调好经济发展与生态平衡的关系。要实现生态可持续发展即资源可持续利用与环境可持续发展目标,科学地进行环境与经济协调发展的宏观决策,避免工业化、城镇化对生态环境的不利影响。要走新型工业化道路,建设生态良好型、资源节约型、环境友好型、循环经济型的新兴工业,努力做到工业化与生态化的协调发展。要加大环保资金投入,积极扶持环保企业的发展,治理环

境污染,阻止或延缓资源生态系统的衰退。要普及环保知识,宣传环境保护法,提高海南人的环保意识,并加大执法力度,对一切违反环境保护法律法规的行为和犯罪行为,坚决予以打击。在推进城市化的进程中,要合理布局、集约规划、突出特色,在人居环境的建设上,要建设能体现海南形象的人工环境,如城市建筑、雕塑、园林、绿地、花坛等,为海南营造良好的环境形象。

5. 加大投资环境整治力度,努力消除海南的负面形象

1992 年,海南的房地产泡沫破灭,金融危机爆发,给海南的形象产生了十分不利的影响,海南成为房地产泡沫区、金融高风险区,投资环境高危险区,"烂尾楼""呆坏账"成为海南的经济毒瘤。正如海南的华侨们说,宁可到海南去捐钱,也不愿到海南去投资。甚至有人私下比喻,去海南投资好比西天取经,沿途八十一道关卡,盯着唐僧肉。海南投资环境的负面形象已严重影响海南的经济发展。2004 年 11 月,海南省省长卫留成率团在香港开"海洽会",有港商进言:"一个地区要发展,必须让投资者有信心。"卫留成当时就诚恳表态:"过去有乡亲在海南投资不太成功或受了一些气,我作为省长在这里向大家道歉,请大家向前看。"①海南省省长的"道歉",令海南人深刻反思。2005 年,海南痛下决心,全力解决全省一大批久拖不决、社会影响较大的涉及投资者利益的典型案件,以此兑现以往的承诺,重树诚信的政府形象。2005 年 1 月,海南省《行政首长问责制》出台,县级以上行政首长,全部问责"投资环境"。2005 年 6 月,海南以省委的名义出台了《关于海南投资环境问题的若干决定》,决定明确规定要用三年时间明显改变投资环境。2005 年 8 月,海南成立"投资环境监督中心",专门受理投资者对投资环境的投诉,规定一般问题 5 个工

① 《省长道歉以后——海南客商四面八方的客商涌来了》,华南新闻,2006 年 1 月 16 日。

作日内办结或答复。随后,改善投资环境的举措相继出台,窗口服务制、直接办理制、社会服务承诺制……人们把改善海南的投资环境视为"家务事"。海南人的好客,通过各级政府机构的窗口,通过各级公务员的笑脸,让一批批投资商耳目一新。

目前,海南投资环境的改善取得了明显进展,海南房地产泡沫的标志烂尾楼处置已经结束,海南房地产又呈现出新的发展景象。海南的金融生态环境逐步改善,金融高风险区的负面形象已经逐步消除。在海南国际旅游岛建设中,炒房地产的势头再次呈现,海南的文明水平仍然不高,海南的投资环境的根本改变,还需要持续努力。

6.加强"窗口"行业建设,让岛内外游客亲身感受到海南形象

海南是旅游大省,服务行业是海南对外宣传的"窗口"。一是要进一步改善宾馆、饭店、公园、商场、车站、机场、旅游景点、文化娱乐场所等服务系统的形象,使海南的形象能有机地固化在服务"窗口"上。二是要加强制度建设,用制度规范来确保海南的形象。要加强"窗口"行业的文明制度建设,建立长期有效的运行机制。三是要提高服务行业的文明程度,文明服务质量的高低直接影响岛外公众对海南形象的评价和看法,海南服务业在岛外有比较好的口碑,要进一步提高服务行业的文明程度,制定一些具体可行的行为准则,规范"窗口"行业的服务态度和行为,让岛内外游客能亲身感受到海南形象。

三、培育良好的社会道德风尚

良好的社会道德风尚是全社会所推崇和倡导的一种健康、向上的社会风气,它是社会文明程度的重要标志,也是衡量社会发展的重要标志。海南国际旅游岛建设要落实公平正义、安定有序、诚信友善、环境优美的道德规范,就是要形成、巩固和发展一种良好的社会道德风尚。良好的社

会道德风尚需要培育,需要在社会实践中逐渐形成。

(一)良好的社会道德风尚

社会道德风尚是一定社会在道德观念和行为实践方面的一般风气及价值取向,它是一种特殊的社会规范形式。社会道德风尚通常反映出社会中绝大多数人的道德水平,是一种社会风气,它既指那些在社会上得到普遍保持的具有道德意义的风俗和习惯,也指那些在社会上出现的不符合道德要求的风俗和习惯。良好的社会道德风尚是指社会上绝大多数成员的道德行为习惯符合社会的道德规范,良好的社会道德风尚是社会文明程度的重要标志。

海南国际旅游岛建设也需要良好的社会道德风尚。海南国际旅游岛建设道德支持的社会道德规范是公平正义、安定有序、诚信友善、环境优美。因此,在海南国际旅游岛建设中,良好的社会道德风尚就是海南社会成员符合海南国际旅游岛建设道德支持社会道德规范的道德行为习惯。

当前,在海南国际旅游岛建设进程中,道德生活中还存在一些突出问题,如:商业道德与商业诚信缺失,工程质量和食品安全存在严重问题;公民日常生活中的道德冷漠与文明缺失严重,见义不为、见死不救、见利忘义的行为时有发生;炫富比阔、铺张浪费、生活奢靡等缺少基本文明素质的行为比比皆是;公共服务中脱离群众、以权谋私、权钱交易、腐化堕落以及少数领导干部个人品行败坏等行为还大量存在。这些突出道德问题的存在对社会生活危害极大,严重损害了海南国际旅游岛的形象,也严重损害了海南形象。

人类文明进步的历史告诉我们,社会道德进步从来都不是平坦的、直线的,而是螺旋式上升的。目前,社会上各种道德无序现象,是道德前进征途中我们必须面对的现实问题,是文明发展过程中必须经历的磨练。我们必须增强道德建设的紧迫感和责任感,不断推进社会风气的改善,大力培育良好的社会道德风尚。党的十八大报告指出,要推进公民道德建

设工程,深入开展道德领域突出问题的专项教育和治理,培育良好的社会
风气。

在海南国际旅游岛建设中,要形成良好的社会道德风尚,就要构建海
南国际旅游岛建设道德支持系统,凝聚海南国际旅游岛建设道德支持的
核心价值,建立海南国际旅游岛建设道德支持的道德规范体系,建立和健
全海南国际旅游岛建设道德支持的道德制度体系,建立和健全海南国际
旅游岛建设道德支持的运行机制,着力提高人的道德素质,大力培育良好
的社会道德风尚。

良好的社会道德风尚不是短期内形成的,需要经过全社会的长期培
育。培育良好的社会道德风尚,主要途径有两个方面:一个是扬善,一个
是惩恶。只有两个方面共同发力并形成合力,良好的社会道德风尚才能
形成。

良好的社会道德风尚的形成必须得到领导重视。在海南国际旅游岛
建设中,良好的社会道德风尚是社会建设的重要内容,只有各级党组织和
各级政府真正重视起来,将培育良好的社会道德风尚作为一项不可推卸
的重要责任,勇于担当,海南良好的社会道德风尚的形成才有可能。

良好的社会道德风尚的形成必须要尊重科学,依照科学规律。社会
道德风尚是一种社会现象,我们必须以科学的态度来认识它。良好的社
会道德风尚其形成、巩固和发展也有其客观规律,我们要深刻认识客观规
律,按照客观规律,进行社会治理。

良好的社会道德风尚的形成必须全面落实责任制。各级党政组织、
各种社会组织、基层社区、公民个人在培育良好社会道德风尚中都有责
任,需要真正全面落实责任制,形成人人有责、层层负责的社会责任体系,
只有这样,社会各层面才能各负其责,形成共同承担的社会合力。

良好的社会道德风尚的形成需要全社会的共同参与。我们需要建立
党委领导、政府主导、社会协同、全员参与的道德建设管理体制,充分动员
全社会的力量,道德建设人人有责、人人参与,如果社会上绝大多数人都

能遵守海南国际旅游岛建设道德支持的社会道德规范,海南国际旅游岛建设良好的社会道德风尚就会形成。

　　良好的社会道德风尚的形成需要强化问责制。必须明确社会各个道德主体的社会道德责任,健全社会问责体系,对各个责任主体进行问责,这样,整个社会就会逐步形成责任社会,每一个责任主体都明确自己的责任,每一个责任主体都必须履行自己的社会责任。社会对每一个责任主体都要进行问责,这样,社会就会形成一个良好循环。

　　培育良好的社会道德风尚是一个社会治理问题。首先,需要认识社会治理的基本规律;其次,需要对社会道德风尚的现状有一个客观的认识;再次,需要健全和完善社会治理体系;最后,需要提高社会治理的能力和水平。

　　我国有崇德向善的优良历史文化传统,有一整套个人道德修养的理论体系和丰富的道德实践,但是,缺乏现代社会治理的理论体系和实践经验。我们对现代社会治理的理论欠缺,对现代社会治理的规律缺乏认识,对现代社会治理经验也有所缺乏。

　　笔者认为,能够指导我们进行社会治理的理论主要有系统论和控制论。系统论将社会看作为一个系统,将社会治理看作为系统工程,我们需要用系统的思维,用不断发现短板的方式来找出问题,用不断补短板的方式,逐步提高社会治理能力和水平。

　　木桶原理是社会治理的基本规律之一。系统论中的"木桶原理"认为:一个木桶是由多块木板箍成的,如果组成木桶的各个木板参差不齐的话,那么木桶装水的多少是由最短的那根木板决定的。木桶原理告诉我们,一个系统功能的充分发挥,取决于系统中的最薄弱环节。从海南整个社会大系统来看,海南的人文道德环境相对较弱,是一个短板和薄弱环节,通过改善海南的人文道德环境,可以改善海南的经济发展环境,促进海南经济健康发展。在海南的人文道德环境子系统中,海南的道德环境较为薄弱,因此,必须加强海南的道德环境建设,为海南经济发展营造良好的道德环境。在海南国际旅游岛建设道德支持系统中,目前,最薄弱的短板就是道德制度体系和道德运行机制,如果能在健全道德制度体系,完善道德运行机制方面做实功,则道德支持系统的力度就会大大增强,为海南经济发展提供的支持就会更加有力。

破窗效应是社会治理的基本规律之二。美国政治学家威尔逊和犯罪学家凯琳通过社会学实验,提出了"破窗理论"。这个理论指出:如果有人打坏了一个建筑物的窗户玻璃,而这个窗户玻璃又得不到及时的维修,别人就可能受到某些暗示性的纵容去打烂更多的窗户玻璃。久而久之,这些破窗户就给人造成一种无序的感觉。结果在这种公众麻木的氛围中,犯罪就会滋生蔓延。"破窗理论"启示我们,一是完整的窗户体系是保持社会有序的基本前提。二是打破的窗户要及时修理,以防止更多的窗户被打破,以防止社会的有序被破坏。三是无序的环境和公众的麻木会导致犯罪滋生蔓延。本社会学实验,虽然是针对社会的犯罪现象,但是,对社会上的道德失范、道德无序现象同样有效。破窗效应可以作为我们进行社会治理的基本规律之一。

反馈原理是社会治理的基本规律之三。控制论有一个重要原理是反馈原理,反馈有正反馈和负反馈。正反馈会导致系统失控,负反馈会保护系统稳定有序。在社会控制中,我们要防止正反馈的发生,以避免社会失序,要充分发挥负反馈的机理,以保持社会的安定有序。在破窗效应中,及时修理窗户就是负反馈,以防止更多的窗户被打破,以保持社会的安定有序,不及时修理窗户就是正反馈,一些人会打破更多的窗户,最后会造成无序的环境。

海南目前的现实状况是道德失范现象比较普遍,而道德规范的制定则不及时,造成了道德无序的状况发生,而社会公众对此状态也麻木不仁。因此,一些不文明现象、不道德习惯就滋生蔓延。

(二)加强党风建设,带动社会道德风尚根本好转

我们党领导的改革开放和社会主义现代化建设取得了伟大的成就,

这是举世公认的。但是,与此同时,党内腐败现象不断滋生和蔓延,党的作风也出现了不少问题,党与群众的联系开始减弱,如果党风不能根本好转,党就会失去群众,党就会失去群众的信任和支持,这会从根本上动摇党的执政基础,最终会危害国家安全。

由于社会主义市场经济有一个不断完善的过程,建设社会主义法治国家也有一个不断完善的过程。因此,腐败现象仍会不断发生,原有的腐败现象消除了,还可能出现新的腐败现象。因此,反腐败将是长期的,艰巨的任务。正如邓小平同志强调指出的那样:"我们要反对腐败,搞廉洁政治。不是搞一天两天、一月两月,整个改革开放过程中都要反对腐败。"[①]

要培育良好的社会道德风尚,首先要搞好党风。中国共产党是执政党,良好的党风是形成良好社会道德风尚的重要导向。党风不正,社会上的歪风邪气也会蔓延,发展下去还会引起社会的动荡。因此,邓小平强调:"端正党风,是端正社会风气的关键。"[②]改革开放以来,社会上出现一些歪风邪气,出现一些丑恶现象,其中一个重要原因,是党内有少数人搞歪门邪道,在败坏党风的同时,也带坏了民风和社会风气。

有了良好的党风,党的各级组织就能理直气壮地解决社会上存在的各种不良社会风气。正人先正己,党风正,党才能带领人民群众治理社会风气;党风不正,教育群众,群众不信,也难以得到群众的广泛支持和配合。党风带动民风,最终带动整个社会形成良好的社会道德风尚。

党内腐败现象滋生的原因是非常复杂的。主要有:一是在社会转型期,在新旧体制转换时期,一方面,一些新的制度未及时建立起来,造成制度空白;另一方面,原有的制度也存在着许多不健全、不完善的地方,不可避免地存在一些制度漏洞,使腐败分子有可乘之机,制度不健全、不完善

---

① 《邓小平文选》第三卷,人民出版社 1993 年版,第 327 页。
② 《邓小平文选》第三卷,人民出版社 1993 年版,第 144 页。

是腐败产生的制度根源。二是权力制约和监督机制不健全、不完善是腐败蔓延的机制原因。三是剥削阶级思想影响和党内一些人丧失理想信念,是腐败滋长的思想根源。四是市场经济的负面作用和消极影响是腐败滋生的外在诱发因素。一些人把商品交换法则引进党内,在党内做交易,把权力、原则和政策商品化,崇尚"拜金主义",搞权钱交易。当前,党风问题面临着三个层面的问题,一个是党内腐败,一个是党内不正之风,一个是党的工作作风。

1.加大反腐力度。党的十八大以来,党中央不断加强了反腐败的力度,老虎、苍蝇一起打,反腐败工作取得了明显成效,群众看到了治理腐败的希望,广大人民群众是十分拥护的。但是,反腐败工作仍然任重道远,仍需要持之以恒,仍需要在制度建设方面下大力气。正如习近平总书记指出:"党风廉政建设和反腐败斗争是全面从严治党的重要方面,是新形势下进行具有许多新的历史特点的伟大斗争的重要内容,是协调推进'四个全面'战略布局的重要保证。党的十八大以来,我们党顺应党心民意,坚持党要管党、从严治党,以猛药去疴、重典治乱的决心,以刮骨疗毒、壮士断腕的勇气,深入推进党风廉政建设和反腐败斗争,党风廉政建设和反腐败斗争取得了新的重大成效,党风政风为之一新,党心民心为之一振。同时,我们也要看到,这些成效是阶段性的,当前,党风廉政建设和反腐败斗争形势依然严峻复杂。开弓没有回头箭,反腐没有休止符。我们必须保持政治定力,以强烈的历史责任感、深沉的使命忧思感、顽强的意志品质,以抓铁有痕、踏石留印的劲头持续抓下去。"①

铲除不良作风和腐败现象滋生蔓延的土壤,根本上要靠法规制度。要加强反腐倡廉法规制度建设,把法规制度建设贯穿到反腐倡廉各个领域、落实到制约和监督权力各个方面,发挥法规制度的激励约束作用,推

---

① 习近平:《加强反腐倡廉法规制度建设让法规制度的力量充分释放》,新华网,2015 年 6 月 27 日。

动形成不敢腐、不能腐、不想腐的有效机制。

法规制度的生命力在于执行。贯彻执行法规制度的关键在真抓,靠的是严管。加强反腐倡廉法规制度建设,必须一手抓制定完善,一手抓贯彻执行。要加大贯彻执行力度,让铁规发力、让禁令生威,确保各项法规制度落地生根。要加强监督检查,落实监督制度,用监督传递压力,用压力推动落实。对违规违纪、破坏法规制度踩"红线"、越"底线"、闯"雷区"的,要坚决严肃查处,不以权势大而破规,不以问题小而姑息,不以违者众而放任,不留"暗门"、不开"天窗",坚决防止"破窗效应"。

2.坚决纠正党内不正之风。党内普遍存在着形式主义、官僚主义、享乐主义和奢靡之风等"四风"。实际上,党内还存在"送礼风""买官卖官风""乱用权力风""赌博风""包养情妇风"等不正之风,"这些年,一些潜规则侵入党内,并逐渐流行起来,有的人甚至以深谙其道为荣,必须引起我们高度警觉。比如,在思想政治上,一些人信奉'马列主义对人,自由主义对己''两个嘴巴说话,两张面孔做人';在组织生活中,一些人信奉'自我批评摆情况,相互批评提希望''你不批我,我不批你;你若批我,我必批你''上级对下级,哄着护着;下级对上级,捧着抬着;同级对同级,包着让着';在执行政策中,一些人信奉'遇到黄灯跑过去,遇到红灯绕过去''不求百姓拍手,只求领导点头';在干部任用中,一些人信奉'不跑不送、降职停用,只跑不送,原地不动,又跑又送、提拔重用';在人际交往中,一些人信奉'章子不如条子,条子不如面子''有关系走遍天下,没关系寸步难行'。这些潜规则看起来无影无踪,却又无处不在,听起来悖情悖理,却可畅通无阻,成为腐蚀党员和干部,败坏党的风气的沉疴毒瘤。"①

党内腐败是少数人,但是在党内有各种不廉洁的现象,不清廉的人占

① 《习近平引用10个段子谈潜规则侵入党内:已成沉疴毒瘤》,人民网,2015年1月16日。

有相当大的比例。面对这些问题,其严重性还在,有些同志对这些问题并不看作是问题,他们认为既非白色,那是应该贪污的,又非黑色,那是构成犯罪的,介乎于二者之间,叫灰色收入,我就可以拿。虽然在这些问题中,有的没有达到法定的惩治程度,但是这种群体性的边缘性腐败,对我们党的腐蚀太大了,它在社会上的影响也太大了。因为它在我们队伍中滋长了一种价值取向,颠倒了病态心理,在做这些事情的时候,缺乏一种耻辱感,他认为理所应当。甚至是笑贫不笑腐,但是这些问题往往在群众中扩大了群众对一些党员干部不信任的情绪,往往社会群众通过这些现象来判断我们的队伍,他们在这样干啊!他们在这样捞钱啊!这个影响是很坏的。

党内不正之风影响面广、社会危害大,污染社会风气,必须加以治理。要加强党内纪律建设和党内道德规范制定,坚决遏止党内不正之风的蔓延。

3.做严做实党的工作作风。党的工作作风存在的突出问题是不严不实。海南省委书记罗保铭归纳出以下八点。①

一是不重学习、眼高手低。有的不学理论、不读经典,却热衷研究风水学、厚黑学、"关系学";有的热衷于迎来送往,心浮气躁,静不下心来学习;有的以干代学,凭经验办事,需要用的时候临阵擦枪;还有一些人不学无术,办公室书柜里的书倒是不少,也只是装点门面,附庸风雅。不重学习导致不少干部"坐岛观天",肚子里没真货,往往对很多事物只知其一不知其二。看看标题,空喊概念,特别是在执行中央和省里决策部署时眼高手低,拿不出管用的招数,做不成事。上级给的优惠政策也用不足用不好,错失发展良机。

二是安于现状、不思进取。这几年海南的经济社会有了长足发展,有些干部觉得小日子过得不错,自我感觉良好,小富即安,固步自封,满足于

————————
① 《罗保铭在"三严三实"专题党课上的讲话(全文)》,新华网,2015年5月16日。

守摊子、享清福、好玩乐，创新意识、进取精神消退。面对经济新常态和经济下行的压力，有的被动应付，一味等上级出政策、等别人出经验。有的对待日常工作标准不高，把关不严，满足于"大概齐""差不多"。有的甘于平庸混日子，心安理得熬年头，面对建设发展中的难题，能拖就拖、能推就推，致使工作长期打不开局面。以前我们搞建设缺资金，现在国家和省里给的支农、水利、棚改等方面的资金确实不少，却趴在账上花不出去，反映了一些领导干部对工作不负责、不用心、不想干事，心思没有放在履职干事上。

三是为官不为、不敢担当。有的有私利可图就乱干事，无私利可图就不干事，过去起码还能吃点喝点，现在受到遏制，来事就推。去年省里对涉农专项资金开展绩效审计，查出违规资金 5.03 亿元，处理了一批干部，结果今年省财政安排预算，有些市县涉农、支农资金干脆就不申报了。这就是典型的没有好处不干事、不担事。有的明哲保身，不求有功，但求无过，为了不出事宁愿不干事，事来了踢皮球，当"二传手"。有的出工不出力，还有的上班时间炒股票、逛淘宝、玩游戏。有的没关系不办事、慢办事，审批事项不一次性告知要求，来回折腾人。省歌舞团团长彭煜翔同志为评全国劳模需要到 8 个部门盖章，他的办公室主任 6 个工作日只盖了2 个章。眼看还差半天就要截止，他无奈之下给我秘书打电话反映情况，最后我派一个处长陪着他跑了半天盖完了剩下的 6 个章。大家想想看，是不是衙门作风真的到了非刹住不可的地步！有的对急难险重任务，畏难抵触，拈轻怕重，关键时刻卸挑子、重要关头掉链子。有的遇到矛盾和问题绕道走，只讲原则要求，就是不讲具体怎么办。有的处理违规违法之事时，宁伤原则，不伤关系，瞻前顾后，不敢亮剑。

四是急功近利、好大喜功。有的只顾眼前不顾长远，脱离实际举债搞建设，前任"政绩"后任债、一任"政绩"几任还。有的只抓短期见效的"显绩"，对事关地区长远发展的"潜绩"不上心，缺乏久久为功的韧劲。有的沉溺于自我设计，热衷于"抓典型""做盆景""搞形象"，挖空心思换个新提法、喊个新口号。今天一个思路，明天一个规划，后天一个战略，把工作当作谋取功名升官的跳板。有的财政本来就很拮据，还动辄拿上亿资金搞形象工程，徒有虚名，没有实效，劳民伤财，群众也不认可。有的弄虚作假，报喜不报忧，领导下来调研只给看光鲜亮丽的，博取虚名、赢得"好感"。

五是疏于管理、放纵下属。从近年来查办的腐败案件和省纪委最近巡视 6 个市县的反馈情况来看，相当一部分干部并不是一开始就腐败，有的还相当不错、口碑也好，但为什么会腐化堕落、银铛入狱。有些地方、部门，包括我们通报过的国土、海洋渔业、医疗卫生等部门，包括教育、农垦等领域连续出现腐败案件，为什么？这其中有一个重要原因，就是有的地方和部门主要领导落实主体责任不力，没有真正负起监管责任，党风廉政建设搞形式、走过场，对部下疏于管理，甚至放纵管理。有的为了哄着下属干，搞亲亲疏疏，靠哥们义气笼络干事，不管下属违不违纪、犯不犯法，甚至对违规违纪行为姑息包庇。有的怕丢选票，当好好先生宁伤事业不得罪人。当然，也有的人自身不干净，管别人底气不足、腰杆不硬，也就乐得当老好人，搞无原则的一团和气。

六是公私不分、滥用职权。有的把公车当成私车用，甚至开公车千里迢迢回老家探亲。有的私设"小金库"，把"公家钱"变成"自家钱"，或者变成小团体的钱，规避财务监督，想着法子用公款支付个人消费。有的借考察培训之机，违规组织干部职工出岛出境潇洒游玩。有的插手工程，操纵招投标，收受贿赂，输送利益。有的以人情代替原则，热衷于为关系户跑门路、打招呼，搞期权腐败。最近从琼海市到海口琼山区都暴露出同一个性质的问题，就是抓一个老板一片恐慌。为什么害怕？有的给老板办事，老板给他送钱，权钱交易，到头来让人家牵着鼻子走。有的侵占集体财产，虚报冒领、贪污挪用专项资金。有的公权私用，前门当官、后门开店。有的"吃拿卡要"，不给好处不办事，给了好处乱办事。

七是拉拉扯扯、搞小圈子。有的经常一帮人聚在一起吃吃喝喝，酒桌上品头论足、说三道四。有的特别信奉"圈子文化",热衷于琢磨拉关系、找门路,分析某某是谁的人,某某是谁提拔的,该同谁搞关系,提前套近乎,看看能接上谁的天线。有的把权力当作私产,搞选边站队,选拔使用干部不看德才看亲疏,不凭实干凭关系,以人划线、以地域划线。有的搞人身依附,不忠诚于党只忠诚于个人,不相信组织只相信关系。

八是做人不实、弄虚作假。有的阳奉阴违,见风使舵,当面一套、背后一套,讲空话、干虚活。有的在民主生活会上自我剖析信誓旦旦,会下我行我素,睁着眼睛说瞎话,揣着明白装糊涂。有的台上谈反腐,台下受贿索贿。有的对上唯唯诺诺,对下颐指气使、官气十足。有的对个人事项报告不真实、不及时,等等。

要解决干部的工作作风问题,就要从根上解决"不严不实"的问题。关键在于各级领导干部切实把自己摆进去,用"三严三实"的戒尺规范自己的言行,真正"严"字当头、落到"实"处,进一步严纪律、强约束、敢担当、务实干,形成风清气正、团结拼搏、廉洁实干的良好政治生态。

(三)城乡协调发展,促进社会公平正义

2004年9月,胡锦涛总书记在十六届四中全会上明确指出"两个趋向"的重要论断,即:在工业化初始阶段,农业支持工业、为工业提供积累是带有普遍性的趋向;在工业化达到相当程度后,工业反哺农业、城市支持农村,实现工业与农业、城市与农村协调发展,也是带有普遍性的趋向。①

我国的工业化已达到相当程度,因此,可以实行工业反哺农业、城市支持农村,实现城乡协调发展。海南工业化尚处于初始阶段,工业反哺农业的条件还不具备,因此,海南城乡协调发展的难度更大。

---

① 《解决"三农"问题的神来之笔》,《理论热点面对面(2006)》,学习出版社、人民出版社2006年版,第27页。

城乡协调发展一是要大力发展现代农业,提高农业生产效率;二是要推进新型城镇化,提高城镇对农业人口的吸纳能力,两轮驱动,不可缺少。

根据世界发达国家农业现代化的成功经验,农业现代化的过程就是农业综合要素生产率不断提高的过程,实现农业现代化的有效途径就是"减员增效"。"减员"就是大量减少农业劳动力,"增效"就是不断提高农业综合生产能力。海南在农业现代化方面仍有大量工作需要做,一是推进适度规模经营,提高农业生产的经营效率,让更多的农民向城镇和非农产业转移。二是推进职业农民培训,未来农业是一个专业职业技能,需要掌握多种农业知识,需要机械化操作技能,需要经营管理能力。

新型城镇化是城乡协调发展的关键。2013 年,海南城镇化为52.74%,略低于全国平均水平,海南新型城镇化的任务十分艰巨。新型城镇化的实质就是要大量有效吸收大批农村劳动力,使大量乡村人口实现在城镇就业和定居。海南在新型城镇化方面仍需努力,从而为农业现代化提供条件,形成城乡协调发展的良好局面。

海南工业不发达,海南新型城镇化的现实途径就是加快发展乡村小镇,加快发展城市服务业,在城市大力发展劳动密集型的服务业,通过服务业的发展大量吸纳农业劳动力,使农村人口在城镇长期定居,实现城市支持农村,实现城乡协调发展。

改变城乡二元结构,实现城乡一体化协调发展。2014 年 7 月底,国务院发布《关于进一步推进户籍制度改革的意见》,要求"各省、自治区、直辖市人民政府要根据本意见,统筹考虑,因地制宜,抓紧出台本地区具体可操作的户籍制度改革措施,并向社会公布",随后"地方版"的户籍制度改革意见陆续出台。据不完全统计,目前全国已有新疆、黑龙江、河南、河北、四川、山东、安徽、贵州、山西、陕西、江西、湖南、吉林、福建、广西、青海 16 个省份正式公布了本地区的户籍制度改革意见。上述意见均明确了本地区进一步放宽户口迁移的政策,并提出取消农业户口和非农业户

口性质区分,建立统一城乡户口登记制度,多地提出了具体实施的时
间表。①

这次户籍制度改革要实现以具有合法固定住所作为落户的基本条
件,逐步放宽大中城市户口迁移的限制。这是自 1958 年以来半个世纪内
一直实行城乡户口分割制度的一个新转折,是适应市场经济发展的一个
制度突破,这将会在很大程度上促进城乡的一体化进程。海南在改变城
乡二元户籍制度方面已经落在全国后面,海南只有从根本上改变城乡二
元户籍制度,才能为城乡一体化协调发展提供制度支持,才能根本改变重
城市、轻农村的传统发展思路,实现城乡协调发展,促进社会公平正义。

在海南新型城镇化建设方面,琼海的经验值得借鉴,琼海将城镇建设
与文明建设有机结合,实现了城镇发展与道德文明的协调发展,具有重要
的示范价值。2015 年 8 月 14 日在浙江湖州召开的全国农村精神文明建
设工作经验交流会上,琼海市委书记符宣朝作了题为《建设美丽乡村,构
建幸福家园》的经验介绍,琼海经验得到与会者的强烈共鸣。②

看生态——2014 年,琼海市被确定为首批国家"生态文明先行示范
区",其入选得益于在城镇化建设中,琼海选择了一条以人为本的"田园
城市·幸福琼海"的发展路子,契合国家开展生态文明先行示范区建设
的要求。

看旅游——2015 年 7 月,博鳌、潭门和中原三个镇同时入选全国特
色景观旅游名镇。早在 2013 年,博鳌镇就被评为全国第一批 8 个美丽宜
居示范小镇之一。在 2015 年初举行的第四届中国旅游产业发展年会上,
琼海喜获"美丽中国"十佳旅游县称号。评审专家认为,琼海特色的新型
城镇化和美丽乡村建设与全域 5A 景区化打造相得益彰,使琼海迅速成
为海南国际旅游岛上一个极具本土特色和市场竞争力的热门旅游目

---

① 《16 省份出台户籍制度改革意见》,央广网,2015 年 5 月 29 日。
② 《"琼海效应"走向全国揭开打造美丽乡村奥秘》,《海南日报》2015 年 8 月 1 日。

的地。

看卫生——2015 年 3 月,琼海市被正式授予"国家卫生城市"。2010年,琼海市启动创建国家卫生城市活动,确定了"标准创卫、民生创卫、文化创卫"三大体系。2012 年,该市把创建国家卫生城市工作作为加快新型城镇化建设的重要内容,得到国家和省有关部门的肯定,被评为全国环境综合整治优秀城市。

看文明——目前琼海已建成文明生态村 1857 个,占全市自然村总数的 70%,有 8 个村镇被评为全国文明村镇。今年初,中央文明办发出《建设美丽乡村构建幸福家园——关于海南省琼海市农村精神文明建设的调研报告》,充分肯定了琼海市牢牢把握培育和践行社会主义核心价值观这个根本任务,推动农村精神文明建设与农村经济社会发展协调规划、同步迈进、提质升级,探索实践出一套很好的做法,各项工作取得了明显成效。这对全国中西部地区生态环境同类型的农村具有典型示范作用,值得广泛学习推广。

中央文明办对一个市县精神文明建设进行专题调研,并出专辑向全国推广,这一做法十分少有。省委书记罗保铭、省长刘赐贵先后就学习借鉴琼海市农村精神文明建设经验作出批示,全省精神文明建设暨特色风情小镇与美丽乡村建设现场会也放在了琼海市召开。

"美丽乡村,生态美是前提、是基础。"符宣朝表示,良好的生态环境既直观反映一个地方的文明程度,也促进人们良好文明行为习惯的养成。琼海市坚持生态为重,以"不砍树、不占田、不拆房,就地城镇化"为原则,最大限度地保护乡村的自然、历史、文化风貌。

不砍树就是保护生态的红线,不占田就是敬畏自然的红线,不拆房就是民生和谐的红线。恪守着这些"红线",琼海完善生态型规划,通过保护山水田林海的生态,挖掘区域特色的文态,构建田园化的形态,丰富生态型的业态,调整和谐发展的心态,逐步打造全域 5A 级景区。与此同时,坚持生态型改造,建设生态型设施,营造生态型环境。去年琼海建立起"户分类、村收集、镇转运、市处理"的城乡生活垃圾规范化处理模式,全市全部实现城乡垃圾一体化处理。城区污水处理率达到85%,农村生活污水推行湿地生态化处理模式。

在琼海1710平方公里的大地上,一间50万琼海百姓共享的"幸福之屋"也正在搭建。这间"幸福之屋"由四根柱子来支撑。一是12个特色小镇,"一镇一风情,一镇一特色,一镇一产业",作为联结城乡的重要重点和平台。二是三大农业公园,作为统筹城乡发展的重要手段。三是公共服务均等化,作为就地城镇化的根本。四是旅游绿道系统,作为全域5A级景区的纽带。

如今,这间"幸福之屋"已初显雏形。风情小镇拉动了旅游、带旺了人气、促进了消费。潭门、万泉、塔洋三镇2014年新建铺面230多间,铺面租金数倍,甚至十倍的增长;潭门镇平均日接待4000人次,黄金周期间日均接待游客量突破3万人次。

作为农业和旅游业融合发展的平台,琼海鼓励引导龙寿洋及周边村庄农民采取"基地+合作社+农户"的模式,打造具有现代农业产业功能、旅游功能、休闲功能和运动功能的综合体。农民由单一生产性收入转为经营性、财产性、工资性、生产性四项收入。

美丽乡村建设,让琼海农民不仅有宜居环境,还实现了"不离土、不离乡"的就业、创业。两年来,全市农民人均纯收入增长率13%,返乡就业近4万人。

作为就地城镇化的根本,琼海不走"弃农进城"的路子,把公共财政的阳光雨露向农村倾斜,加快基础设施和公共服务向农村覆盖。城乡供水一体化达到90%,六成以上行政村通城市公交,由市、镇、片区和代办点组成的四级服务网络让农民不出村、不出镇就能把事情办好……

(四)加强社会建设,促进社会安定有序

海南正处于社会转型期,社会矛盾加剧,社会不和谐因素增加,这就

要求我们深刻认识社会不和谐因素,重构社会核心价值,加大培育良好社会道德风尚的力度。

1.深刻认识社会转型期的不和谐因素。海南正处在一个深刻的社会转型时期,这就是由农业社会向工业社会转变,农村人口向城镇人口转移,这种转变过程就是工业化、城镇化和社会化。在社会转型时期,随着物质生活的变化,必然会带来人们精神生活的变化。社会转型的过程也是人们的职业道德、价值规范、行为精神发生分化和重组的过程。

社会转型时期是社会矛盾的多发时期。中国政法大学校长徐显明指出:"一个国家人均 GDP 达到 1000—3000 美元的时期,社会问题最多也最复杂。社会可能要发生较大变化,社会学家称之为'社会整体转型';政治学家判断,社会对'良治'要求更高;经济学家感觉,'社会的以产业结构为首的整个经济结构都要有所调整';法学家认为,治国方式将从权力之治转向规则之治。中国在持续 20 多年的经济快速发展之后,已经不可避免地进入了这一时期。和谐社会一定是全面小康社会,和谐社会也一定是法治社会。在迈向和谐社会的大道上,五只'拦路虎'困扰着我们的进步:第一,由经济的二元性所产生的城乡二元性和社会结构二元性,正被制度性地安排为人的社会主体身份的二元性;而主体身份的二元性又被区别为权利享有的二元性。其结果是,人们获得权利和利益的根据不是能力的贡献,而是身份。'三农'问题,说到底是制度设计的二元性问题,主体的二元性与权利的二元性,是中国目前和谐社会构建最严重的社会问题,不消解和改善这种结构,就无和谐社会。第二,由社会不公引发的矛盾越来越突出。分配不公是中国最突出的社会问题。不劳而获及少劳多获,是社会痛恨的分配不公;多劳少获,甚至劳而不获,是最大的社会不公;同劳不同获,是使人感到无奈的社会不公。其他的社会不公,如起点不公、机会不公、对待不公、规则不公、结果不公等,影响了社会不同群体对制度正义的信心。第三,人与环境之间的紧张,已成为人与人之间关系紧张的重要根源。以高投放、高耗费、高污染为支撑的经济快速发展,已使我国的环境、生态、资源和能源四大要素出现空前危机。对待环境与生态,法学家的思维是——'我们现在所拥有的一切,不是从祖先那里继承下来的,而是从子孙那里借来的。'如果我们拥有的是继承权,是资源、环境等的所有者,就会觉得有权使用它、破坏它;如果认为是从子孙那里借来的,我们就是债务人,无权毁坏生态、资源和环境。借物要还,我们应将现有的一切完好无损地交给子孙。第四,在所有交换领域中发生的腐败,正侵蚀着国家制度的有效性。吏治腐败,使有德行且有才能的年轻人丧失发展的空间;司法腐败,使社会丧失公正存在的空间;学术和教育腐败,使真理丧失存在的空间。如何用民主的制度、法治的方式及实行自下而上的预防和遏制腐败的体制,将腐败降至最低限度,防止局部腐败演化为社会腐败,也是构建和谐社会亟须解决的问题。腐败问题如果不解决,将会牺牲掉甚至是吃掉改革的成果。第五,社会规范的失效,使人无法预测行为后果,正影响人与人之间的和谐。每一个社会都有一个规范体系,处在基础地位的是道德规范,而道德规范的基础是诚信。制度的诚信是最重要的诚信。如果全社会都在造假,则说明制度诚信有问题;另一方面,我国的法律规范目前还未完全建立起应有的至上权威,有法不依、违法不纠现象,使法律规范处于无效状态。这会加剧社会的不可测和不稳定。徐显明指出,构建社会主义和谐社会,至关重要的还有一点:法律,不仅仅是治理国家的工具,更是全社会离不开的价值取向。只有把对法律的'工具观'改为'价值观',社会主义和谐社会才能得到最好的保护。法律的'价值观',意味着所有人都离不开它,成为一个社会的利益形态。构建社会主义和谐社会,还需要我们思维上的创新,要尽快把过去革命的思维、运动的思维,转变为建设的思维和制度的思维,以形成社会稳定形态。"[1]

社会转型时期,海南国际旅游岛建设进程中面临着许多新情况和新

---

[1] 徐显明:《和谐社会的 5 只"拦路虎"》,新华网,2006 年 8 月 11 日。

问题。一是海南已经初步建立起社会主义市场经济体系,但是,适应社会主义市场经济的思想道德体系尚未建立。二是社会主义市场经济体系不完善,反映在思想道德领域则是诚信缺失、欺骗欺诈、违法乱纪、贪污腐败。三是社会主义与市场经济还不协调,市场经济本身存在缺陷,市场经济注重效率,强调竞争,在公共服务领域失灵。我国社会主义市场经济在公共服务领域缺位,政府的主要职能还没有转到公共服务领域。因此,造成公共服务供给不足,人们的精神文化需求没有得到有效满足。反映在精神生活领域则是有些人精神空虚、精神迷茫,对社会主义的信心产生动摇。

2.加强社会建设,营造安定有序的社会环境。海南应在以下方面加大力度。一是逐步把握社会主义市场经济的发展规律,加强社会诚信建设。建设诚信海南是提高海南文明程度的重要内容,市场经济本质上是诚信经济,是文明经济,经济价值与道德价值是统一的,等价交换、买卖公平、货真价实、童叟无欺、平等互利、竞争手段正当、遵守规则、不损人利己,这些道德价值也是市场经济的基本要求。要紧紧围绕市场经济的主体,加强诚信公民、诚信企业、诚信政府建设,不断提高海南的诚信度,提升海南在全国的文明形象。二是按照海南国际旅游岛建设道德支持的社会道德规范和相关参与者的道德规范,加强社会道德建设。要以社会主义荣辱观为核心构建社会主义思想道德新体系,加强公民的社会公共道德、家庭伦理道德和职业道德教育。要通过丰富的道德实践活动,帮助人们识别生活中的是与非,善与恶,美与丑和真与假,大力弘扬和支持积极向上、文明健康的东西,树立正确的人生观、价值观、审美观和消费观,推进科学文明健康的生活方式的形成。三是要进一步加强法制建设。由于市场机制不健全,一些社会犯罪、经济犯罪和腐败现象不断出现。一方面要加强教育,增强干部群众的法制纪律观念,引导他们廉洁奉公、遵纪守法、扶正祛邪,消除腐败和与不良现象作斗争;另一方面,要加强打击力度,海南"黄赌毒"等社会毒瘤仍然存在,商业欺诈等社会公害频繁发生,一些负面新闻频频在媒体上曝光,这些都严重损害了海南的文明形象。

海南要从群众最关心的现实问题做起。目前,群众关心的问题主要有"上学难""看病贵""房价高""物价高""贫富差距""社会公平"等问题,这些问题都涉及社会建设领域,这表明在基本实现小康以后,在满足了人们基本的物质需求以后,人们的精神需求变得日益迫切。一是要转变政府职能,建设公共服务型政府。海南应在建设公共服务型政府的实践方面走在全国前列,加大公共服务的基础建设,为群众提供基本的公共服务,满足人民群众日益增长的公共服务需求。二是加强智力开发,促进人的全面发展。人的全面发展是和谐发展的基础,由于历史的原因,海南的科学、教育、文化等事业发展滞后,文化事业建设滞后已影响到海南的和谐发展,政府应加大文化事业建设的力度,改变海南文化落后的局面。三是加强社会事业建设,为海南的发展创造一个整洁、优美、祥和、健康、安全、文明、安定有序、宽松良好的社会环境。海南的社会事业建设也比较落后,社会形象与自然形象极不和谐,这直接影响海南的整体形象。社会事业本质上是给群众提供健康产品的,是一个健康事业。卫生事业关系人的身体健康,体育事业关系人的身体健康素质,社会保障事业关系人的未来生存健康,社会治安关系人的现在生存健康。随着社会的发展,以人为本的理念日益深入人心,人的生命价值日益突显,健康与安全等价值观日益突出。海南应力争在直接关系到海南形象的几个方面有大的改观:一是良好的卫生环境;二是良好的治安秩序;三是良好的社会秩序;四是良好的社会道德风尚。

3.真抓实干,乐东率先起步。在培育良好的社会道德风尚,在社会环境治理方面,乐东走在了全省的前面,并为全省树立了一个标杆。三年前的乐东,西南部电厂项目落地受阻,群体性事件持续升温,基层党组织软弱涣散,干群关系紧张,重点项目停滞不前,经济指标全面下滑,"脏乱差"随处可见。林北川同志到任后,三年时间,乐东通过整治干部涣散作风,增强干部担当意识,抓作风抓出了干部的精神状态,抓出了干部的执行力;通过整顿软弱涣散基层党组织,强化基层组织建设,提高村干部素质,释放出为民办实事的无穷无尽正能量;通过化解干群矛盾,用真心真情真利益赢得了民心;通过动真碰硬,真抓实干,乐东实现了由乱到治,干部作风明显好转,各种社会乱象、社会矛盾得到极大缓解,城乡面貌整治有序,重大项目平稳落地建设。乐东发生了脱胎换骨、翻天覆地的变化。从西南部电厂项目落地受阻,到电厂提前半年并网发电;从"宁拆房不搬坟"观念,到群众主动迁坟、21 个月迁坟 11.2 万座;从垃圾围城、槟榔水满地,到变成全省卫生城市;从"一征就闹、一拆就打",到西环高铁征地只用 18 天,中线高速征地只用 8 天……乐东成效显著,经验突出。乐东县委书记林北川同志荣获"全国优秀县委书记"称号。

乐东发展面临的问题无一不棘手,它要在一个历史欠账非常多、社会矛盾非常多、利益冲突也特别多的地方来推动工作、推进改革。过去多少年,乐东的投资硬件没有得到有效的改善和提升,老百姓怨言多,发展基础不牢。曾经的乐东,垃圾污水遍地,珍稀的海岸线土地资源被大量的坟墓占据着,社会治安在省里"挂着号",交通混乱,征地拆迁工作更是寸步难行……林北川带领着一支过硬的党员干部队伍,在省委支持下,专心一意攻坚克难,冲锋在前,治理社会乱象,敢作敢为,铁腕出击,最终走出发展泥泞,也赢得了人民支持与赞誉。

"脏乱差"曾是乐东的代名词。"下了高速公路,只要看见路边的一堆堆垃圾,占道经营、车堵成龙,说明你已到达乐东境内。"这既是乐东对外的印象又是乐东人无奈的自嘲。乐东城乡环境"脏、乱、差"一直备受诟病远近闻名,尤其是当地人有嚼槟榔的生活习惯,随处乱吐的槟榔水,在路面上、墙壁上、花草上、树干上,变干之后成了红褐色的"牛皮癣",令人"注目",当地百姓习以为常,见怪不怪。环境卫生一整再整,收效甚微。

县委书记带头当环卫工。喊破嗓子不如甩开膀子、做出样子,林北川带头驻点九所镇,顶着烈日扫大街、洗槟榔水,一扫就是一个星期,县城各街道分段分片,划出责任区,由 115 个县直机关单位包干,进行全天候保洁管理,并督促沿街店铺落实门前"三包"、引导车辆有序停放。各乡镇也成立领导小组,由党委主要负责人挂帅,班子成员分工协作、明确任务、负责到底,领导干部人人肩上有担子,个个身上有指标。随地吐的槟榔水是海南环境卫生的顽疾。面对着街道上的斑斑红迹,乐东坚持"身教胜过言传"的原则。于是,有趣的一幕在该县各乡镇上演。在一个个槟榔售卖点,百姓习惯随意吐槟榔水,当地干部在劝说教育之余,主动弯下腰清洗路面的槟榔水。"群众吐,马上清洗;群众再吐,再清洗;群众还吐,继续清洗,直到感化群众自觉停止随地乱吐行为。"乐东县政府一名参与环境卫生整治的干部说。

不罚一分钱乐东变干净了。如今,乐东沿街商铺的经营者们已形成习惯:无论刮风下雨,每天开门营业前第一件事就是将房前屋后打扫一遍。80 多岁的邢阿婆嚼了几十年槟榔,每次上街前都会在口袋里装个塑料袋,"在家嚼槟榔有垃圾桶,在外面就吐在塑料袋里。"每每看到有年轻人随地乱吐槟榔水时,她都会主动上前制止,批评他们不讲卫生。走在乐东街头,曾经满地鲜红的槟榔水踪迹难觅,坑坑洼洼的路面被色彩鲜亮的瓦砖取代,随风纷飞的塑料袋已成记忆。105 多万吨的卫生死角垃圾烟消云散,从尖峰到九所龙栖湾 225 国道 55 公里的人行道护栏,美观大方,防止卫生死角的同时,被群众称赞为"美丽的超长公路桥"。

乐东面目一新,一个干净清爽的西部"新城"闪亮出现在世人面前。现在,这场覆盖全县的环境卫生综合整治,在不罚一分钱的情况下,用真情感化群众,带动群众,促使环境卫生进入常态化管理。基于环境整治工作的成效,乐东县荣获 2013 年全省环境整治工作特别进步奖,同年荣获"海南省卫生县城"称号,2014 年在全省城乡环境卫生综合整治中排名第一。

乐东的变化说明,只要真抓实干,领导带头,转变作风,困扰城乡发展的环境治理问题是可以有效解决的。2015 年 7 月 10 日,海南在乐东召开了全省践行"三严三实"真抓实干促发展现场会,为什么同样用3年时间,乐东可以干这么多事我们却不能?为什么被视为"天下难事"的征地、迁坟、环境整治等在乐东都能件件干成?乐东的经验引起了海南各地的思考。目前,海南正在全省开展学习乐东经验的热潮,中央媒体对乐东经验也做了推介。笔者相信,随着海南各地结合自己的实际情况,加大社会治理力度,海南的社会道德环境会有比较明显的改观。

4.学习乐东,海口"双创"全面启动。2015年7月31日,海口市召开"双创"工作动员大会,这标志着海口市创建全国文明城市、创建国家卫生城市的工作正式启动。罗保铭书记和刘赐贵省长分别作出重要批示。罗保铭的批示是:"希望你们以咬定青山的韧劲和一天也不耽误的实干,加强市政建设,创新城市管理,重拳整治各种不文明陋习,规范立法,巩固'双创'成果,全民动员、久久为功、攻坚克难,高水平打造海南首善之城和现代化滨海城市,为建设更加文明、和谐、友善、美丽的海南国际旅游岛树立标杆,作出示范"。[①] 刘赐贵省长的批示是:"'双创'工作既是一项提升城市形象、优化发展环境的基础性工程,也是一项涉及面广、任务繁重的系统工程。望海口的同志以'双创'工作为动力,全面提升城市规划建设管理水平,确保在明年春节前城乡整治'脏乱差'及绿化、美化、彩化等方面有明显改观,力争到2017年实现'双创'目标,拿到两块牌子。"[②]

海口市将以整治"脏乱差"为突破口,全力改善城乡面貌。

第一,抓好城乡环境卫生治理。编制《中心城区小型生活垃圾收集站专项规划》,分批建设小型生活垃圾收集站;启动餐厨垃圾处置项目,逐步建成中心城区餐厨垃圾收运体系;配套环卫设施设备,逐步解决"三无"小区环境卫生问题;扩大生活垃圾分类试点,提升清扫保洁能力和收运处置效率;强化联合执法,对露天洗车、占道经营、流动摊点、马路市场

---

① 《海口市"双创"工作动员大会》,人民网,2015年7月31日。
② 《海口市"双创"工作动员大会》,人民网,2015年7月31日。

进行取缔,对乱倒污水、污物者从重从严处罚。抓好城乡结合部和农村环境卫生清洁,彻底清理城乡结合部的生活垃圾和建筑垃圾,解决好乱搭乱建、乱堆乱放、乱泼乱倒等"脏乱差"问题。特别是5个城乡结合部的镇要围绕镇墟建设"美丽乡村"主题,深入开展"清洁家园"行动,确保路边、水边、田边、屋边环境卫生常态化保洁。

第二,抓好道路交通秩序治理。一是严厉查处各类交通违法行为。如机动车司机行车过程中乱丢垃圾、机动车乱停乱放、电动车逆行、行人闯红灯、翻越护栏等交通不文明行为。重点打击并取缔"三车""黑车"非法营运,整治电动自行车行驶乱象、农用车和运输车非法倾倒建筑垃圾,以及运沙车超载上路。二是加强交通疏导。进一步加大对交通节点、瓶颈路段的升级改造和交通组织的优化调整力度,加大科技投入,在重要路段设置交通电子导视板,实时疏导交通,提高智能交通系统应用水平,有效遏制区域性交通拥堵现象。三是规范车辆停靠。深化停车场综合整治,在城区道路两侧合理设置并标识机动车辆泊车位,适当新建免费停车位和永久性停车场。人行通道、单位门前、市场周边和门店两侧也要全面划线标识,规范电动自行车的停靠,杜绝公共场所非机动车辆乱停乱放。四是规范公交车、出租车和客运市场营运。加强联合执法,对公交车、出租车、过境客车的监管,严厉禁止随意停靠、随意调头、随意上下旅客,重拳打击非法营运和抢客拉客行为,确保规范有序。五是广泛开展交通文明宣传。发动公职人员、社会各界走上街头,参与交通文明劝导活动,强化学校以及幼儿园学生交通安全教育,提高市民群众守法意识、交通安全意识。加大媒体曝光力度,引导好、发挥好、利用好社会监督力量,提高全民参与文明交通的积极性。

第三,抓好日常市容市貌治理。一是加大占道经营整治。按照"堵疏结合,分类管理"总体思路,实行"一点一策"管理,设立严管区,定期开展区域集中整治,严格落实定人、定岗、定标准,实行分片包干管理责任制,坚决取缔一批无序占道经营行为;全面评估疏导点,制定管理规范,整治一批严重影响交通安全、城市容貌、环境卫生及市民意见大、反映强烈等不符合规范要求的疏导点；制定市容秩序规范标准，对占道经营进行规范引导。二是抓好农贸市场专项整治。完善农贸市场、大型商场环卫设施设备，定人、定岗、定责、定时、定期开展大清扫活动，确保不留卫生死角。继续加大农贸市场升级改造力度，启动长流片区等区域农贸市场建设，坚决取缔马路市场。三是抓好建筑工地和建筑垃圾整治。加快建筑垃圾处置场规划建设，解决建筑垃圾消纳问题；加强建筑垃圾排放和运输的源头治理，对建筑工地、物业小区和街区从严管控，规范管理建筑垃圾运输企业，严管重罚私拉乱倒建筑垃圾行为；启动建筑垃圾的资源再利用项目，逐步建成建筑垃圾资源再利用体系。四是开展广告招牌整治。加强户外广告、招牌的设置与审批管理，通过市场化运作实施公共资源广告经营权拍卖。重点治理主要道路破损、低档次招牌，拆除违法落地式广告牌、楼顶广告牌与非法设置的 LED 广告牌。多渠道、多层次、全方位治理小广告和城市"牛皮癣"。五是开展城区管线整治。对城区的杆线进行清理和整治，尽量实行多杆并一，消灭"蜘蛛网线"。对地下管道铺设要统一规划、统一施工，新建道路要全部实行管线地埋，防止乱挖乱埋和大面积破坏城市道路等设施。六是抓好"五小"行业治理。进一步落实责任，强力推进联合整治，将城区"五小"行业全部纳入监管范围，全面实施卫生监督量化分级管理，做到持证亮证经营。七是加强城管信息化建设。充分发挥数字城管指挥中心的平台作用和社区网格员作用，把城市管理的每项责任落实到格、落实到人，实现城市环境卫生的精细化、实时化管理。此外，按照全省整治违章建筑 3 年攻坚行动，始终保持防违打违高压态势，对违法建筑"零容忍"，2015 年完成不低于 100 万平方米拆违任务，严控新增违建；2016 年强化防违控违机制，分类处置；2017 年完善规章制度，规范城乡建设，固化打违、防违、控违的长效机制。

第四，抓好生态环境综合治理。一方面，继续开展大气污染综合防治。禁止在城区及近郊新建高污染、高耗能项目，逐步淘汰建成区 10

吨/时以下锅炉。加强机动车排气污染整治,加速淘汰黄标车,禁止农用车辆驶入主城区。加强城市扬尘污染整治,严厉查处渣土车在运输过程中的抛洒滴漏。加强社会大气污染排放整治,严禁违规露天焚烧生活、园林、建筑等垃圾和农作物秸秆,严格治理餐饮业、露天烧烤等油烟污染;另一方面,切实改善城市水环境。加强饮用水源地保护,把水源地保护区土地全部征收为国有,禁止在饮用水源一级保护区新建与供水无关的项目。开展水体净化试点工作,实现红城湖、东西湖、金牛岭湖、美舍河、龙昆沟等城市水系的互联互通。继续实施截污导流和雨污分流工程,至 2017 年努力减少中心城区黑臭河渠的数量和区域。开展水域环境卫生整治,及时清理垃圾、淤泥及杂物。严厉打击南渡江非法采砂、占用河道,倾倒垃圾等违法行为,确保河道安全和流域生态环境良好。

第五,抓好公共安全秩序治理。加强对医院学校、商场超市、娱乐场所、旅游景点等人员密集地的管理和安全检查,确保公共场所安全。加强食品动态监管,及时查处销售过期、变质、伪劣食品,以及制售地沟油、非法添加和滥用食品添加剂等违法行为。抓好中小餐饮店铺、学校食堂的饮食卫生,完善防蝇、防鼠、防尘等设施。严厉打击网吧、歌舞厅等公共娱乐场所各种非法经营行为,严厉查禁各种非法出版物,规范文化市场经营秩序。健全完善人防、物防、技防相结合的社会治安防控体系,加大对侵财性犯罪、黑恶势力、黄赌毒等打击力度,创建平安社区、平安单位,全力打造"平安海口"。

第六,抓好城乡公共卫生治理。一是加强公共卫生和医疗服务。认真抓好《传染病防治法》的落实,做好卫生防病防疫。二是抓好农村改水改厕。结合全市生态文明村建设,制定改水改厕规划。加快城乡供水设施改造和建设,建立从水源地保护、自来水生产到安全供水的全程监管体系,确保农村饮用水安全。加快农村三格无害化粪池卫生厕所建设进程,确保 2017 年改厕普及率达 85%以上。三是抓好病媒生物综合防控。加强对重点行业、重点场所除"四害"的业务指导和日常监督,完善病媒生物防制设施建设,防止病媒生物引起传染病的发生流行。

海口市委书记孙新阳明确表示:"创建全国文明城市和国家卫生城市是我们坚定不移、志在必得的奋斗目标,是全市人民的共同追求和热切期盼。各级领导干部要把'三严三实'贯穿'双创'的全过程,不做夸夸其谈、光说不练的'战略家',争做真抓实干、精耕细作的实干家,身先士卒、以上率下,带领群众干、干给群众看。只想当官不想干事,只想揽权不想担责,只想出彩不想出力,就没有资格当干部。要始终保持一种激情,保持一股冲劲、韧劲和干劲,要有'脱几层皮、掉几斤肉'的准备,持续发扬'四种精神',坚决落实市委市政府的决策部署,逢山开路、遇水搭桥,只为成功找方法,不为失败找借口,坚持不懈把'双创'工作抓紧抓实,不达目的绝不罢休。"①

海口开展"双创"以来,海口市容环境整洁有序,广大市民群众主动参与,领导干部真抓实干,全面启动问责制,落实责任制,唤醒海口城市的精气神。海口的初步变化,得到了广大群众的肯定。

培育良好的社会道德风尚是一项长期的系统工程,重在培育、贵在坚持。我们要在构建海南国际旅游岛建设道德支持系统上做实功,要在社会治理的制度体系建设上下足功夫,把专项治理与长效制度建设相结合,实现常态化管理。

① 《海口市"双创"工作动员大会》,人民网,2015 年 7 月 31 日。

主要参考文献

一、文献

1.《马克思恩格斯选集》第 1—4 卷,人民出版社 1995 年版。

2.《马克思恩格斯全集》第 2 卷,人民出版社 1960 年版。

3.《马克思恩格斯全集》第 3 卷,人民出版社 1960 年版。

4.《马克思恩格斯全集》第 23 卷,人民出版社 1979 年版。

5.《马克思恩格斯全集》第 38 卷,人民出版社 1972 年版。

6.《马克思恩格斯全集》第 42 卷,人民出版社 1979 年版。

7.《马克思恩格斯全集》第 49 卷,人民出版社 1982 年版。

8.《马克思恩格斯文集》第 1 卷,人民出版社 2009 年版。

9.《马克思恩格斯文集》第 9 卷,人民出版社 2009 年版。

10.《毛泽东选集》第一至四卷,人民出版社 1991 年版。

11.《毛泽东文集》第八卷,人民出版社 1999 年版。

12.《邓小平文选》第一卷,人民出版社 1994 年版。

13.《邓小平文选》第二卷,人民出版社 1994 年版。

14.《邓小平文选》第三卷,人民出版社 1993 年版。

15.《江泽民文选》第一至三卷,人民出版社 2006 年版。

16.《江泽民论社会主义精神文明建设》,中央文献出版社 1999 年版。

17.《毛泽东邓小平江泽民论社会主义道德建设》,学习出版社2001年版。

18.《社会主义精神文明建设文献选编》,中央文献出版社1996年版。

19.《十四大以来重要文献选编》,人民出版社1996年版。

20.《十六大以来重要文献选编》,人民出版社2005年版。

21.《中国共产党第十八次全国代表大会文件汇编》,人民出版社2012年版。

二、著作

1.罗国杰主编:《伦理学》,人民出版社1989年版。

2.罗国杰主编:《道德建设论》,湖南人民出版社1997年版。

3.吴灿新主编:《当代中国道德建设论纲》,中国社会科学出版社2009年版。

4.高国希:《道德哲学》,复旦大学出版社2005年版。

5.杨业华:《社会主义思想道德建设前沿问题研究》,中国社会科学出版社2007年版。

6.周中之、石书臣等:《现代思想政治教育理论与实践探微》,人民出版社2009年版。

7.德顺:《新价值论》,云南人民出版社2004年版。

8.李春城:《新编伦理学》,高等教育出版社2002年版。

9.唐凯麟、曹刚:《重释传统·儒家思想的现代价值评估》,华东师范大学出版社2008年版。

10.杜灵来:《当代中国道德建设实效性研究》,中国社会科学出版社2008年版。

11.柴文华等:《中国现代道德伦理研究》,社会科学文献出版社2011年版。

12.塞缪尔·亨廷顿:《变革社会中的政治秩序》,华夏出版社1988

年版。

13.李佑新:《走出现代性道德困境》,人民出版社2006年版。

14.赵俊等:《道德典范的价值探析》,中国民主法制出版社2010年版。

15.红旗东方编辑部编:《道德的力量》,红旗出版社2012年版。

16.塞缪尔·斯迈尔斯:《品格的力量》,北京图书馆出版社2004年版。

17.雷结斌:《中国社会转型期道德失范问题研究》,人民出版社2015年版。

18.崔建林:《思想文明》,中国物资出版社2005年版。

19.王克千、吴宗英:《价值观与中华民族凝聚力》,上海人民出版社2001年版。

20.秦刚:《社会主义思想道德建设》,中华书局2009年版。

21.鲁琳:《建设与社会主义市场经济相适应的思想道德体系》,红旗出版社2013年版。

22.陈江旗:《社会主义道德建设论:新时期社会主义思想道德建设体系研究》,中国建材工业出版社2011年版。

23.彭柏林:《道德需要论》,上海三联书店2007年版。

24.冯俊、龚群主编:《东西方公民道德研究》,中国人民大学出版社2011年版。

25.宋希仁:《道德观通论》,高等教育出版社2000年版。

26.郭广银、陈延斌、杨明、王云骏:《伦理新论:中国市场经济体制下的道德建设》,人民出版社2004年版。

27.厉以宁:《超越市场与超越政府(修订版)——论道德力量在经济中的作用》,经济科学出版社2010年版。

28.李永文:《海南国际旅游岛建设与发展战略研究》,科学出版社2011年版。

29.徐海军:《国际旅游岛建设标准与评价体系研究》,中国旅游出版社 2012 年版。

30.赵康太、曹锡仁主编:《海南国际旅游岛建设报告(2014)》,社会科学文献出版社 2014 年版。

31.苗树彬、夏锋:《海南国际旅游岛大趋势》,中国经济出版社 2010 年版。

32.张旭新等:《海南特区精神文明建设研究》,海南出版社/南方出版社 2008 年版。

33.李辽宁:《国际旅游岛建设与海南公民道德素质提升研究》,中国社会科学出版社 2012 年版。

34.黄丽萍:《国际旅游岛视野下海南公民道德建设》,海南出版社 2014 年版。

35.梁振球主编:《中国经济特区的精神文明建设》海南卷,中共海南省委党史研究室编,中共党史出版社 2002 年版。

36.周洪晋主编:《宝岛文明风采(2001—2005)》,海南省文明办 2006 年版。

37.周文彰:《周文彰宣传文化工作讲演报告集(2002 年、2003 年)》,中共海南省宣传部办公室编,2006 年 6 月。

38.鲁兵、徐冰:《中国大特区的十年变革》,中共中央党校出版社 1998 年版。

39.王如松、林顺坤、欧阳志云编著:《海南生态省建设的理论与实践》,化学工业出版社 2004 年版。

40.柳树滋等:《文明生态村创建教程》,海南出版社 2006 年版。

41.王明初等:《社会主义新农村建设的理论与实践》,海南出版社 2006 年版。

42.中共海口市委党史研究室编:《崛起的海口》,海南出版社 1998 年版。

43.涂大杭:《精神文明概论》,厦门大学出版社 2002 年版。

44.张涛光等:《精神文明建设方法论》,广州出版社 1997 年版。

45.谷文耀等:《精神文明建设过程论》,广州出版社 1997 年版。

46.郭明等:《精神文明建设基础论》,广州出版社 1997 年版。

47.李明华等:《精神文明建设机制论》,广州出版社 1997 年版。

48.章海山等编著:《精神文明建设主体论》,广州出版社 1997 年版。

49.丘丽云、叶启绩等:《精神文明建设价值论》,广州出版社 1997 年版。

50.江家齐、黄禧祯等:《精神文明建设系统论》,广州出版社 1997 年版。

51.尹继佐:《精神文明建设论稿》,上海人民出版社 1996 年版。

52.陶滋年主编:《精神文明建设的理论与实践》,济南出版社 2000 年版。

53.江流、赵曜、周锡荣主编:《邓小平社会主义精神文明建设理论学习纲要》,中共中央党校出版社 2000 年版。

54.汤有伦主编:《精神文明与建设有中国特色社会主义》,青岛出版社 1993 年版。

55.魏一鸣等:《中国可持续发展管理理论与实践》,科学出版社 2005 年版。

56.顾明主编:《中国改革开放辉煌成就十四年(海南卷)》,中国经济出版社 1993 年版。

57.吴元梁等:《精神系统和精神文明建设》,人民出版社 2004 年版。

58.中共中央宣传部理论局:《理论热点面对面(2006)》,学习出版社 2006 年版。

59.中共中央宣传部理论局:《改革热点面对面 理论热点面对面(2014)》,学习出版社 2014 年版。

60.刘海年等编:《依法治国与精神文明建设》,中国法制出版社 1997

年版。

61.邓力群、马洪、武衡主编:《当代中国的经济特区》,当代中国出版社1993年版。

三、论文

1.祖嘉合:《新时期思想道德建设的客观要求及重点》,《北京大学学报(哲学社会科学版)》2003年第4期。

2.肖光荣:《加强党的执政能力建设的道德支持研究论纲》,《当代世界与社会主义》2007年第8期。

3.肖光荣:《加强党的执政能力建设的道德支持研究》,《思想政治工作研究》2011年第3期。

4.张国钧:《论创新的道德支持》,《道德与文明》2003年第3期。

5.刘云林:《法治建设道德支持的依据及其维度》,《道德与文明》2005年第4期。

6.谢青松:《生态文明建设的道德支持与法律保障》,《云南社会科学》2008年第12期。

7.罗建文:《论党执政权威道德支持的主要原则》,《湖南科技大学学报(社会科学版)》2007年第1期。

8.毕云芝:《论反腐败的道德支持》,《中州学刊》2004年第5期。

9.鲁芳:《道德精神的社会资源支持》,《伦理学研究》2010年第5期。

10.张铖:《论法治建设的道德支持》,《法制与社会》2007年第1期。

11.陆志远:《建设海南国际旅游岛》,《新东方》2009年第5期。

12.王建国:《国际旅游岛建设要挖掘本土文化》,《新东方》2009年第6期。

13.吉洪:《国际旅游岛背景下海南金融业发展的机遇与对策》,《海南金融》2010年第3期。

14.龚萍:《国际旅游岛建设背景下旅游业人才培养问题探析》,《北方经济》2010 年第 4 期。

15.徐爱民:《海南建设国际旅游岛博彩业问题研究》,《河南省政法管理干部学院学报》2010 年第 3 期。

16.彭京宜:《海南国际旅游建设的四个层次》,《中共中央学校学报》2011 年第 1 期。

17.张梓松:《从马克思主义中国化的视角看海南国际旅游岛建设问题》,《特区经济》2011 年第 11 期。

18.沈世顺:《海南国际旅游岛建设面临的问题及对策》,《创新》2012 年第 4 期。

19.彭国爱:《海南国际旅游岛文化建设的思考》,《新东方》2012 年第 4 期。

20.周金泉、何文晋:《海南国际旅游岛可持续发展面临的五个重要问题》,《新东方》2012 年第 1 期。

21.种海峰:《从民生幸福的视角看建设海南国际旅游岛》,《海南师范大学学报(社会科学版)》2013 年第 5 期。

22.迟福林:《我国转型改革大趋势与海南国际旅游岛新展望》,《琼州学院学报》2013 年第 3 期。

23.韩斌:《海南国际旅游岛发展战略选择及对策》,《海南大学学报(人文社会科学版)》2011 年第 3 期。

24.蔡仁杰:《海南国际旅游岛生态体育旅游模式》,《辽宁师范大学学报(自然科学版)》2010 年第 2 期。

25.李海娥:《国际旅游岛建设背景下海南民族地区旅游发展研究》,《中南民族大学学报(人文社会科学版)》2013 年第 4 期。

26.金正帅:《论道德的法律支持及其限度》,《理论与当代》2003 年第 1 期。

27.李浓:《论社会主义法治建构中的道德支持》,《前沿》2003 年第 9 期。

28.周军平:《关于建设国际旅游岛的方向性思考》,《今日海南》2007年第 7 期。

29.谢青松:《生态文明建设的道德支持与法律保障》,《苏州科技学院学报(社会科学版)》2008 年第 4 期。

30.杨桂森:《市场经济与我国伦理道德支持体系》,《江西社会科学》2003 年第 8 期。

31.陈其炬:《社会主义市场经济需要道德的支持》,《求是》1995 年第 7 期。

32.魏传光:《创造的道德支持与德育的创造价值》,《现代教育科学》2004 年第 3 期。

33.徐刚:《道德支持法治的历史反思》,《安徽工业大学学报(社会科学版)》2003 年第 4 期。

34.罗西森:《市场经济需要道德的支持》,《职大学报》2003 年第 3 期。

35.李军:《海南国际旅游岛建设的几点设想》,《衡水学院学报》2011年第 1 期。

36.曾黎:《企业形象的道德支持》,《南都学坛》2005 年第 5 期。

37.万俊人:《论和谐社会的政治伦理条件》,《道德与文明》2005 年第 3 期。

38.迟福林:《国际旅游岛是海南发展的大战略》,《新世纪周刊》2009年第 15 期。

后　记

　　本书是 2012 年国家哲学社会科学基金项目(西部项目)"海南国际旅游岛建设道德支持研究(项目批准号为 12XZX021)"的最终研究成果。

　　本课题由海南师范大学教授张旭新主持。课题组主要研究成员有:高晰、黄丽萍、梁晓明、咏梅等。高昕撰写了第九章初稿。本课题的选题、本书的总体研究思路、主要观点、提纲设计、全书撰写修改和统稿工作由张旭新负责并完成。

　　本书的完成得到了中共海南省委宣传部、海南省文明办、海南省社科联、海南师范大学的大力支持。海南省社科联副主席、海南大学曹锡仁教授、海南师范大学王明初教授、王习明教授等对本书的写作提出了宝贵的意见。在此一并谨致最诚挚的谢意和崇高的敬意! 非常感谢那些一直以来关心和支持帮助我课题研究的同行们。

　　本书出版得到海南省重点学科马克思主义理论学科、海南师范大学马克思主义学院出版资助,海南师范大学马克思主义学院丁匡一博士,人民出版社吴继平编辑都付出了辛勤的劳动。在此表示由衷的感谢!

　　在本书的撰写过程中参阅了理论界一些有价值的思想资料及其他一些专家学者的研究成果,对此,笔者深表谢意。

　　由于我们水平有限,本书难免有疏忽和不妥之处,恳请得到有关专家学者的批评与指教。

作　者

2016 年 12 月

责任编辑:吴继平
装帧设计:姚 菲

图书在版编目(CIP)数据

海南国际旅游岛建设道德支持研究/张旭新 著. —北京:人民出版社,
  2017.6
ISBN 978－7－01－017627－7

Ⅰ.①海… Ⅱ.①张… Ⅲ.①地方旅游业-经济发展战略-研究-海南
  Ⅳ.①F592.766

中国版本图书馆 CIP 数据核字(2017)第 090690 号

海南国际旅游岛建设道德支持研究
HAINAN GUOJI LÜYOUDAO JIANSHE DAODE ZHICHI YANJIU

张旭新 著

人民出版社 出版发行
(100706 北京市东城区隆福寺街 99 号)

北京市文林印务有限公司印刷 新华书店经销

2017 年 6 月第 1 版 2017 年 6 月北京第 1 次印刷
开本:710 毫米×1000 毫米 1/16 印张:20.75
字数:285 千字

ISBN 978－7－01－017627－7 定价:49.80 元

邮购地址 100706 北京市东城区隆福寺街 99 号
人民东方图书销售中心 电话 (010)65250042 65289539